U0717550

党锢败局

Disasters of the Partisan Prohibitions

徐兴无 著

江苏人民出版社

图书在版编目(CIP)数据

党锢败局 / 徐兴无著. —南京:江苏人民出版社,2021.9(2022.1 重印)

ISBN 978 - 7 - 214 - 25564 - 8

Ⅰ. ①党… Ⅱ. ①徐… Ⅲ. ①中国历史—汉代—通俗—读物 Ⅳ. ①K234.09

中国版本图书馆 CIP 数据核字(2020)第 190163 号

书　　名	党锢败局
著　　者	徐兴无
责任编辑	朱晓莹
装帧设计	陈威伸　黄怡祯
责任监制	王　娟
出版发行	江苏人民出版社
地　　址	南京市湖南路 1 号 A 楼,邮编:210009
照　　排	南京紫藤制版印务中心
印　　刷	江苏苏中印刷有限公司
开　　本	880 毫米×1230 毫米　1/32
印　　张	12.625　　插页 4
字　　数	250 千字
版　　次	2021 年 9 月第 3 版
印　　次	2022 年 1 月第 2 次印刷
标准书号	ISBN 978 - 7 - 214 - 25564 - 8
定　　价	59.00 元(精装)

目录

第一章

孝灵皇帝

行行重行行，

白日薄西山。

——汉末民谣

享国最久的帝国

冬天，是死亡的季节，夕阳透着惨白，沉沦于西山。

孝桓皇帝永康元年(167)的冬天，是本朝世祖光武皇帝中兴以来的第一百四十三个冬天，大统延嗣了十一位君主。倘若上溯到高皇帝开辟大汉基业的那一年，这便是第三百七十二个冬天了，大统之中，也得再上溯十三位君主。

对于一个帝国来说，单凭这样的年龄，就足以在历史学家的笔下赢得美好的声誉。这不仅是对在本朝之前只有十五年的秦帝国而言，就是对直至公元 1911 年的中华帝国历朝历代而言，本朝也是享国最久的帝国。事实上，在史学家的心目中，能和本朝共享最高荣誉的帝国，仅仅是 7 世纪到 10 世纪的大唐帝国而已。本朝的国号“汉”，成了所有中国人的代称。

当然，久盛必衰，是中国哲学中丝毫不用证明的道理。先哲云：“天地尚不能久，而况人乎？”(《老子》)因而本朝的灭亡也在所难免。可是，对于每一个生活在本朝现实中的人来说，偌大一个帝国的衰亡，绝非是一件人人都能承受得起的事件。

占星术的失误

二百多年前，占星家们就预言本朝的灭亡了。那是在汉武帝崩后，刚刚达到极盛的王朝，因为和匈奴连年开战，又陷入了困顿之中，民间便开始怀疑朝廷的气数。有位叫路温舒的方士，从小跟他的祖父学天文历算之学，认为汉家有“三七之厄”，也就是说，汉家的天命只有三七的乘数，即二百一十年。宣帝朝，他做到了临淮太守，便向朝廷上了道密奏，汉家叫“封事”，将他的预言备案以为警戒。到了成帝朝，因为孝成皇帝的性欲很强，经常在后妃怀孕时行房事，导致其多次流产，所以一直没有皇子诞生，朝廷的统嗣出现了危机。此时，另一位叫谷永的文士再次提起这个预言。汉家的天子们对这些警告充耳不闻，但孝成皇帝的母亲（也就是皇太后）的一位娘家侄子王莽却铭记在心，他不仅要利用这一预言，而且刻意要使预言兑现。孝平皇帝元始五年（5）冬天，在安汉公王莽的安排下，平帝开始生病，到十二月的一天，安汉公又安排了平帝驾崩归西。这一天，大汉帝国的年寿恰满二百一十岁。

预言实现之后，安汉公便成立了一个国号叫“新”的王朝，自己做了天子。但他谋杀汉家天子的事引发了地方大臣和民众的起义，人们似乎还是期望做大汉的臣民，于是，王莽的帝国几乎同秦帝国一样的短命。大汉帝国在世祖光武皇帝的手中得以光复，起死回生。史家郑重地将世祖以前的朝代叫作“前汉”，将世祖光复的朝代叫作“后汉”。至今，人们谈起世祖光武皇帝带兵收复长安时的情景，仍是绘声绘色，仿佛目睹亲历：

世祖光武皇帝和他的部下们穿戴整齐，大冠、宽衣、博带，朴素中显出无与伦比的高贵与庄重。那些年迈的前朝官吏们恭候在道边，流着眼泪庆贺道：“没想到今天又见到汉官威仪！”

时至今日，占星家们似乎不再公布耸人听闻的政治预言了，因此，永康元年的冬天，就被他们粗心地放过。可是，一切关心本朝命运的官吏和人民，都感受到了异样的寒冷。事实上，后代的历史学家们正是把这个冬天，当成了我们大汉帝国的最后一个季节，当作本朝寿终正寝倒计时的开始。

孤儿、天子、母后

这一年的十二月二十八丁丑日，本朝帝都洛阳城中那座最大的宫殿，笼罩在不祥的氛围之中。不久，京城的吏民都被告知：天子崩于德阳殿。

有一个事实，是让任何朝代的吏民们都难以接受的，那就是天子崩逝时年仅三十六岁。不过，对于本朝的吏民来说，这已经不以为怪了。本朝列祖列宗皆不永年：世祖光武皇帝年六十二，孝明皇帝年四十八，孝章皇帝年三十三，孝和皇帝年二十，殇帝年仅二岁，孝安皇帝年三十二，孝顺皇帝年三十，冲帝年仅三岁，质帝年仅九岁。这些天子向世人显示着血脉基因的退化，此乃天命，非人力所能为也。

按照惯例，臣下们必须用道德的标准评价这位刚刚宾天的天子，为他上一个谥号。天子太年轻了。他十五岁登基，可直到他三十岁时，才从不可一世的大将军梁冀手中收回大政。然而，由他做主的六年，同样使人失望。

对此，天子生前不是没有自知之明。在他三十一岁那一年，有一天，为了不使臣下惊慌失措，他故意作出放松的姿态询问近侍大臣爰延："依卿看来，朕是什么样的君主？"

爰延答道："和我们大汉的列祖列宗相比，陛下算是位中等的君主。"

汉家的吏民品评事物，喜欢分上、中、下三等。每一等中还可再细分上、中、下三等，共为九等，或称九品。在本朝最伟大的史家班孟坚的著作《汉书》里，便将自有人类以来的历史人物依九品等第评论了一番。中等的人物，是在圣人之下，不肖小人之上的平常人。爰延的意思是说：像陛下这样的君主，自己不可能有所作为。如果被贤臣辅佐，天下就会大治；如果被小人包围，天下就会大乱。这个评价直切而不落阿谀之嫌，可更多的还是对天子的期望。天子是个聪明的年轻人，为此，他提升了爰延的官职。

即使充当一位中等的君主，他还是显得心有余而力不足。他的精力更多地耗费在下等君主们常常关注的那些事情上了。史书记载他唯一过人的才赋是“好音乐，善琴笙”，这是史家指责他喜好声色的委婉叙述。他还被描写成是个有异端思想的皇帝，他破天荒地在宫廷中为佛教的祖师释迦牟尼和道家的祖师老子设立了祭坛。这一点，不仅违背了本朝以儒家学说为政教大纲的原则，而且，这两种信仰都具有的清心寡欲的教条，还被他的臣下们信手拈来，作为指责他好色的矛头，令他陷入尴尬的境地。事实上，他的短寿正是由于他的信仰没有能够战胜他的欲望。

臣下们最终还是选择了一个“桓”字作为他的谥号，这是个不坏的称呼。“桓”有“大”的含义，按谥法：“辟土服远谓之桓”，在此之前，只有春秋战国的诸侯霸主们如齐桓公等拥有过这样的名号。这是因为近年来唯一值得提起的政绩是：本朝在与周边民族，特别是与西北羌族的冲突中，取得了战略上的优势。

和前汉的孝成皇帝一样，孝桓皇帝生前有很多女人，但也没有子嗣。

这又是一件令人头痛，而在本朝却见怪不怪的事。本朝的列祖列宗不仅年寿不长，而且生育能力不强。由嫡长子承继大统的制度，在本朝难以贯彻。孝殇皇帝以出生一百多天的婴儿承继其父孝和皇帝的大统，不满七个月就夭折崩殂，大统旁落到他的叔父孝安皇帝身上。此后的孝顺皇帝是孝安皇帝的独生子，而这条微弱的血脉又以一个年仅两岁的幼主登基、不满五个月便又以崩殂的形式中断了，这便是孝冲皇帝。此时，皇室中已无储君，只得从藩王中遴选。以后的孝质皇帝以及眼下这位刚刚宾天的孝桓皇帝，都是以外藩的身份入继大统的。

未来的新帝只能产生于藩王之中，似乎，这已成了惯例；仿佛，这又是天命。一切的一切，皆非人力所能为也。

国不可一日无君，正如天不可久阴。新帝的拥立，已成了迫在眉睫的事。按本朝的礼法，大行皇帝的葬礼，要在新帝即位后举行，此间，诸位大臣们仍循旧政，事死如生。可是，天子驾崩毕竟给人带来不安，对朝官来说，最担心的是将来的人事变更，以及朝纲的因革。本朝的政治从来是朋党纷争，瓜葛纠缠，险象环生，一言难尽。故而在此期间，中枢机构的诸多大臣竟托病不朝，这引起了太尉陈蕃的担忧，他给这些机构递去了一封公开信，指责道："古人立节，事亡如存。今帝祚未立，政事日蹙，诸君奈何委荼蓼之苦，息偃在床，于义安乎？"

以太尉的资历、耿直与威望，这封信让大家感到无地自容，纷纷回到了自己的办公室。同时，拥立新帝的行动已经开始。

这一年，汉河间国解渎亭侯刘宏才十二岁。如此年纪便领侯爵，并非由于他的早熟，或是在政治、道德上有什么超常的成就，而是表明：他是个失怙的少年。他的爵位袭自他的父亲——已故汉解渎亭侯刘苌。十二岁的侯爵，对事情的理解只能是朦朦胧胧的。他可能知道，刚刚驾崩的天子是自己的堂叔父，他们来自一个共同的先祖，即孝章皇帝之子、汉河间王刘开，但他绝不可能知道，天命竟然转移到了他的身上。直到从洛阳来的马队、仪仗簇拥着一辆白盖马车来到他的府第；直到朝中侍御史、光禄大夫刘儵、中常侍曹节，拿着朝廷的符节，一起向他行大礼时，他似乎才明白了。

接着，光禄大夫向他宣读了以太后的名义发布的诏书：

> 大行皇帝德配天地，光照上下。不获胤嗣之祚，早弃万国。朕忧心摧伤，追览前代法：王后无适，即择贤近亲。考德叙才，莫若解渎亭侯宏，年十二，嶷然有周成之质。春秋之义，为人后者为之子，其以宏为大行皇帝嗣。使光禄大夫刘儵持节之国奉迎。

这支由黄门宦官、禁军虎贲、羽林组成的上千人的车驾队伍，从洛阳向东北方向的河间国封地进发，要走八百多里地，但他们来得很快，几乎与天子驾崩的讣告相接踵。当这支队伍出现在河间境内时，使得许多略上年纪的百姓，仿佛又看到了二十一年前，同样的车驾来此迎接孝桓皇帝时的情景，至今三尺童子尚会吟诵当年的歌谣："车班班，入河间。"河间王的家族，竟然连出两位天子！这便是天命！

车驾离开得也很匆忙。天子于十二月丁丑日驾崩，而迎驾的队伍于次年正月初三己亥日抵达洛阳，先后不到一个月。

新天子的母亲姓董，河间人，史书不载其名。此时，尽管她的儿子成了人君，但她却没有被允许随子进京。当儿子登临大宝之后，她也没有得到企望中的待遇，而是仅仅被封为"慎园贵人"。就这，还是沾了亡夫的光，因为新天子即位后，按本朝尊崇孝道的准则，追尊自己的生父为"孝仁皇"，陵墓为"慎陵"。所以，她被册封为一位已故天子的贵妃。

这一点，以新天子当时的年龄，不会懂得个中原委；但对一个十二岁而又失去父亲的孩子来说，做了天子却必须离开他的母亲，真让他迷惘或者难过。即使在他成年以后，也会认为这件事有违孝亲之情。当然，他也明白了真正的原因，那就是决定自己入继大统的绝非天命，绝非自己有什么“周成之质”，而是孝桓皇帝的遗孀窦太后，以及她的势力集团。太后之所以在诸多的宗室藩王中选择了自己，绝非她的情感天平倾向于亡夫的家族，而是看中了自己当时的年龄。太后要做自己的母亲，并且希望自己永远是个孩子。

簇拥着白盖车的队伍在凛冽的寒风中抵达京城北门外的夏门亭。前城门校尉、槐里侯，现拜大将军、窦太后之父窦武，持节率朝官恭候在此。窦武对新天子的拥戴之功，可能刘儵已在路上禀报过了：“正是大将军，在孝桓皇帝驾崩之后，立即召见了臣下，因臣下是河间人，向臣下询问了河间国诸王侯的情况，决定由陛下入继大统，并亲自进宫奏白太后。”

大将军率群臣向储君行了礼，刘宏也在光禄大夫的引导下向大将军及群臣们长揖还礼。看上去，大将军是个很有威仪和修养的中年人，令储君敬畏。随后，大将军请储君换乘。这是一驾青盖马车，“青”，是苍天的颜色，本朝的宪法上写着：“天子父天母地”。就这样，昊昊苍天笼罩着储君，从帝都的北门——夏门进入了北宫。

次日，于德阳殿即皇帝位，改元“建宁”。这位新天子百年之后，被谥为“孝灵皇帝”，按史家的惯例，不妨即可称之为“灵帝”。

太后姓窦名妙，可这个动人的名字从未打动过她的亡夫，而且，就在半个多月前，这个名字使得她的亡夫留下的其他嫔妃们感到大事不妙，魂飞魄散。

太后的家族，是本朝最高贵的家族之一。她的先祖窦融历任世祖光武皇帝朝的凉州牧、张掖属国都尉、冀州牧、大司空，封安丰侯，也是本朝的开国元勋。王莽新朝之末，群雄并起，窦融作为割据河西走廊这一军事重地的豪强和军事首领，及时地交通并归附了世祖，从而使得战场的形势发生了倾斜。因而，世祖对他的态度一直异于其他公卿。窦融与世祖的联合，还基于另一个更为神圣而遥远的原因，他的七世祖窦广国就是前汉孝文皇后的胞弟。因此他对世祖说：作为汉室的外戚，理应辅佐皇族的事业。这一点深得世祖的嘉许，遂将《太史公书》中的《外戚世家》赠给了他，因而窦氏家族再次与本朝的皇室续上了姻亲关系，除了眼下这位太后出自窦氏之外，本朝孝章皇帝的皇后也出自这个家族。

本朝皇后的册立，大多根据天子的喜好和嫔妃们的懿德，或者是纯粹生物学的因素，即被立为皇后的嫔妃给天子生下了储君。这与高皇帝开辟的前汉大不相同。高皇帝以布衣庶民，提三尺剑，马上征战而得天下。他和他的开国大臣的体内流着爱吃狗肉的村夫野民的血，从来就不相信王侯将相都是天生的贵种。因此高皇帝以下的列祖列宗们的皇后大多来自下级官吏或平民百姓之家，甚至是贱隶倡优。其立废皆由天意。即如这位窦太后的远祖窦广国，以及他的姐姐、孝文皇帝的皇后，因为家境贫寒，姐弟俩年幼即被人分而出卖。多少年后，窦广国知道姐姐已在深宫，而他自己尚且为人奴仆。姐弟相见，叙及旧事，广国说："姐姐在客店里与我分手时，向人家乞借了澡盆，为我洗了澡。又乞讨饭食喂了我，这才离去。"话语凄凉，姐弟俩及周围的宦官、宫女皆大恸之。

大汉的长期的恩德和文教终于养育出了一大批豪强士族，他们成为大汉的支柱，向上托起天子这个屋顶，向下镇制百姓这个基础。出于大汉皇室旁亲远系的世祖光武皇帝正是依靠了他们，才光复了大汉的基业，当然，也就必须让他们分享到更多的政治利益。其中一个重要的形式，就是本朝的天子有义务从这些家族中选择自己的配偶，并且借此平衡与各大士族，特别是北方与南阳两大士族群之间的关系，而不能完全依照自己的意志行事。世祖本人是始作俑者，在征战之际，他册立北方士族之女郭圣通为后，赢得了他们的支持。光复以后，世祖为安抚自己故乡的士族，又废郭后而册立来自南阳的阴丽华为后，尽管她已是一个中年妇女。与天子的联姻，是帝国大股东们的股票。这样的股票升值迅速，回报丰厚，但也充满了风险。

窦后的册立，遵循了同样的故事。

孝桓皇帝的第一个皇后梁莹，来自北方的士族，是大将军梁冀在他十五岁登基那年强加给他的，因为她是大将军的胞妹。史书上说她因为没有子嗣，不见夫君宠御，忧疾而终，这样的说法可能颠倒了因果。不过她的死，给天子铲除大将军提供了时机。事后，官僚们的建议又使他不得不册立了来自南阳士族的邓猛女为后。七年以后，她被指控无子嗣且又恃尊骄忌，贬死于冷宫。窦后成为孝桓皇帝的第三位皇后，是因为她的家族一直是梁大将军家族的死对头。她伴随天子只有两个多年头，从未得到丈夫的宠爱，因而也无子嗣。孝桓皇帝的情感或是欲望，全部倾注在一个叫田圣的妃子和其他风情婉约的嫔妃们的身上，留给她的仅仅是祭品一般的尊贵和寂寞。这一切铸成了报复的利剑，像一切因为不合乎人道的生活而变得异常狠毒的女人一样，她甚至在亡夫刚刚入殓之时，就令人诛杀了田圣，并且扬言要杀死所有的嫔妃。倘若没有几个大宦官的苦苦求情，她的亡夫将会携带更多的心上人同往极乐世界。

面对这样的一位新的母亲并且是尊贵的母后，年少的天子更多地感到敬畏，大概成年以后的天子，还会把这种敬畏变成后怕和胆寒。

士大夫与宦官

登基典礼只是担任天子这一尊爵的第一道手续，灵帝在大臣们的安排下，又办完了其他的手续：二月十三辛酉日，葬孝桓皇帝于宣陵。二十二庚午日，拜谒高皇帝庙。二十三辛未日，拜谒世祖庙。在接受了本朝的传统教育之后，施民以恩惠，宣布大赦天下，赐民爵位及帛物。闰三月十五甲午日，追尊自己的祖父为孝元皇，祖母夏氏为孝元皇后；追尊生父为孝仁皇，封生母董氏为慎园贵人。如此，便将自家的宗法谱系与国家的大统合而为一。这些，只有天子感到游戏般的新鲜，大臣及士民们皆知是惯例。不过，新天子的即位毕竟给本朝的政治带来了希望，特别是那些对本朝抱有极大责任心的士人，莫不延颈以望太平。

这种希望并不来自天子本人，由于本朝列祖列宗的短寿，很多臣僚经历过两至三朝乃至四朝，大统延续过程中诸多见怪不怪的事，至少在他们的心中确立了这样的观念：即天子仅仅是一个象征甚至是一个玩偶。太平盛世的希望寄托在本朝的各种势力集团，能否自觉地遵循本朝的祖宗之法，能否选一个众望所归的人出任宰臣。

希望来自这样的消息：本朝拜前太尉陈蕃为太傅，与大将军窦武及司徒胡广参录尚书事，并由前长乐卫尉王畅出任司空。

这意味着，朝政又回到了士大夫的手中，因为太傅、大将军、司徒均为本朝尊职，参录尚书事即掌握了本朝的中枢机构、天子的秘书处——尚书台的政务。胡广是一位恭色逊言、明哲保身因而能历数朝的大臣。尽管是个老滑头，但他与各种势力妥协的背后，却是为了坚持本朝的政纲。窦武虽以外戚而登尊位，但其人年少即以学问和德行著称，有名士风范；在位时征辟名士，治家严谨。他与以前的几位大将军，特别是与那位历孝顺、孝质、孝桓三朝、有“跋扈将军”之称的梁冀截然不同。他因其品行被士大夫们视为同志，而又因其地位被士大夫们视为依赖。王畅一直是士人的榜样，当初陈太傅举荐他时，给他下了十个字的评语：“清方公正，有不可犯之色。”至于陈蕃，则是本朝道德文章的化身、士大夫的领袖、有能力将一个儿皇帝教导成尧舜明君的老师。他的政治主张，是本朝宪法中一切崇高和美好文字的体现。他在实现这些理想的过程中，非常固执、强硬地不与任何势力妥协，这种刚性的政治作风，在积累了越来越多的道德和舆论威望的同时，也引发了越来越多的仇恨与阴谋。这一点，是本朝吏民们在对政治清明充满希望的时刻忽视了的一个潜伏的危机。

意识到这个危机的存在，甚至很敏感于这个危机的人并不多。陈蕃的固执与强硬并未使他盲目乐观或刚愎自用，七十多岁的老臣有着超乎常人的宦海经验，他最早注视着危机的发展，注视着他的敌手，并积极地寻找时机。

建宁元年(168)的六月，天子接受了窦太后的懿旨：录定策功。封窦武、曹节等十一人为列侯。大将军家族封侯者最多，其子窦机为渭阳侯；侄子窦绍、窦靖分别为雩侯、西乡侯。灵帝知道，所谓定策功，就是赏赐拥立他为帝的几位大臣及其家族成员。在太后看来，这是维护窦氏家族地位的重要决策。窦武及其子侄的封侯自是必要；曹节有北迎灵帝之功，封长安乡侯。更重要的是，曹节在孝桓皇帝时，就已成为宦官首领，是窦氏左右皇帝所要拉拢的人物；而陈蕃则是维持朝纲、笼络士大夫的依靠。此外，太后对陈太傅怀有特别的感激之情，如果没有陈蕃当年坚持以窦氏的高贵门第为立后的根据，孝桓皇帝会将他最心爱的、但出身寒微的女人田圣立为皇后。因此，封陈蕃为高阳乡侯。

灵帝不知道太后的良苦用心，他只是感到在窦武、陈蕃和曹节这三个人当中，唯有曹节给了他这个年龄的人所希望得到的东西，而大将军与陈太傅对他的教训和管束让他敬畏。他从心底里想逃避他们，逃避他们威严的目光，逃避他们无休止的大道理，逃避他们安排的经学功课和礼仪演习。他喜欢和曹节以及王甫、郑飒、奶妈赵娆以及一大帮女尚书们在一起，他们每天都能让自己吃到从未吃过的东西，玩从未玩过的游戏，发自己从不敢发的脾气，说自己从不敢说的话。他想自己的家，想自己的母亲，因而更想从他们这些人身上找到补偿。

灵帝更不知道的是：这次录定策功，竟开启了那个潜伏着的危机。

就在封侯的圣旨下达之后，发生了两件节外生枝的事情。

涿郡有一位名叫卢植的布衣士人向窦武递交了一封书信，信中的言辞非常直切，指出窦武接受侯王之爵是名不符实、贪天功为已有。因为窦氏尽管作为天下聚目而视、延颈以望的宰辅，但定策拥立灵帝这件事并不是依据了立长立贤的立储原则，而是依照皇室的家谱做出的选择，无甚功德值得称言。卢植还以本朝国嗣屡绝、四方盗贼纷起、朝中人事错综复杂等为借口，提醒窦氏保全身名，辞去封赏。

卢植的这封信不亚于一位巫师对诸多危机的预言，可惜的是，大将军没有重视这封信。不久的将来，大将军就为此付出了惨重的代价，而卢植也为挽救他的预言付出了毕生的精力，这是后话了。

卢植作为一个布衣，竟敢向尊贵的大将军直陈言辞，说明了一个重要的原则，即像卢植这样的士人，不管是在野还是在朝，都不希望大将军是一个外戚大将军，而希望他是一个士大夫大将军。本朝孝殇皇帝以降，皇统屡绝，国柄或归外戚，或归宦官，朝纲紊乱，积重难返。就封赏爵位来说，其道德依据已经丧失，受封者多为外戚、宦官之亲党或通贿权奸的虚诈之徒，故而接受封爵往往被视为接受了一种耻辱。

眼前的这位大将军虽然和以往的大将军不同，但他毕竟与卢植或其他士大夫的出处不一样，他有一些与他的太后女儿相同而与士大夫们相左的想法，或者他有更多的考虑，或者他过于自信。

无独有偶的是，出于同样的原因，太傅陈蕃一连上了十多道奏章，向太后辞去爵位。他的理由正大而谦逊："臣闻割地之封，功德是为。臣虽无素洁之行，窃慕君子，'不以其道得之，不居也'。若受爵不让，掩而就之，使皇天振怒，灾流下民，于臣之身，亦何所寄！""不以其道得之，不处也"，是孔夫子的话，不过陈太傅所说的"道"，却饱含了反讽。

冲突的前提，是阵营的形成，这件节外生枝的事，使得双方都关注起彼此的阵脚。

在一次例行的处理政务会议之后，陈太傅请大将军私下议事。

"大将军，时下大统已继，百废待兴，天下名士，皆思奋其智力。前朝为奸佞所黜贤良，如李膺、杜密、尹勋、刘瑜诸位，现已起用，可谓既从人望，而德归太后，太平之志可申矣！"陈太傅说。

大将军听了连连颔首。

太傅见大将军流露了态度，便将座椅向大将军移近了一点，又说道："曹节、王甫等人，自先帝朝起，就操弄国柄，浊乱海内。

如不趁早除之，将来恐难以对付啊！”

窦武听了，向太傅揖拜道：

“太傅有此忠正之言，实乃汉家的福祉。太傅之意，深合我心。”

太傅面露喜色，以手拍席，奋然而起。

大将军的性格和太傅不同，他似乎更加谨慎、持重。但他缺乏果断与刚毅，因而他的谨慎与持重就掺杂了犹豫和迟钝。

他开始一步步地安排实现他与陈太傅商量好的事。在他的办公室里，召开了多次会议，与会者有尚书令尹勋、侍中刘瑜、屯骑校尉冯述，以及孝桓皇帝朝被废黜的著名官僚李膺、宗正刘猛、太仆杜密、从事中郎荀昱、颍川名士陈寔等。

外戚与宦官，一直是本朝干扰士大夫执政的力量，孝桓皇帝从大将军梁冀手中收回国柄后，立即交给了宦官们。现在，外戚毕竟与士大夫们合而为一了，他们开始对付共同的敌人。

窦太后是个有远见的女人，她知道依靠自己这个久居禁中的妇道人家，或者手中的儿皇帝，是不能治理好国家的。治理一个国家，光靠权势不行，必须依靠官僚士大夫们。他们熟谙行政的技术过程，明晓君臣大义，尽管有的时候耿直得过于迂腐，一点儿不会察言观色。然而太后又是个好虚荣的女人，喜欢享受权势。这种感觉，只有从她周围的宦官和女尚书们的谄媚中得到。而且，她从来没有意识到这帮同她共同生活于皇宫大内之中的奴仆们，与皇宫之外的帝国各级行政机构中的官僚们，竟然是水火不相容的。

这几个月来，她已经多次在被侍候得舒舒服服的情形下，将爵位、官职当作小玩意儿一样赏给了几个宦官和皇帝乳母的亲朋好友们。当然，每次封赏都以天子的名义，并在天子的监督下，由掌玺大臣盖上御玺后发布。这个习惯后来被灵帝不折不扣地继承下去，并有所创造。这又是后话。他们都不太明白：这些东西都是国家的重器，对于亲近宠信的奴仆或亲戚，可赏之以财，但绝不可授之以爵。

时已八月，洛阳城中秋风萧瑟，凉透单衣。

陈太傅有些等不及了，他是个政治洁癖，希望像扫地一样处理国家的政务。太傅的名望，来自他十五岁时的怪异行为。那时他闲处一室，听任院子里杂草丛生。有一天，父亲的朋友、郡中功曹薛勤来访，见状便对他说："小子！贵客到此，为何不好好地洒扫庭院？"

"大丈夫处世，当扫除天下，安能扫此一室？"

陈太傅说出了一句永垂青史的豪言。

对于大将军的慎重，太傅有些不解，可能还有些顾虑。他在家中徘徊反侧，想找一个好的借口，敦促大将军早些下手。

忽然，府外的街市上，传来了喧嚣之声，接着，家仆进来报告：天上出现日蚀，百姓们正在祈祷和叫喊，希望驱除吞食太阳的天狗。太傅心中一震，吩咐备车去大将军府。

"日乃阳气，君王之象。月乃阴气，臣下之象。今苍天示以日蚀，当有君侧小人作奸弄权，太傅必为此事而来吧？"大将军一见太傅便急切地问道。

太傅见大将军知晓天道，便直截了当地从人事的角度提醒大将军：

“当初孝元皇帝朝，御史大夫萧望之竟为一个阉人石显所谮，被迫自尽。当今李膺、杜密诸公，曾为阉宦所窘，祸及妻小。何况现在像石显这样的人，不下数十个，为害就在眼前啊！蕃以七十之年，欲为将军除害。今可且因日蚀之事，斥罢宦官，以答天变。此外，乳母赵夫人及诸多女尚书，每天都在太后面前搬弄是非，干扰朝政。急宜退绝，请将军从速计议。”

“太傅请回，武即刻进宫，面陈太后。”大将军窦武答道。

斥罢宦官的理由很简单，在士大夫的眼里，宦官不具备人格，只是天子宫内执帚奉盏的奴隶。君臣之间，有社稷大义可言，真正的臣子应当是社稷之臣，而非天子的私臣。故君对臣不可无礼，臣对君亦可去就，而对宦官则无须如此。可士大夫们有一点不明白，并不是一开始，宦官们就一心一意地与他们过不去，而是被士大夫们用各种制度和礼仪禁锢在大内的那位天子，不时地想把耳目手足伸展到大内之外的更为广阔的天地之中，直接干预士大夫们操纵的行政运行程序。从这个角度看，如果不倚重身边的这帮残贱之人，天子即便顶天立地，也是四顾茫然，真成了他一天到晚挂在嘴上的谦称：孤家寡人。再则，主子和奴才朝夕相处，他们之间的感情即便不是最真诚的，可也不是君臣大义这种崇高却冰冷的道德所能替代的。

这些道理，年少的天子尚不知晓，可窦太后一定心领神会。她现在和父亲的立场有些分歧。或许，她很自信，认为自己能够驾驭宦官们，因此当父亲向自己及天子列数宦官权重专断、子弟布列、贪暴无厌，以致天下汹汹等罪状，并要求废除全部宦官时，她便觉得父亲的主张过于荒唐了些。而灵帝听了，则又怕又气。

“我大汉自立国以来，世世皆用宦官，此乃国之常典，但当诛其有罪而已，岂可尽加废除？”太后说。

大将军心中怏怏不快，而灵帝则暗自庆幸。

于是，在得到太后的首肯之后，大将军下令逮捕了两个罪行显白的宦官——中常侍管霸和苏康。这是两个颇有才略的大宦官，掌管天子的秘书处，专制独断，在孝桓皇帝朝就与士大夫们结下了怨恨。当然，窦太后之所以同意大将军拿这两个人开刀，还出于她作为女人特有的狠毒心理，因为管霸和苏康曾在孝桓皇帝新丧之时，苦谏她不要杀害除田圣之外的其他嫔妃们。

有时候恶人反要为自己瞬间流露出的良心付出更高的代价。

很快，他们就毙命于大将军的刑具之下。可大将军并不满足，他明白擒贼擒王的道理。管、苏二人仅仅是大宦官曹节等人的爪牙。这几天，大将军屡屡向太后进言，请求诛杀曹节等人，可女儿的态度却屡屡使他失望。

大将军以外戚的显贵身份，来实现士大夫集团的政治愿望，在本朝法制纲纪已被破坏的年代，本是一条政治捷径。可惜的是，连这也行不通了。

就在大将军面陈太后的同时，陈太傅又向天子上了一道奏章，上面写道：

> 今京师嚣嚣，道路喧哗。言侯览、曹节、公乘昕、王甫、郑飒等，与赵夫人、诸尚书并乱天下。附从者升进，忤逆者中伤，一朝群臣如河中木耳，泛泛东西，耽禄畏害。陛下今不急诛此曹，必生变乱，倾危社稷，其祸难量。愿出臣章宣示左右，并令天下诸奸知臣疾之。

太傅希望在中央造成与宦官们公开决战的局势。这道宣战书式的奏章，到了太后手中，便被压下，成了一份备忘录。

北宫政变

太后居住在北宫长乐殿中，身边配有五名女尚书，大宦官朱瑀被封为长乐五官史统领她们。由于不离太后的左右，他似乎最早嗅到了一场大战的血腥气味，并将他的预见通知了宦官领袖们。

八月的一天，帝国天文台的官员将一份天象观测报告送发宫内及各级行政机关。这份报告让大家感到异常的紧张，因为报告中所说的天象，很容易成为突发性政治事件的借口。报告中的天象是：

太白犯房之上将，入太微。

本朝的宇宙学说十分完美，乃人类文化之瑰宝。这一理论以金、木、水、火、土的五行结构为横坐标，将上天划分为与之对应的西、东、北、南、中五宫。以远古氏族首领少昊、太昊、颛顼、炎帝、黄帝为各宫之帝，名之为白帝、苍帝、黑帝、赤帝、黄帝，合称五帝。下以太白、岁星、辰星、荧惑、镇星为金、木、水、火、土五星，统领各宫。在西、东、北、南四宫内，又各选七宿，构成白虎、青龙、玄武、朱雀四种图像。纵坐标按照与赤道平面的垂直程度分为紫微、太微、天市三垣。紫微高居北极，为天皇大帝太一星座所居之宫。太微垣中，有五帝座星，是天皇大帝的布政之宫，也是五帝的值班室。至于房，乃是东宫苍龙七宿中的一宿，此星座由上将、次将、上相、次相四星构成，文武相辅，成为天皇大帝行政、典礼、祭祀的所在——“明堂”。本朝以天人合一为宗旨，故天道之运行即为人间之行政，二者之间必有关联。天皇大帝即是人间天子；天之将相，即是人间将相。

太白，金星也。金为兵，故主杀伐之事。现在，它经过房宿中的上将星座，进入了太微座，这一天象，预示着一场刀兵之灾，将要降临到本朝的上将——大将军，以及整个朝廷！

当天夜晚，洛阳南门平城门的守备官接到一位宫中侍卫军士——中黄门校骑出示的符节，命他立即开门。一哨铁骑，举着火把，簇拥着几辆马车打他眼前经过。

这支队伍走了约两里多路，停在本朝祭祀和典礼的所在——明堂。与明堂隔路相对的，是帝国的天文台——灵台。掌管明堂的官员早就在里面布置停当，从车内走出的是长乐五官史朱瑀、从官史共普、从官史张亮、中黄门王尊、长乐谒者滕是、长乐食监王甫等几个重要的宦官领袖。他们将这次密谋，安排得与太白星的运行相一致，因为他们要顺天道行大事了。

歃血结盟以后，他们共祷皇天，发誓曰：

“窦氏无道，请皇天辅皇帝诛之。令事必成，天下得宁！”

具体的方案也已制定，其中包括密切注视朝中的人事变更，收买和控制中枢机构的官吏等等事项。

与此同时，大将军府内灯火通明。大将军和陈太傅收到了他们的同志、本朝著名天文学家、侍中刘瑜送来的紧急书信。刘瑜在信中指出：星辰错谬，不利大臣，宜速断大计。并告知：他向太后也发去了奏章，提醒太后有奸人在天子身旁，必须加紧防范。两位重臣连夜商议，通宵达旦。

次日起，一系列人事变更的命令陆续下达：以朱寓为司隶校尉、刘祐为河南伊、虞祁为洛阳令。如此，大将军便将京畿及直隶地区的军政和治安大权，交给了自己人。下面的问题，就是掌握宿卫军队。

宿卫军队，由羽林、虎贲这两大近侍卫队和北军五营士组成。这些，大将军无甚顾忌，因为这些军士皆非宦官充当。况且，羽林、虎贲为天子的仪仗和贴身勇士，人数不多，各设中郎将统领，其中虎贲中郎将刘淑是自己人。北营的人数最多，达四千多人。五营分别为屯骑、越骑、步军、长水、射声，各设校尉统领，驻扎在都亭。此中人数最多的一支步军营的校尉，由自己的侄子窦绍担任，屯骑校尉由自己的心腹妆述担任。所以，大将军担心的是由宦官组成的近卫军——中黄门。他们居则宿卫值守宫门，出则骑从天子，夹乘舆车，且直接控制着禁内。

几天之后，大将军得到了太后的同意，免去原宦官禁军统领魏彪的黄门令一职，代之以自己的心腹宦官——小黄门山冰。

山冰在大将军的授意下，奏请天子之后，便立即逮捕了太后身边的秘书长——长乐尚书郑飒，送北寺狱审讯。

陈太傅听到这个消息后，又激动又担忧。他的政治洁癖又犯了，不过他的冲动之中，包含了果敢与机敏。他觉得这样一个个地逮捕审问，会惊动别的几个大宦官，引发变故。他急忙去对大将军说："这帮家伙，抓了就杀，何必拷问？"

然而，恰恰大将军谨慎却又迟疑的毛病发作了，他觉得自己的方案更稳妥一些，故而没有听从太傅的话。可能他还想对女儿有更多的交代，不过，最重要的一点是：大将军自信能够运用他的威势合法地翦除宦官势力。

很快，关在北寺狱中的郑飒，吃不住黄门令山冰、尚书令尹勋和侍御史祝瑨的轮番审讯和狱吏的拷打，交代了自己的罪行，并牵连出曹节和王甫。尹勋和山冰根据郑飒的交代，拟出了一份详细的报告，准备奏请太后批准后，就去逮捕曹、王，进而诛杀全部宦官。

九月七日辛亥，报告交给了侍中刘瑜，刘瑜立即将报告封送帝国的中枢机构——尚书台。次日早朝，便可立即奏明皇帝和太后。

一切准备就绪。

洛阳城内，南北两宫，垂宇重檐，气象森严。

在几个宦官领袖中，长乐五官史朱瑀一直保持着高度的警惕。今天，尚书省内的一名被他收买的官吏，向他密报了刘瑜封送奏章的事。他急切地想看个究竟。但下手需要时机，大将军常常在尚书台值宿。

当天，朱瑀又接到那个官吏的密报：大将军今晚将回府过夜。

大将军一走，朱瑀立刻带了几个宦官赶至尚书台，打开书案上堆积的皂囊，终于找到了那份报告。看着看着，他的脸色渐渐地泛白，无髭、白嫩但却松弛的下巴颤动了起来，他先咬着牙说道：

“中官当中的放纵之人，自可诛杀！我辈有何大罪，而要如此斩尽杀绝？”

接着，他又用一种凄厉的嗓音，对属下们喊道：

“陈蕃、窦武奏白太后，想要废除皇帝，大逆不道啊！”

朱瑀回到长乐宫后，心里一直盘算着。天刚黑，他叫来了十七个心腹宦官。这十七个人都是健壮勇猛之辈，其中包括长乐从官史共普和张亮。朱瑀把自己的打算告诉了他们。然后，他们拔出佩刀，割破手指，将血抹在自己的嘴唇上，指天戳地，发誓诛杀窦氏。

酣睡中的天子，被奶妈赵娆叫醒。睡眼蒙眬之中，他看到曹节、王甫等跪在面前，直到曹节将一把寒光闪闪的佩剑呈上来时，他才醒透了。

“陛下！禁外喧嚣，有人反叛，请陛下持剑在手，即刻出御德阳前殿。”曹节奏道。

当天子在赵娆和几位宦官的簇拥下，登上德阳殿御座时，曹节和王甫早已赶到。在自己的御座下，两位宦官镇定地布置着。他们让中黄门卫士立刻关闭所有的宫门，并将门卫手中掌握的入宫官员的符信收聚，杜绝任何人进入。接着，他们又让中黄门将尚书台值宿的官吏悉数扣押，解到前殿。

在中黄门的刀剑胁迫下，尚书台的官吏们按曹节的授意，在一块块一尺见方的诏板上，写下违心的文字。第一道诏令便是：

拜王甫为黄门令，统领中黄门禁军，逮捕尚书令尹勋和黄门令山冰。

北寺狱，尚书令尹勋与黄门令山冰共同值宿，打算明天继续审讯长乐尚书郑飒。中黄门的铁骑闯了进来，王甫向他们宣读了天子的诏令，山冰立刻指出：这是矫诏，并拒绝拜受。王甫抽出佩剑，刺进了山冰的胸膛。

中黄门解去郑飒的桎梏，搀扶他上车，他拒绝了，索要了佩刀，翻身上马。

铁骑旋风般地驰回北宫，马蹄声打破了都城宵禁之夜的寂静，也惊醒了太后的睡梦。她的寝宫周围，跪着手持刀剑的中黄门，不得已，她交出了玉玺。

一个宦官，领着一队持戟的卫士，匆匆赶到南宫，关闭了宫门，并断绝了南、北两宫之间的通道，一条长达一里的走廊。

大将军白天早早地就出了宫，他觉得他和陈太傅商量的大事，明天早朝时，就会见出分晓了。一连许多天的会议和办公，让他感到疲乏。大将军不会像陈太傅那样，能够忍受自己的庭院荒芜不堪，一心专注于天下大事。他是个考究的绅士，因而他决定今晚回府，好好休息一下。

他的寝第华丽高雅，内中装饰物有很多是女儿送来的皇家收藏，而且，今晚侍寝的娇娃，也来自宫中。

和大将军不同，陈太傅喜欢享受思想，他不仅担任了天子的老师和枢密大臣，而且，几十位来自各地的学生住在他的家中，使他的府第成了一座典型的经学研究院。所以，每天公牍之余，他的时间都花在研究和讲授经学上面。今天晚餐以后，他仍给学生们上了一课，讲的是《春秋》大义。学生们都感到太傅今天的讲授非常精彩，好像他矍铄的面容和闪着银光的须发。

夜深的时候，大将军的府第被中黄门包围。大将军从春梦中惊醒后，立刻登上门楼问话，门外铁骑们手中的火把，映照着一个大将军熟悉的面孔：长乐尚书郑飒。他手里拿着天子的符节，身边还有中央监察部门的官吏。郑飒大声地向门楼上宣读了收捕窦武的诏令，叱令窦武速速开门接诏。

久候不见开门，郑飒下令：冲进府内，捉拿窦武。此时一骑来报：窦武携带随从，由后门突出。

北军五营，步军校尉窦绍正在巡夜，听见营外马蹄声急促，忙让人持了火把，爬上营门边的敌楼。不一会儿，他看到几骑驰来，叫门的正是叔父的声音。又听见后面传来马蹄声，凭借军人的经验，他马上判断出那是追兵。他立即命令开门，放窦武等入营。营门刚刚关上，中黄门的追兵已至，窦武尚未下马，便叫窦绍放箭。

几个中黄门中箭落马，郑飒见状，即令铁骑返回北宫。

大将军惊魂初定，随即让校尉们集合手下的几千军士，开往都亭校场。在校场点将台上，大将军声色俱厉地对军士们叫道：

“黄门、常侍们现已谋反，尽力者当封侯重赏！”

就在大将军驰往北营之际，他派往太傅府报信的人已敲开陈太傅的府门。太傅立刻叫醒府中的属员和他心爱的学生们，向他们说明了今夜突发的事变，表示他马上就去奔赴国难。

他的属员和学生计八十余人，为老太傅的义愤所激，纷纷拔剑在手，举起火把，护卫着太傅，涌向北宫。

北宫的东门——承明门紧闭着，门楼上持戟卫士的长官大声向太傅喊道：

“天子没有诏书召公到此，为何勒兵入宫？”

火光中，太傅一脸正气，此时此刻，他铿锵有力的回答仍引经据典，蕴藉着士大夫特有的学者风度：

“当初晋国大夫赵鞅引兵入宫，清除君主身边的奸人，故而孔夫子修撰《春秋》时，对他大加赞赏。尔等宿卫天子，怎能不明春秋大义？”

卫士长官听了，为之动容。

持戟卫士打开了承明门。太傅的队伍继续向宫内涌去，在尚书台的门口停了下来，太傅想在这里发表演说，进而控制局势。

太傅攘臂高呼道：“大将军忠心卫国，黄门反逆，为何反说窦氏无道？”

“谁出此言？”

随着声音，从尚书台边的道路上，转出一队中黄门剑士，为首的是现任黄门令王甫。

王甫一手按剑，一手指着太傅说："先帝新弃天下，陵园尚未完工。窦武有何功劳，兄弟父子并封三侯！又设乐饮宴，多取掖庭宫人，旬日之间，聚财巨万。大臣如此，有何道理可言？陈公现为宰辅大臣却与他相互结党，竟还说要惩治反贼！左右，给我拿下！"

剑士们一拥而上。太傅拔出佩剑，对王甫大喝一声。剑士们见老太傅如此，不敢贸然上前，只得将太傅和他的属下、学生们围困在核心。

在一阵僵持之后，太傅的队伍被驱散，太傅和他的几个重要属官被押送北寺狱。

太傅与宦官们结怨太深。按本朝制度，中央各级官员、包括掖庭宦官，其俸禄钱粮的发放和假期的批准，皆由尚书台的副长官尚书仆射与右丞对掌。太傅自孝桓皇帝朝即任尚书令，在任期间，曾运用手中的权力让一些宦官失业，并克扣了不少在任宦官的俸禄与假期。现在，押送太傅的宦官们欣喜若狂。一进北寺狱的刑房，中黄门的一个骑兵副官便将老太傅踏翻在地，踩着他骂道：

"你这个老怪物，还能裁我们的员，扣我们的俸禄和假期吗？"

是夜，本朝太傅陈蕃遇难。太傅字仲举，汝南平舆人。

黄门令王甫，已控制了北宫中的局势。除了中黄门，虎贲、羽林两支禁军也被他掌握。三支禁军计有一千多人，王甫将他们安扎在北宫的南大门——朱雀门。

在都亭的大将军，也对五营兵士作了布置。他很快恢复了自信，因为五营兵士的人数是宦官禁军的几倍。他下令军队奔赴北宫靖难。

天亮的时候，必有一场大战。

曹节一直坐镇在德阳殿。现在，他似乎已经预料到天亮以后可能发生的情况，这是他最不想见到的结果，因为不仅担忧大将军的兵力强大，而且，天一亮，全城的吏民都会知道今夜的政变，事态会变得复杂而棘手。他希望以最快的方式解决大将军。

他想起了一个人。

帝国护匈奴中郎将张奂，今晚注定了没有好觉可睡。去年冬天，羌人抄掠三辅，张将军与部将尹端、董卓大破之，斩其豪酋，杀虏万余。近来，他接到朝廷的诏令，命他振旅还朝。他带着一支精锐的卫队，举行了入城和献俘仪式。他是一个天生的军事家，因为他很少在军事上下功夫。这些天，他抖落征尘，屏退公务，又回到了他钟爱的书斋生活。在研究和传授欧阳氏的《尚书》学方面，他有着很高的造诣和广泛的声望。他和两个儿子张芝和张昶，都是帝国著名的书法家，后世学草书者，无不以为楷模。

可是现在，他被人叫起接受诏旨。颁旨之人，是宫中大总管——少府卿周靖，他现已持天子符节、拜为车骑将军。诏板上说窦武已反，命他率卫队与周靖一道去收领北军，讨伐窦氏。天子的印玺昭然，作为臣子，当即刻赴诏。张奂披挂完毕，与周靖率兵至朱雀门，会同王甫的兵士，向宫外开去。

天已大白，北宫之外的双阙前，两军相遇。

王甫向北军的士兵出示了天子的诏令，宣布张奂是他们的新任指挥官，并命令手下的军士不断地对北军叫道："窦武反叛，汝等皆为禁兵，当宿卫宫省，为何随之造反？先降者有赏！"

王甫的手段很快就奏效了。大将军所率北军的阵脚渐渐松动并喧哗了起来。接着，一些军士扔下武器，跑向王甫的阵营。

眼下的突变，是大将军万万没有想到的。其实，这正是大将军最疏忽的地方。

北营的军士，除长水校尉所辖的骑兵征自乌桓和匈奴这两个民族之外，其余多是洛阳城中的子弟。他们有着京师小民特有的政治敏感和纨绔气息，权衡利害的能力大于分辨是非的能力，并且非常爱惜生命。孝桓皇帝朝，他们当中的许多人都曾跟随中常侍收捕不可一世的大将军梁冀，因而深知中官的厉害。何况，现在又面临天子的诏令、威震边关的大将张奂和他手下如狼似虎的卫队。再者，大将军的亲党出任北军校尉，不过数月，对将士的恩宠尚未普及，威信未立。

接近中午的时候，大将军及其亲党已经震慑不住北军五营。阵营中的兵士所剩无几。大将军见王甫麾军逼来，只得与窦绍等回马而走。追兵将大将军等包围在都亭，大将军解鞍下马，稍作喘息。然后，长叹一声，拔剑自刎。步军校尉窦绍亦随之自刎。

他们的首级，被悬在都亭示众。

黄门令王甫回到北宫德阳殿的时候，灵帝已斜在御座上睡着了。

天子的宝剑，落在地上。

按例，秋风肃杀之际，正是本朝处决人犯、典狱正刑之时，不过，今年的秋天，由于处决的人犯过多，洛阳城里的小民们已失去了延颈围观的兴趣。稍有良知的人，则不忍去看，因为成批被杀的，都是本朝的贤臣及其亲党宗族。

被处决者的名单中有：大将军的近亲、姻亲和宾客，侍中刘瑜及其家族、北军屯骑校尉冯述及其家族。刘瑜字季节，广陵人，通天文历算之术，以上书直谏著闻朝野。就刑之后，宦官烧毁了他的这些谏书，宣布为胡说八道。

虎贲中郎将刘淑、尚书令尹勋、议郎刘儒和已退休在野的故尚书魏朗，以大将军的同谋而受到指控。刘淑、尹勋、刘儒下狱自杀。刘淑字仲承，河间乐成人，本朝皇室宗亲。孝桓皇帝朝征入京师对策，为天下第一。尹勋字伯元，河南巩人，衣冠世家，为人刚毅，少时读书，得忠臣义士之事，未尝不投书而叹。刘儒字叔林，东郡阳平人，孝桓皇帝朝以极言直谏著称。魏朗字少英，会稽上虞人，在征至京师受审的途中自杀，有《魏子》一书遗世。

死者的门生故吏以及被他们征辟举荐做官者，都受到不同程度的牵连，免去官职，永不录用并交地方管束，本朝称之为：禁锢。大将军的一些远亲，还被流放到帝国疆域的最南端——日南郡，那儿接近北纬十五度，住着赤身裸体的野蛮人。

大将军府的大总管胡腾，因收葬大将军尸体，被押回他远在南方湘水流域的故乡桂阳郡禁锢。在他的安排下，大将军唯一的血脉、孙子窦辅逃离了京师。一年以后，曹节发觉此事，追捕甚急，胡腾与大将军府令史张敞携带窦辅窜入相邻的零陵郡中，诈称是自己的儿子并为他娶亲成家。

陈太傅的友人朱震，当时担任帝国沛郡铚县县令。闻讯后弃官入京，哭葬太傅，又藏匿太傅之子陈逸于甘陵界中，故而全家遭致监禁。朱震备受拷掠，至死不言。

议郎巴肃，也被押回故乡勃海郡高城县禁锢。由于法官的疏忽，他可谓幸免于难了。因为他是大将军诛杀宦官计划的重要制定者。很快，曹节就查出了这条漏网之鱼。抓捕巴肃的诏令用飞骑传送到高城县令的手中。巴肃得知后，自己来到县衙的大堂，他不愿难为自己这位担任县令的老朋友。县令急忙将他拖入内室，解下身上的绶印，说道：

“公大义凛然，在下愿意弃官，和您一起流浪江湖。”

巴肃向他长揖道：“为人臣者，有谋不敢隐，有罪不逃刑。既不隐其谋矣，又敢逃其刑乎？”言毕，自入槛车。

与大搜捕比肩接踵而来的，便是大封赏。这次政变中的宦官领袖、中常侍、长安乡侯曹节迁为长乐卫尉，改封育阳侯。长乐食监王甫迁为中常侍，黄门令如故。长乐五官史朱瑀及其从官史共普、张亮等六人，皆封为列侯。护匈奴中郎将张奂迁大司农，以功封侯。此外，尚有十一名宦官与官吏封为关内侯。

朝中的人事也作了变更。天子的太傅换成了和颜悦色的原司徒胡广，并让他主持尚书台的政务。以原司空刘宠为司徒，大鸿胪许栩为司空。

现在，大将军和陈太傅威严的身影已从朝堂上消失了，他们和一大群同志、僚属静静地躺在京师北门外邙山脚下的平民坟场之中。不过,他们的愿望并没有随着身躯的入土而被埋葬。二十一年以后,另一位大将军和一大批武装起来的士大夫们实现了这个愿望。但那时,我们的大汉帝国也随之灭亡了。

建宁元年的秋天,帝国失掉了最后一次挽救危亡的机会。

建宁二年(169)春正月丁丑日,本朝大赦天下。十四岁的天子身穿礼服,登上御座,颁布了诏令。他习惯地向身体的侧后看看,那是以往临朝时太后的座位。今天,他才有了至高无上的感觉,但又感到前所未有的茫然与失措。大将军和太傅的被杀,使他夺得了一个帝王能够拥有的享受一切尊荣和声色的权力,同时也使他终其一生只能扮演着不称职的君主的角色。现在,只有身边的中常侍们教他如何应对大臣了。他对中常侍这次英勇反击很是感激,又为自己感到庆幸,因为他知道自己成为天子的途径,和叔父孝桓皇帝如出一辙:由太后和一位大将军当作傀儡选中,然后依靠中官砍掉控制自己的巨手。但对于自己来说,这个过程在一年之内就迅速地完成了。

几天之后,慎园贵人董氏从河间国的老家来到京师,天子亲自来到夏门亭——这个去年大将军迎接自己的所在,奉迎亲生母亲。此时,长乐宫的主人窦太后已被迁到南宫的一所殿院中,过着寂寥的生活。她后悔莫及,因为她终于看透了中官们,明白了一个道理:谄媚绝非忠诚。

三月乙巳日,天子的生母去掉了贵人的称号,被尊为孝仁皇后。她的兄长、天子的舅舅董宠被授予执金吾的职位,掌握宫外的警卫和水火非常之事,下有属丞一人,领缇骑二百。同时,董宠之子董重亦被授予五官中郎将之职。

一系列重新确立天子地位的动作，其背后都有缜密的安排和独特的用心。这又出自几位宦官领袖的精心设计。作为天子，则不可能考虑许多，不过，聪明的士大夫们一定能看出端倪，那就是：新太后没有住进北宫，而是被奉养在南宫嘉德殿内，号为永乐宫。帝国的中央机构和政治中枢，皆在北宫。孝明皇帝永平三年(60)，诏起北宫及诸宫府，至永平八年(65)冬七月成。宦官们不仅把原先住在北宫，操纵国柄的窦太后迁到南宫，而且也不让新太后成为第二个把持北宫的女人。

先哲有言："福兮，祸之所倚。"这对执金吾董宠来说，是再恰当不过的了。按本朝的惯例，他应该是新任大将军的候选人，但在这个最嫉恨大将军的时期，他不仅失去了成为大将军的可能性，而且失去了生存的可能性。

次年九月，董宠因擅用他姐姐的名义，去走一些大臣的后门，搞些请托之事，被中官指控。同月，死于审讯之中。在本朝的政坛上，所谓廉政的举措，常常是排除异己的手段。

建宁四年(171)正月初三甲子日，本朝举行了一次隆重的典礼：为天子加元服。

元者，首也。首之服即为冠冕。本朝沿用周礼，男子年二十左右，即可为之行加冠礼，象征他已是一位成年人，具备承担社会事务的能力。作为天子也不能例外。而且，他的冠礼必须成为臣民的礼仪典范。天子的年龄，距礼仪规定的年龄还差整整四年。不过，本朝的列祖列宗自孝和皇帝以降，除了未及冠年即已夭折者，皆于十三岁或十六岁举行冠礼。这大概是因为他们承继大统的年龄过于幼小的缘故吧。

太傅胡广带着宗正、太常、大鸿胪寺的官吏，在高皇帝庙中，已布置了好几天了。永乐宫的新太后请他担任典礼中的西宾，因而他不仅是礼仪中的主持者，而且是这位即将成年者的导师和长老的化身。

清晨，天子乘着装饰华贵的金根车，由文武随从陪伴至庙前。他从庙前的东阶升至堂前，西向，面对在堂门西侧东向而立的太傅。相互揖礼后，宗正和卜师向天子汇报了典礼日期的选择以及准备的情形。随即天子被引导进入高皇帝庙的西厢。

天子沐浴之后，先后身着四套服饰展示在庙堂下的百官面前。大家看到了天子头戴进贤冠、爵弁、武弁和通天冠的四种威仪，象征着他所承担的道德、权力、军事和祭礼的义务。然后，天子手执玉圭，被引导着向高皇帝的灵位行礼，再进入设好的筵席，象征性地饮上几口用古式的尊爵呈进上来的酒。最后，太傅胡广向天子诵读了祝辞。

天子的车队回到北宫嘉德殿的朝堂之上，庄严的钟磬声敲起，参加国宴的嘉宾皆已入席。天子进到后堂，换上最正式和庄重的朝服。当他出现时，乐声更加洪亮，群臣伏拜，山呼万岁。赞礼官大声地朗诵起颂文，并宣布天子的新诏令：大赦天下。

灵帝觉得这才是他真正的即位大典。作为一个天子，成年礼的举行，意味着他开始亲政了，他似乎也觉得自己懂事了。在典礼之中，他体验到了无比的尊贵和自信。这次典礼植下的自信，使得天子在以后的执政岁月中，时时表现出妄自的冲动。

可匍匐在丹墀下的大臣们，则为这个以幼小之躯顶戴旒冕的少年而忧心忡忡，甚至感到嘉德殿的高基厚础，都在自己的膝下颤动起来。

典礼结束时，天已黄昏。有两个官吏在回家的路上，对今天的典礼品头论足。其中一个感慨地说道："国家就如一杆秤，天子就是秤砣，虽为孤家寡人，但他依靠臣下作秤杆，竟可以均衡起沉重的天下！"

另一位却说："阁下您作为秤杆，难道不觉得，这只秤砣太轻了吗？"

洛阳的正月，虽已进入春天的节气，但尚无暖意。他们的谈论，就在寒风中飘散得无影无踪了。

第二章 大放逐

河清不可俟，人命不可延。
顺风激靡草，富贵者称贤。
文籍虽满腹，不如一囊钱。
伊优北堂上，肮脏倚门边。

——赵壹《秦客诗》

被出卖的将军

在天子加元服时所宣布的大赦令中，有一类人不在赦免之列，那就是：党人。

天子不能原谅他们。天子的这种仇恨，是由宦官们培养起来的。

建宁元年(168)九月的北宫政变结束了，但这场碰撞犹如一场大地震，它的余震仍延续到第二年。

大将军和陈太傅被诛之后，士大夫们或垂头丧气，或咬牙切齿；宦官和奸小们兴高采烈，拍手称快。不过，有一个人却表现出与众不同的复杂心情，这个人便是张奂。

他被宦官们出卖了。

事后，他知道了一切，知道了宦官矫诏调他出马，正是因为他刚刚被征入京而蒙在鼓里。自孝桓皇帝永寿元年(155)被朝廷任命为安定属国都尉开始，他一直在与南匈奴、东羌、先零、乌桓、鲜卑等周边民族作战。凭借西北敦煌人天生的军事才能和年轻时游学三辅而养成的儒学境界，他成功地运用军事和怀柔两种手段，受到这些民族的畏服。由于他的仕途是由征辟大将军梁冀府开始的，故而在梁冀倒台后，他一度被禁锢在家。那时，他的师长和好友、帝国度辽将军皇甫规多次上书，举荐张奂代替自己，因而他又被拜为武威太守，再次镇守西北。皇甫规，字威明，安定朝那人，陈太傅的同志，宦官的对头。

以去年冬天大破东羌的功劳，张奂理当封侯。但他也明白，想封侯，就必须侍奉中官，而这又是他深以为耻的事。果然，在振旅还朝期间，朝廷颁布了对他的赏赐：赐钱二十万，家中一子为郎官。他推辞了这一殊荣，官场和战场，他都有些厌倦了。于是，他乘此机会，向朝廷提出了一个更低级的但必须改变一条法律的要求：将自己以及家族的户籍，迁到帝国政治和文化的中心区域——长安与洛阳之间的弘农郡华阴地界。朝廷答应了他的要求，为此，也打破了边人不得内徙的律令。

现在，侯王的爵位终于放在自己的面前，但张奂却感到如鞭挞于朝市一样的难堪。他接连上表，非常坚决地辞去了封赏，只保留了大司农的职务。因为这是朝廷的职官，可以保持自己士大夫的身份和为朝廷效力的权力；再则，大司农之职所享受的禄秩为二千石，与护匈奴中郎将同秩；加之自己曾于孝桓皇帝延熹九年(166)担任过此职，因而也谈不上升迁。

就这样，他还是受到了朋友、同僚乃至门生们当面或书面的指责。他只是默默无言，杜门自省。他更在等待着机会，洗刷自己的耻辱，昭大白于世人。

御座上的青蛇

这一年，刚刚进入初夏的季节，本朝历法的四月份，洛阳的天气连续多日异常闷热。二十一日壬辰这天，居住在老宫殿大梁上的一条青蛇，忍耐不住，下到殿中天子的御座上纳凉，把参加朝会的天子和大臣们吓得不轻。本朝以天人感应为信仰，因而花费了大量的人力物力观察和研究自然界的一切变化，作为制定和修正政策的依据。由于积世的衰微，因而每一点小小的怪异现象，都会被人们视作不好的兆头。

其实，天总是按其常道行事的。第二天癸巳日的下午，风云变幻，大风、霹雳、冰雹旋踵齐至，把个京师搅得昏天黑地、一片狼藉。负责撰写帝国日记的史官们，在风雨中掌起灯火，削简疾书：

> 建宁二年，四月壬辰，青蛇见御座。癸巳，大风、雨雹、霹雳，拔大木百余。

中黄门和羽林、虎贲骑士的马蹄声，激荡在风雨之中。一份份由尚书台起草的诏旨，被送到重臣家中及中央各官署，令公卿及下属各上封事议政。

大司农张奂，被霹雳震撼得热泪盈眶。他站立在堂前，将整整一大碗酒洒在阶下，对他的僚属们说道："上天震怒，以申君子之冤。奂以此酒，奠大将军及太傅之英灵！"

百僚之中，张奂第一个将奏疏写好，封在皂黑色的帛囊中，送到尚书台。

天子亲自打开了大司农的封事：

> 昔周公葬不如礼，天乃动威。今武、蕃忠贞，未被明宥，妖眚之来，皆为此也。宜急为收葬，徙还家属。其从坐禁锢，一切蠲除。又，皇太后虽居南宫，而恩礼不接，朝臣莫言，远近失望。宜思大义，顾复之报。

天子这两天受到了惊吓，加之他刚刚亲政，因而将天有灾异即诏公卿议政这一本朝早已仪式化了的行政惯例，看得新鲜而重要。作为一个小孩，天子对灾异有着无知的好奇；何况，为大将军和太傅翻案，又是由张奂提出的。在阅读封事的过程中，大将军、太傅、窦太后的身影又出现在他眼前：大将军带着仪仗站在夏门亭的寒风之中；太傅殷切教诲自己时，颤动着的下巴上的银须；醒来时坐在床边，看护着自己的太后。张奂的话，大概是对的吧？

相继而来的是郎中谢弼、光禄勋杨赐等公卿大夫的封事。他们的意见，与大司农如出一辙。其中谢弼的话更为耸听，他引用了《诗经》中"维虺维蛇，女子之祥"的诗句，指出御座上的那条蛇，作为象征天子的龙的同类，正是太后在自然界中的化身。因而这种怪异的现象，就被解释成由于天子辜负太后援立之恩，仍隔她于空宫之中，太后愁苦而感动天心的结果。本朝尊崇周礼，为人后者为人之子，在天子入继大统之后，孝桓皇帝和窦太后就是他的法定父母。本朝又以孝道治天下，天子这样做，势必无面目以见天下！和别人不同的是，谢弼还进一步向天子提出了挽回诛杀大将军这一恶果的方法：征辟故司空王畅和长乐少府李膺执掌中枢。

不能说，天子对他们的言辞无动于衷，可即便打动了天子，天子又能有何作为呢？果然，天子感到茫茫然了，他第一个反应就使得这些认真负责的士大夫们大失所望：他竟去找中常侍们商量了。

宦官们用极为简单的辩解和过去几个大将军的故事，就让天子改变了主意，并取得了处理这些问题的特权。

大司农张奂接到诏令，让他迁任太常。这是个位高事闲的官职，掌管朝廷的礼仪与祭祀。谢弼，则被外迁至江淮一带的广陵府，担任地方行政副长官。接到调令后，谢郎中就感到不妙，广陵府属东郡管辖，而郡守曹绍，正是曹节的侄子。

几个月后，谢弼在广陵府任上被捕，死于郡狱。

张奂仍在努力，他联络了尚书刘猛、刁韪、卫良等人，郑重地向天子上疏，要求朝廷准许王畅、李膺二人进入中枢，在太尉、司徒、司空这三公中充任二职。没过几天，他的府第就被中黄门包围了，为首的中官对他宣读了圣旨，指责他扰乱朝纲，构党营私。

这回，张奂的心凉透了。不知怎地，他开始自嘲起来，绝望使他大彻大悟，一反常态。他没有做任何辩解，接诏之后，马上脱去朝服，免冠跣足，来到北寺狱自首认罪。

过了几天，张奂回到府中，吩咐紧闭府门，重新布置起自己的书斋。他又研读起《尚书》来了。他有上千名学生，心情平静的时候，也上一上课。

风波暂时平息，朝廷扣除张奂三个月的薪水，以示惩罚。

张奂和谢弼的碰壁，在于他们的封事中提到了李膺和王畅。这两个人的名字，勾起了宦官们自先帝朝就已落下的心病。仇恨和积怨，让他们感到浑身痛痒不堪。曹节和王甫等中官都认为，趁着大将军阵营刚刚受到重创的机会，必须根治这块心病。

李膺和王畅，是孝桓皇帝朝的党人。

党人与太学生

党人的话题，得从先帝朝讲起。

本朝自高皇帝开基以来，沿承秦帝国创制的中央与地方郡县两级行政制度，一改周代的贵族分封和世袭制度。帝国选拔官吏的根本准则，不再依靠贵族的宗法血缘，而是受过教育的民众——士人。和秦始皇不同的是，本朝列祖列宗所用的士人，不是学申、韩法家之术的狱吏，而是自幼习诵五经的经生。因为本朝的列祖列宗接受了始皇帝的教训，不再单纯把法律作为治理帝国的主要手段，而是推崇自周文王、周公直到孔夫子构建和传授下来的一套道德文化的理想。本朝的理想是德治而非法治，尽管帝国的法律也很强大。起用这些经生的方法，是察举和征辟，也就是将地方官员考察推荐与朝廷调查征召的手法结合起来。中央和地方双向试用的官吏，来自许多名目：比如举贤良、方正、直言极谏，举孝廉、至孝、有道、敦厚质直、仁贤、茂才，试五经博士弟子、太学生，试明经、耆儒、童子，试尚书、将帅等等。从这些名目可见，本朝用人的标准，是士人的德行和经术。当他这两方面的修养已形成了一定的社会声誉，他就自然而然地成了士大夫行列的候选人，一般把他们叫作名士。从原则上讲，即便是帝国皇室成员，如果他不甘于仅仅做一个享受生活的侯王，而想献身政治，也必须走这条道路。

老实说，本朝的久长，在于列祖列宗一直坚持着这一制度。

不过，一个人的名声，恐怕不仅仅靠自己的德行和经术，还来自他的人际交往。有条件的士人，往往年轻时就去京师游学，或入太学跟从博士学习，结交中央的名人和士大夫，同学之间也形成了群体。地方的名士和地方有清望的官僚之间，往往也有着师生或朋友的关系。他们在一起，激励品德，研讨经术，议论政治。

像任何崇高的理想都与庸俗的现实相依为命一样，本朝仕途的道德标准也携带着功利的目的。因为热衷于仕途的士大夫们不仅要为天地立心，为生民立命，为万世开太平；还要为自己，为妻小，为宗族，为亲党谋福利，谋权势。于是察举征辟之中，就有了复杂的文章，直至成了赤裸裸的贸易活动。孝和皇帝以降，帝国的察举铨选，多为外戚、宦官交替把持，朝政昏暗，士风日下，忠正之士被废，虚诈阿谀之徒登堂。不能说，外戚和宦官以及依附于他们的士大夫们，故意要把帝国的制度搞垮，但他们总是将权力看成是聚敛财富的手段。这种权力经济观，势必给本朝的政治乃至经济带来严重的恶果。命运总是将才华加上清贫交给前者，而将平庸加上财富交给后者。孝桓皇帝朝，京师就流传着一首民谣：

举秀才，不知书。举孝廉，父别居。寒素清白浊如泥，高第良将怯如鸡。

至少在孝顺皇帝朝，士大夫们已有清流与浊流的区分。当时的地方吏治和政治风气已腐败不堪，因而政府监察部门不得不于汉安元年(142)，选派八位御史，到各地巡察。武阳人张纲，作为其中最年轻的一位，却将这种走过场的巡察看得最透。他的车驾刚刚走到京师外的都亭，他就命手下掘了个大坑，把马车的轮子卸下，扔了下去。部属不解其意，张纲冷笑着对他们说了八个字："豺狼当路，安问狐狸？"

这种分化与冲突，到了孝桓皇帝朝，愈演愈烈。清流士大夫和一些在野的处士、太学生，以及郡国学府的生徒们，以气节、道德、文章相互标榜，引为同志。他们希望用扭转社会风气、掌控舆论，直言进谏甚至动用权力来医治身患绝症的大汉帝国。渐渐地，一个有号召力的士人集团，从帝国的各种社会阶层中独立了出来。

他们的至圣先师孔夫子说过："君子朋而不党。"结党是可耻的，结党营私者正是他们的敌人。可是，本朝的许多事情都属于见怪不怪之类，被称作“党人”而载入史册的，恰恰反成了他们自己。

帝国的最高学府——太学，自世祖光武皇帝建武五年（29）起，就坐落在洛阳城南的开阳门外了。它的讲堂长十丈，广三丈，令天下的学子们心向往之。本朝的名儒大师，往往在其中充任太学博士，教授由京师的公卿子弟以及游学之士组成的太学生。到孝桓皇帝朝，太学生已达三万人。这些师生，都享受着朝廷的俸禄和津贴。大概也正因为这一点，他们似乎有着超乎学生本分的政治责任心。他们从来就没有认识到：钻研经典这件事本身，就为帝国的文教增添了光彩，就不辜负帝国发给他们的奖学金。他们总是本着经典中那些圣人所说的远不可及的理想标准，衡量本朝的政治。太迂阔，太不切实际了。可他们又太会造声势了，他们有的是名声和号召力，许多人的家中，世代公卿，有着深厚的政治背景。

孝桓皇帝朝的一天，当时，大将军梁冀尚把持着国柄。一个名叫郭泰、字林宗的学子，打太原介休来到太学。他身长八尺，容貌魁伟，衣着朴素而风度翩翩。经过几天的辩驳，他的学识使得太学里的师生们接纳了他。渐渐地，他竟成了太学生中引人瞩目的人物。其实，他的出身与任何一位同学比都相形见绌。他很小就成了孤儿，长大后，母亲见家里穷得不行，让他到县衙里弄份差使干干。可他却说：“大丈夫焉能处斗筲之役乎？”他向姐夫借了些钱，约了同学、后来曾任本朝太尉的宋仲外出游学。到了成皋地界，他们一起就学于经学大师屈伯彦。那时他并日而食，衣不蔽体，常常裹着一条被单进进出出，进则蔽于前，出则蔽于后。在精通经典，练就善辩的口才并妙解音律、天文、数术之后，他决定去京师碰碰运气。

大约在延熹二年（159），郭泰拜访了一个人：当时的河南尹李膺。

李膺字元礼，颍川襄城人。其祖李修，是孝安皇帝朝的太尉。其父李益，是赵国的相国。可谓三世公卿。而他却对郭泰这样一位寒士一见如故，大加赞赏。此事一时轰动朝野，传为佳话。因为一名白衣士人，一旦被大名鼎鼎的李膺容接，就被看成是登龙门了。太学生中与郭泰齐名的，还有颍川人贾彪。由于郭泰的引荐，漆工出身的申屠蟠、小贩出身的孟敏、仆人出身的庾乘，以及农夫出身的茅容，都加入太学生的圈子中来了。当学府中的道德文章理想和学生们年轻而冲动的生命结合到一起，加之有了学生领袖，一场社会政治运动就成了不可避免的事情了。

他们的运动叫作“清议”。不过，从一开始就蒙上了构党的名声，这完全出于一种民间歌谣的误会。

孝桓皇帝未登大宝之前，曾拜甘陵人周福为师。周福的学识，不如他的同乡河南尹房植。可是，周福却因学生而富贵，担任了本朝的尚书。于是两人的学生和宾客们争气斗胜，无事生非地编了一首歌谣，叫作：“天下规矩房伯武（房植字），因师获印周仲进（周福字）。”并且到处传播，互相攻讦。于是他们被戏称为党人。后来又传出一首歌谣：“汝南太守范孟博，南阳宗资主画诺。

南阳太守岑公孝，弘农成瑨但坐啸。”这是因为汝南太守宗资，任用了名士范滂为自己的下属，一切事务，唯范孟博是听。而南阳太守成，也委政于岑晊的原因。太学生们觉得有趣，也感到这种歌谣便于传播，于是他们便意气用事地指点江山，评议起人物来了。

他们有的是机灵，什么“天下模楷李元礼”，什么“不畏强御陈仲举”，什么“天下俊秀王叔茂（畅）”，把个京师搞得沸沸扬扬，以至有些公卿，为了讨个好声名，或是害怕落个坏名声，不得不屈驾亲往太学生的宿舍，和他们套近乎，附庸风雅。

除了编歌谣之外，太学生还有更厉害的一招：游行请愿。早在郭林宗来太学之前，太学生就养成了这种习气。那时的学生领袖是颍川人刘陶，他是帝国皇室的宗亲、济北贞王刘勃的后裔。

孝桓皇帝永兴元年（153），冀州黄河泛滥，淹没数十万户人家。一时饿殍横野，盗贼纷起。朝廷擢派大将军梁冀府典兵事朱穆赴冀州刺史任。朱穆认为天灾事小，人祸事大，便放出风声，严惩贪官。出发之前，他收到三位冀州籍的中官送来的拜帖。他知道宦官的意图，是想让自己关照他们在冀州的亲党，于是称疾不见。等到他渡过黄河，发现所到郡县的长官纷纷挂印而走，竟达四十多人。抵达州署后，又有几名官吏畏罪自杀。他还查得朝中大宦官赵忠之父，死后归葬冀州安平郡，竟敢僭越本朝礼法，以玉衣入殓。即刻命人发墓剖棺陈尸，收捕家属。正当冀州人心大快之际，他们的刺史大人却被槛车送京。临行之际，冀州吏民请了画工，要将他的画像置于刺史公堂之上。朱穆连忙催促槛车上路，留言于记事板上："勿画我形，以为重负。忠义之未显，何形像之足纪也！"

可这件事让血气方刚的刘陶听说了。在朱穆被判决服苦役的第二天，几千名太学生从太学徒步出发，游行至北宫阙前，要求孝桓皇帝接受他们的请愿书。京师的吏民也纷纷来声援。刘陶上书的矛头，直指宦官：

> 当今中官近习，窃持国柄，手握王爵，口含天宪。运赏则使饿隶富于季孙，呼吸则令伊、颜化为桀、跖。

最后，刘陶竟提出由自己代朱穆去服苦役。终于，从宫里送出了回复的诏旨，赦免朱穆，令其去官回家。

延熹二年(159)，太学生再次去北宫阙前请愿。起因是边将皇甫规平羌有功当封，几个中官向他索贿，在遭到拒绝后，便陷害皇甫规下狱。请愿是由太学生张凤发起的，参加者除太学生之外，还有三百多名朝中士大夫。皇甫规被赦遣归。

本年七月，大将军梁冀倒台，朝中就剩下两大敌手：士大夫和宦官。八月，孝桓皇帝册封五位帮他倒梁的中官为侯。同月，士大夫集团便发起了攻击。

一天，北宫大门外贴出了大字报——"露布"，即一件未加封的奏书，声明是写给天子和三公府的。奏书中的言辞相当尖刻，指出：大将军梁冀罪虽当诛，但以朝廷天子之尊诛杀梁氏这件事，在礼法上不过杀一家臣耳，不同于高祖皇帝的兴邦开国，也不同于边将们的安边拓境。而皇上却因此事封谋臣为万户侯，实属不经省御，班爵错乱。高皇帝九泉得知，能不怪之？而西北的列位边将，能不一失望而解体？何况皇上所封的侯王，又都是些阉竖小人呢？孔子曰："帝者，谛也。"即为天下审定之法，而当今之封，是否表明：帝欲不谛乎？

露布的署名，是一个小官僚：东郡白马县令、甘陵人李云。他很固执迂腐，从白马跑到三百六十多里地之外的京师，就为了说几句天子最不爱听的话。

恰恰天子这些天又特别没有理性和耐心，因为他完全沉浸在胜利的喜悦之中，第一次玩弄封赏的权力，李云的话，简直是大扫其兴。于是天子震怒，下诏尚书都护用剑戟叉着李云，送黄门令掌管的北寺狱，并指定中常侍管霸和御史、廷尉轮番拷问。

偏偏这件事又引出另一个固执的小官僚——弘农郡五官掾杜众来了，他知道后，上书说自己愿意与李云同死。天子很爽快地答应了他的要求，安排他住进了李云的监狱。大鸿胪陈蕃上疏请宥李、杜之罪，天子立刻打发他回了家。太常杨秉、洛阳令沐茂、郎中上官资又一次联名上书，天子马上扣了他们的薪水。天子如此与一个小臣计较，连他的宠臣宦官们都觉得没有必要。

管霸在天子去濯龙池祭祀老子和佛陀的时候，向他进言说："李云乃是乡野的愚儒，杜众也不过是郡中小吏，他们出于一时狂戆，不足加罪。"

天子说："那么，'帝欲不谛'是什么话？常侍难道还想原谅他们吗？"

管霸不再申言。几天后，李、杜二人死于狱中。

天子的举措助长了中官们的气焰，连本朝威望甚高的太尉黄琼都感到无力回天，称疾不起，他在辞职报告中说完了他对当朝天子的最后忠告：

> 陛下不加清澄，审别真伪，复兴忠臣并时显封，使硃紫共色，粉墨杂蹂，所谓抵金玉于沙砾，碎珪璧于泥涂。四方闻之，莫不愤叹。昔曾子大孝，慈母投杼；伯奇至贤，终于流放。夫谗谀所举，无高而不可升；阿党相抑，无深而不可论。可不察欤？

气倒了太尉不久，又气死了一位重臣，那就是朱穆。他此时又被朝廷征召，拜为尚书。他援引大汉故事，上奏天子，要求罢省中官。书奏多日，不见回音，他又执拗地去面见天子，重申自己的要求。天子仍是大怒，不予回答。朱穆也豁出去了，伏在地上不肯起来。天子进了内室，让左右吆喝他出殿。朱穆仍是不起，他希望天子能回心转意。过了好一会儿，他觉得周围没有了声响。抬起头来，才发觉只身处在深寂空旷的大殿之中。朱穆泪流满面地回了家，生了几天的气之后，他的背疽发作，惨呼而亡。

不过，士大夫与中官们的搏斗并没有因此而停止，而是拉锯式地展开了，可怜的孝桓皇帝只能充当最蹩脚的裁判。

次年，因策动倒梁事件而封侯的五位宦官之中，新丰侯单超病死，并享受了国葬。余下的四位是：武原侯徐璜、东武阳侯具瑗、上蔡侯左悺、汝阳侯唐衡。京师吏民皆知他们的势力，有民谣唱道："左回天，具独坐，徐卧虎，唐两堕。"隐喻他们势能回天，骄贵无匹，恶如卧虎，随心所欲。更值得担忧的是，他们的那些不具备管理帝国能力的亲党们，竟担任着大量的地方要职，中央的士大夫们不断地处理由这些人引发的恶性事件。

延熹六年(163)，司空周景和太尉杨秉以整饬吏治、罢斥贪官为借口，上书天子。得到许可之后，一连免职和追究了五十多名中央台省和地方刺史、郡长级的官吏，其中主要是中官的亲党。一时，天下肃然。

七年(164)，唐衡和徐璜病卒。

八年(165)，太尉杨秉又拿中官开刀。这年春天，中常侍侯览之兄、益州刺史侯参，被杨太尉以囚车槛送京师，在途中畏罪自杀。太尉从他的车中搜出大量的金银锦帛并调查出许多犯罪事实，于是上疏参奏侯览。

天子想袒护侯览，但在这样的事实面前，实在无法公然地袒护。于是至尊无上的天子，竟钻起帝国行政制度的漏洞来了。他指使尚书台的官员，去责问杨太尉的下属："设官分职，各有司存，三公统外，御史察内。今越奏近官，于经典、汉制，何所依据？请公开具对！"

这又给了杨太尉一次表现的机会。杨秉的出身，乃本朝的经学世家，又为公卿望族，太尉本人精于《易》学、《尚书》和《春秋》，从侍御史、刺史、太中大夫、左右郎将、侍中尚书做到太仆、太常和太尉，故于经典、汉制皆了如指掌。他马上让人去解释说：

“《春秋传》曰：‘除君之恶，唯力是视’。以前宦官邓通懈慢，大臣申屠嘉当面诘责，孝文皇帝从其言而黜邓通。且按汉家制度，三公之职，无所不统。”

春秋大义和前朝故事，搞得天子哑口无言，只好暂免侯览中常侍之职。

接着，司隶校尉韩愔又上书汇报了左悺和其兄太仆、南乡侯左称，聚敛为奸、放纵宾客、侵犯吏民的罪恶。“左回天”和他的兄长畏罪自杀。这位司隶校尉又奏中常侍具瑗及其兄沛相具恭的贪污罪，吓得“具独坐”自己去监狱自首认罪，缴还侯印，天子贬其为都乡侯。

本年夏天，杨太尉薨。太尉字叔节，弘农华阴人。其世祖杨喜，从高皇帝龙兴，追杀西楚霸王，封赤泉侯。高祖杨敞，孝昭皇帝时为相，封安平侯。父杨震，孝安皇帝朝太尉，有五子，杨秉是第三子。杨太尉为人清白寡欲，尝对人言：“我有三不惑，酒、色、财也。”

李校尉与郭处士

有些日子了，孝桓皇帝发现宦官们老是在自己的眼前转来转去，连休沐日也不出宫。便问一位小黄门。谁知小黄门一听询问，跪下就哭，委屈地说：“怕李校尉！”

天子听了，哑然失笑道：“谁让你们去惹人家！”

天子如此奚落他的奴才们，事出有因。

李校尉就是河南尹李膺。延熹三年（160），他查出北海郡守、宛陵大姓羊元群罢官时，将自己藏在郡衙厕所里的贪赃携回。李膺上表请按其罪。不料羊元群行贿中官，反将李膺论罪，罚做苦役。同时牵连了大司农刘祐、延尉冯绲。幸得司隶校尉应奉的恳请，孝桓皇帝原谅了李膺等人。延熹八年（165），应奉对帝国的前途失去信心，称疾自退，与陈蕃等举荐李膺。不久，李膺复拜司隶校尉。

李膺不是一个纯粹的文士，他的威名，是他早年在边关与鲜卑人的战争中打出来的。司隶校尉一职，事实上是京畿地区的警察总监，震慑着河南尹、河内郡、弘农郡、河东郡、左冯翊、右扶风、京兆尹，包括西都长安与东都洛阳的狭长的帝国核心地带。上任十多天，他就接手了一桩大案。

京师以北的河内郡野王县，其县令张朔，是中常侍张让之弟。他贪残无道。一天，他的好奇心居然发展到想观察人类的生命是如何形成的，于是他剖杀了一名怀孕的民妇。在本朝这个特别重视人伦的社会，这种行为属于十恶不赦、罪该万死之列。不过，他还没有狂妄到不把李校尉放在眼里的地步。现在，他只得弃官潜回京师，住进哥哥在宫外置下的宅第中。张让还觉得不放心，挖空了堂屋前两人合抱粗的廊柱，让杀人犯躲进去避风头。

李校尉以其雷厉风行的办事效率，砸开了廊柱，将张朔捉拿归案。杀人犯被打得不轻，对自己的犯罪事实供认不讳。他心里一个劲地祈祷哥哥来救他，可刽子手的大刀已经劈下了。

第二天，李膺接到诏令，命他马上入宫面圣。他知道张让已在天子面前将自己告下。果然，天子诘问他为何不先请示，便加诛辟。李膺镇定地答道："《礼记》有云：公族犯罪，虽天子宥免，但有司必须依法而不从圣命。当初孔夫子担任鲁国的司寇，七天就杀了少正卯。可臣下我到任已经十多天了，私下常以未杀奸佞而自责。没想到圣上却嫌我办得太快。臣知犯上之罪难赦，特请给我五天时间，为圣上除掉此案的元凶首恶，然后，臣请就鼎镬而受烹刑。"

天子听了，无言以对。他无法驳回李校尉从经典和圣人那里援引的根据，而且，天子听出，这个顽固的家伙还要没完没了地查下去。够了够了，天子的心思不在这些烦人的事情上。他对跪在一旁的张让没好声气地说："你弟弟罪有应得，李校尉有何过错？"

张朔的头，被李校尉命人拿到京畿地区各郡县示众。李校尉手下的捕快，也在四处奔走，搞得宦官们觉得出去一趟就可能惹来麻烦，连他们的那些有张狂癖好的亲党们，也不敢穿着高档时装，乘坐豪华车子到洛阳串门走户了。

李校尉的同志们，也在各自的任上清洗和打击宦官的势力。为此，他们也付出了惨重的代价。

南阳太守成瑨与其下属岑晊、张牧收捕了辖区内买通中官的大商人张泛。不久朝廷的赦令就到了，他们抗旨行刑，并收杀其宗族、宾客达二百多人。与此同时，太原太守刘瓆与郡吏王允也抗旨捕杀了小黄门、晋阳人赵津。在侯览的唆使下，张泛之妻上书喊冤，中官们推波助澜，天子竟下成、刘二人入狱，论罪当弃市。

接着，侯览本人，也与士大夫们发生了冲突。山阳太守翟超与下属、东部督邮张俭，检举侯览丧母还家时，大起坟茔，逾越制度。奏章被侯览压住，于是张俭掘了侯母的坟，抄了侯览的老家，并具奏其状。

徐璜的侄子、下邳令徐宣，向汝南太守李暠之女求婚不成，顿起歹念，带着吏卒冲进李家，将其女抢回府中，调戏奸淫后，射而杀之。东海相黄浮闻之，立即逮捕了徐宣的一家，无论少长，日日拷打。黄浮的属下们吓坏了，纷纷劝他住手，以免触犯中官。可黄浮的脾气也大得很，说道："徐宣国贼，今日杀之，哪怕明日因之而死，也足以瞑目了！"命狱吏将徐宣拉出去弃市，暴尸七日。

又是由于宦官的运作，翟超、黄浮下狱，被剃去须发，戴上脚镣和颈锁，罚做苦役。

继杨秉而任太尉的陈蕃和司空刘茂上疏天子，请除成、刘、翟、黄四人之罪。天子不悦，让谏官弹劾陈、刘。刘茂闭口不言，可陈蕃仍上疏不止。

此时，一位来自平原郡名叫襄楷的术士诣阙上书，列举了许多不利天子的星象，并将这些天象与上述事件乃至李云、杜众联系起来，请求天子拨冗召见，极尽所言。当然，天子对这种有些癫狂的人见多了，将他的上书扔在一边。

十多天后，这个术士又上书了，这次上书引起了天子的注意，因为襄楷说到了天子个人私生活中的疼痛之处。他说天子之所以至今无嗣，是因为宠爱宦官这样的刑残之人；又称自己藏有神书秘籍《太平经》，其中包含兴国广嗣之术。天子有了些兴趣，会同尚书台的官吏召见了他。见面后，襄楷依旧大谈中官误国，成、刘、翟、黄等人冤枉，天子失望而且愠怒。事后，尚书台的官吏以违背经艺、假借星象、诬上罔事的罪名，奏请收杀襄楷。天子表示了一点大度，判处他两年监禁。

成瑨、刘瓆终于死在狱中。他们的两个下属：岑晊和张牧仓皇逃走，未被收系。

这一年，发生了一件怪事，太学的西门，无故自崩。事后，人们看到郭泰沉浸在思考之中。他精通《易》学和术数，西门自坏的事，让他仔细地分析起目前士大夫与太学生掀起的声势。他知道什么是否极泰来，因为他感到太学生的作风过于刚健，不计长久之策，势必遭受摧折。他更感到绝望，在太学的岁月，使得这个想要有所作为的平民出身的学者，看到了帝国从中央开始的彻底腐朽。他觉得那些热血男儿在拼命挽救着一个无可救药的帝国。前几天，他接到朝廷的征辟，他对前来征召自己的官员推心至腹地说：

“我夜观天象，昼察人事。大汉已为上天所弃，朝政不可支也。我又按卦象，运道在‘明夷’之爻，值‘勿用’之位。方今的形势是：站在岸上尚恐沧海横流将自己卷没，变为鱼虾。倘若去做官，岂不等于冲波奔浪吗？”

和郭泰同时在思考的，还有申屠蟠。他和郭泰一样，坚持不入仕途。看到那么多的学子处士参加清议运动，看到他们幼稚地热衷于政治，他就感到一种不祥之兆正在萌动。在一次清议沙龙上，他悄悄地对身边的同学叹息道：

"昔战国之世,处士横议,列国之王,至为拥彗先驱,行弟子之礼,终于酿成秦皇坑儒焚书之祸。现在的情形,也差不多了!"

他们决定离开洛阳。

郭泰和申屠蟠的退出,并非出于胆怯,而是一种更大胆的抗议。本朝的士人皆是儒学的信徒。凡是坚信这一学说的君子们,都把自己的进退出处与两个根本问题联系在一起。一是由孔子、孟子一脉相传的精神,或者叫作"道",这是最高的政治和文化理想。按照这个理想,世界的最佳状态是由圣人统治的太平治世。圣人,首先是一位具备理想人格的导师与先知,其次才是具备推行仁政能力的帝王。这套学说又被概括为"内圣外王"四个字。第二,便是现实的,由列祖列宗构成的政治秩序,或者叫作"势"。势是实现道的途径,道是势的目的。如果用一个玄学的概念来解释的话,就是:道为体,势为用。作为一个追求圣人和仁政的君子,他出仕的目的,不应该是求得俸禄,而是将自己侍奉的帝王,由外王引导到内圣的境界。倘若列祖列宗不争气,倘若势妨碍了道,君子只得回到道的怀抱。一个天下瞩目的名士,如果能够抛弃出仕,选择清贫与隐逸,就是在勇敢地宣布:帝国已经失去了道义上的根据。

郭泰选择了一个深秋晴朗的日子。走的时候,太学为之一空。出了北门,便看到了李校尉和上百辆的车驾,京师的衣冠大儒们几乎都到了。李校尉携住郭泰的手,将他拉上自己的车子。大家簇拥着他俩向西北行去。

经过北邙山的时候,秋风萧瑟,放眼望去,草木凋零,坟墓逶迤成片。忽然，送行的队伍中，响起了高亢而悲怆的歌声：

去者日以疏，来者日以亲。出郭门直视，但见丘与坟。古墓犁为田，松柏摧为薪。白杨多悲风，萧萧愁杀人。思还故里闾，欲归道无因。

人们来到黄河岸边，停在一处长着大槐树的高坂下，随行的仆从们忙着布置好几案和酒食。入席之后，郭泰和大家说了些道别和勉励的话语。几巡酒过后，席中唏嘘感慨之声纷起。郭泰听着身边黄河惊涛骇浪的巨响，遥望秋水长天，北雁南飞，孤寂与怆凉之意充满胸臆之间。他对大家说道："时至今日，感激诸君厚意。郭泰无以言语，请援琴作歌，与诸君别。"

激扬的琴声伴着郭泰深沉的歌声而起，几个已有醉意的太学生也随之起舞：

行行重行行，与君生别离。相去万余里，各在天一涯。道路阻且长，会面安可知！胡马依北风，越鸟巢南枝。相去日已远，衣带日已缓！浮云蔽白日，游子不顾返。思君令人老，岁月忽已晚。弃捐勿复道，努力加餐饭！

宴罢，李校尉让大家止步，自己又与郭泰共乘一车，上了高坂，驶向渡口。大家引领望之，有人感叹道："眇若松乔之在霄汉啊！"

申屠蟠也与大家道了别，不过他与郭泰相反，往东南而去。从此，他便绝迹于淮水流域的梁国砀山之中，筑草屋于大桑树下，终生不出，全其高志，年七十二而逝。

郭泰的离去，给李膺等清流士大夫们带来了更大的悲愤，由于是已经出仕之人，他们的人格就不允许他们作出像郭泰、申屠蟠之类的处士们的选择。他们只有拿出整个性命，去为历史负重，作荒漠中的呼喊，作壮烈的牺牲。

党 狱

李校尉又接手了一桩案子。案发地点，乃是河内郡。

张成，河内人，是个术士。他的特长是风角之占，也就是通过对季节更换时的风向观察，来推断人事的吉凶。不过，他是个有名的术士，因为他用这套小把戏结交了中官们，又通过中官给天子占过几次，因而被人奉为神明。大凡昏聩的上层人物，皆喜结交具有特异功能的人，因为古人有言："国之将兴，听于民；国之将亡，听于神。"

延熹九年(166)春风初起的时节，张成在一个甲寅日，感到风刮得很高，并吹响了柳枝。他知道，按占法，这预示着朝廷要大赦天下了。他想起儿子有个仇人，便告诉儿子这一征兆，让他放心大胆地杀了仇家。

明目张胆的杀人案发生后，杀人犯从容自若地进了李校尉的监狱。七天之后，他父亲的预言应验了。说句真话，如果没有他父亲的原因，李校尉或许就按朝廷的诏令办了。可这次，当他被叫到大堂之上，得意扬扬地准备聆听大赦令的时候，一见到李校尉那张脸，他就立刻明白：父亲的预言失灵了。

张成聪明反被聪明误，丧子之痛，让他气得快要疯了。他一连多日地奔走于宦官的门庭。最后，由他的一位在朝中做官的弟子牢修，向天子上了一封诬告信，声称："司隶校尉李膺等，养太学游士，交结诸郡生徒，更相驱驰，共为部党，诽讪朝廷，疑乱风俗。不遵朝廷诏令，滥杀已赦之民。"

天子的身体已被酒色搞得一塌糊涂，脾气也随之坏得厉害。他再也架不住中官等人的劝说，年轻而苍白的脸气成了青色，震怒之下，他让中书起草诏令，在京畿和各个郡国收捕这些"共为部党"的"党人"。可是，诏书又被退了回来，因为针对全国的诏令，必须经过太尉、司空和司徒三公的平署签字，才能公布天下。而当时的太尉正是陈蕃。

刚刚摆脱大将军控制的年轻天子，又受到帝国官僚体制中公文发行条例的掣肘，孝桓皇帝在盛怒之余，立刻发出了一道可以绕开官僚们的诏令，即一道直接针对非常事件的诏令：立即收捕李膺等人。

具体的执行者是中常侍王甫。李膺等人入狱后不久，一批涉及二百多个党人的全国通缉令就发出了，其中的首犯是太仆杜密、御史中丞陈翔、太丘长陈寔、冀州功曹范滂等。鉴于其中的一些人听到风声后已经逃走，故而通缉令中都附有很高的悬赏。传递通缉令的驿马和捕快的飞骑从京师出发，向帝国的各个方向扬起恐怖的烟尘。

不过，有些知名党人的脾气，古怪得使那些想靠这笔赏金发点财的家伙大失所望。陈寔一听到通缉令中有自己的名字，竟像一位士兵听到号角一样激动地说："我不入狱，众人无所依靠。"他说这句话的时候，古印度那位伟大的圣人释迦牟尼所说的名言："我不入地狱，谁入地狱？"还没有在中土流传。陈寔镇定地去了北寺狱。

范滂也属于这类不知好歹的家伙，他刚进号子的时候，狱吏对他说："范大人，看见过道顶头那个小神龛了吗？"

"嗯，看见了。"

"那是狱神皋陶，乃上古帝尧时的司法大臣。大凡进了号子的人，一定要先祭上一祭，以保佑自己少受牢狱之苦。大人，您不想祭拜吗？"

"你可知，皋陶乃古之正直之臣，知我范滂无罪，他会在天帝面前审理此案。倘我真的有罪，祭他又有何用？"

从此，北寺狱的狱神就无法享受人间的烟火了，因为一旦有犯人要祭皋陶，那位狱吏就会将范大人的话复述一遍。

这几位的入狱，又忙坏了太尉陈蕃，几乎每天他都在面君进谏，可每天，天子那张年轻而病态、冷漠而迷惘的脸，都让他失望和心痛。他也知道，天子对自己够有耐心的了，换了别人，不是罚做苦役，就是丢了脑袋。他更知道，自己的进谏毫无效果，作为帝国的重臣，他现在能做的，就仅仅是进谏不已罢了，因为只要帝国的朝廷中还存在着这种正义的行为,天下人就不至于对帝国完全失望。

很快,天子对他的进谏感到厌烦了,一道诏策下来,说陈蕃向朝廷举荐人才不当,罢官免职。

陈蕃的免职,使朝中无人再敢为党人讲话。

搜捕在全国展开,各郡国陆续开出了本地的党人或与党人牵连者的名单。由于帝国中央下达了硬性的任务,分派了各地的大致名额,加之各地中官势力的努力和政治派别利用此事整人,帝国的党人竟达七八百之多。这些人中的大多数,都是帝国的精英分子。

平原相史弼这几天接连收到驿马送来的加急文书,内容都是一个:责问他为何不将本郡的党人名单上报中央?接着,中央来了宦官使者,将自己的属下们拿到馆驿中去拷打,让交出党人。史弼忍耐不住,跑到中官下榻的地方问个究竟。那位使者沉着脸问他:“天子下诏捕捉党人,旨意坚决。青州有六郡,五郡有党人,请问史大人,您有什么本事,竟将平原郡治理得连一个党人都没有?”

史弼答道:“先王治理天下,划界分境,水土各异,风俗不同。他郡自有党人,本郡唯独没有,这有什么值得奇怪的呢?如果一定要禀承上司的意图,谄害善良,滥施刑罚,以逞非理,那么平原郡内,家家户户皆可指为党人。如果朝廷非要我如此,在下唯有一死而已。”

中官被史弼的狡辩弄得愤怒不已,下令黄门骑士将史弼和他的僚属们悉数押进槛车，带往京师。

有像史弼那样隐藏党人的，还有自愿做党人的。

帝国的度辽将军皇甫规，派自己的马弁送了一份书信到天子那里，声言自己曾举荐张奂，这纯属结党的行为。而且，太学生们曾为自己上书请愿，因为自己是个党人，请天子以党人之罪给予处置。

天子一笑了之，他知道这个老家伙是吃饱了撑得慌，故意来搅浑水。

太学生贾彪，此时任帝国豫州新息长。他是个崇尚道德、个性很慷慨的人。新息这个地方穷得要命，老百姓生子便杀，因为无法养活。他到任的那天，手下官吏呈上来两桩案子：城南有盗贼杀人，城北有母亲杀婴。属下让贾大人先去办城南的案子，可贾大人却说："贼寇害人，此则常理。母子相残，逆天违道。"

没想到的是，他的举动一石二鸟，竟把城南的盗贼感动了，纷纷面缚自首。数年以来，新息人口增加了数千，男孩的名字都叫贾儿，女孩的名字都叫贾女。

党人的事件发生后，他一直在注视着动向。陈蕃罢免的消息传来，他坐不住了，对自己的同志说："吾不西行，大祸不解。"

贾彪进入洛阳时，已是次年。天子的身体越发地不行了，如果按照术士们给他列出的时间表，他每天必须和十来个女人性交，吃各种丹药和西域胡僧带来的助长性交能力的药品，祭祀佛陀和老子。天子并非乐此不疲，而是感到十分的紧张和恐怖。事实上他也做不到，但没有子嗣的苦恼对于一个帝王来说，又是超乎常人的。正如大汉帝国初期的一位词赋家枚乘所言："皓齿娥眉，命曰伐性之斧。"天子本来就孱弱的生命之树，已被伐得差不多了。恰恰此时魏郡上报，说有甘露、嘉禾两种祥瑞出现，巴郡又报黄龙现形，这给天子绝望的脸上增添了一些血色。他让朝臣和术士们商议出一个办法庆祝此事，希冀延迟天命，长乐未央。

贾彪慎重地选择了他所要拜访的人物。于是，新立皇后之父、槐里侯、城门校尉窦武和尚书霍谞的府门被叩开了。窦武对于天子的作用固不待说，而霍谞不仅为人正直，而且天子对他的印象很好，因为他在帮助天子扳倒大将军的行动中发挥过重要的作用。

窦武下了决心，但他对后果同样不抱希望。他写了一封措辞相当直露的上疏给自己的这位天子女婿，并带着槐里侯和城门校尉的印绶，连同上疏一道交给了天子，表明这也是最后的忠告。他的第一句话和老太尉黄琼最后的上疏几乎是一样的："陛下即位以来，未闻善政。"上疏中除了指斥中官和为李膺等党人辩护之外，还向天子特别推荐了尚书台的几名德才兼备的贞士良佐：朱寓、荀绲、刘祐、魏朗、刘矩、尹勋、张陵、妫皓、苑康、边韶、戴恢、杨乔等人。最后，他还以道德政治观点，阐述了近来出现的祥瑞："间者有嘉禾、芝草、黄龙之见，夫瑞生必于嘉士，福至实由善人，在德为瑞，无德为灾。陛下所行，不合天意，不宜称庆。"霍谞的上疏也随之送到天子手中。

天子的精力也快耗尽了，他不像前几年那样容易被激怒，看这两封上疏时，他一天之中的大部分时间，都已用在御榻之上了。

鸟之将死，其鸣也悲；人之将亡，其言也善。他叫来王甫，让他去狱中审讯范滂等，妥当地将此案了结。窦武上疏中提到的杨乔，这个年轻人多次上疏批评朝政，天子虽不爱其文意，但却嘉其文采。杨乔容仪伟丽，天子想到自己的公主终身未有所托，读到此处，天子还让中官去杨乔家中，传达欲招其为驸马的意思。可杨乔太不知趣，坚决辞婚。为了不让天子丢面子，他居然闭门不食，七日而死。

天子大失所望，他觉得这不仅仅是杨乔的辞婚，而且是整个士大夫集团的辞职。

由于李膺、范滂等人的执拗脾气，北寺狱的中官和狱吏发了狠地要整死他们。王甫到来时，看到范滂等被枷号在庭院的阶下，手足头颈皆不得辗转，呻吟喘息。王甫拿着鞭子，挨个地敲打着他们的木枷，来回走动着说："你们当臣子的，不思忠于国家，却结党营私，互相吹捧，评论朝廷的政治，虚构一些无中生有的事，诸如此类的谋划，想要干什么，从实招来，不得隐瞒。"

阶下囚中有人答话，那是范滂的声音："仲尼有言：'见善如不及，见恶如探汤。'滂欲使天下人同心向善，清白如水，同弃奸恶，如视污泥，以为这就是王道仁政之所愿闻之事，没想到反被认为是构党。

王甫说："你们互相提拔，互为唇齿，有志向不合的，就被你们排斥，你认为这样做对吗?"范滂慷慨激昂地仰天说道："古之修善，自求多福，今之修善，身陷大戮。身死之日，愿埋我范滂于首阳山之侧，上不负皇天，下不愧伯夷和叔齐！"

听到这里，王甫的鞭子不再挥动了，他的脸上现出严肃和惭愧的神色，显然，他也被打动了。他下令狱史们解除了党人的桎梏。

天子对自己的病更加绝望，再无能力过问此事。北寺狱中的犯人，这些天似乎开窍了许多，供辞中忽然交代出不少同党来。可中官们看了，却着了慌，原来这些同党，大多数是他们的子弟。这些人也要在太学读书，与党人为师为友，甚至也和士大夫有同样的理想，因为他们的目标是成为士大夫，而不是要成为宦官。显然，李膺等在押的党人改变了斗争策略。

延熹九年(166)的六月，朝臣和术士为了挽救天子垂危的龙体，建议改元。照例，改元之际，要大赦天下。王甫等中官对天子说天时宜赦，可将党人赦归故里，交地方禁锢终身，并将党人中二百多名首要分子的姓名书于三公府，提醒三公，永不征辟这些被打成党人的士大夫。

七月十三日庚申，帝国宣布改元永康，大赦天下。

数百辆马车和上千名的士民等候在北寺狱门前。李膺、范滂等人出来时，人群一片欢呼。李膺对大家说道："吾得免此，贾生之谋也！"

每一个党人回到故里的时候，都受到了当地士人和民众的欢迎。范滂回老家汝南，经过南阳郡时，迎接的车辆达数千之多，其中的殷陶、黄穆是范滂的同乡，他俩帮着范滂应对宾客。经过此难，范滂似乎更加成熟，他忙对殷、黄二人说："公等如此，实是加重我的灾祸啊！"范滂没有参加地方的欢迎活动，悄悄地遁还乡里了。

党人们被赶出了京师，可禁锢又使天下的士子一窝蜂地追随党人，并以此标榜自己。帝国政治舆论的中心，从中央转移到了地方。那些好编歌谣和品评人物的学生，又出台了一套名人榜。其中有所谓的“三君”，为窦武、陈蕃、刘淑，言其能为一代宗师；有所谓的“八俊”，为李膺、荀翌、杜密、王畅、刘祐、魏朗、赵典、朱寓，言其为人中之精英；有所谓的“八顾”，为郭泰、范滂、尹勋、巴肃、宗慈、夏馥、蔡衍、羊陟，言其能以德行导引士人；又有所谓的“八及”，为张俭、翟超、岑晊、苑康、刘表、陈翔、孔昱、檀敷，言其能导人追随宗师；还有所谓的“八厨”，为度尚、张邈、王孝、刘儒、胡母班、秦周、蕃向、王章，言其能以财物营救士人。这个名人榜，显示了以党人为核心的清流士人组织的清晰轮廓。当然，也为他们的政敌开出了更为详尽的黑名单。

孝桓皇帝在改元六个月后就宾天了，大将军窦武和太傅陈蕃主持朝政之际，党人大都恢复了自由，主要的党人如李膺等人皆被起用。可朝廷一直没有下过正式的诏令，宣布解除党禁。所以在此期间，中官们仍旧利用天子的诏令，一再地重申党禁。随着大将军的自杀，被起用的党人也被抄杀或废黜，党人之禁，在新天子的治下，看来是没有解除和平反的希望了。

话再回到本朝。

建宁二年(169)，张奂、谢弼上表事件之后，长乐卫尉、育阳侯曹节生了场大病，天子下诏，拜他为车骑将军，以便出宫休假养病。以中常侍侯览为长乐太仆，代曹节总领禁中。

侯览最恨党人，他一直盯着他的仇家、山阳郡东部督邮张俭。恰恰此时他接到一封控告张俭的上书，是由张的同乡朱并写来的，说张俭与同郡二十四人，结为部党，图危社稷，而张为党魁。他将这封上书奏明天子，天子让他草诏，下发通缉令逮捕张俭之党。

张俭知道大势不妙，这个同乡朱并的品行极其低下，曾多次请求自己为他引导提携，遭到了拒绝，他一定怀恨在心。现在，通缉令发往全国，天下虽大，可孑然一身，何处可逃？

不过张俭毕竟是个刚健顽强的人，他身上流着英雄的血脉，他的高祖张耳是与高皇帝同时起兵、争雄天下的豪俊，立为赵王。可是现在，这点乱世英雄搏击天下的勇气，只够他的后裔作逃亡之用了。他的逃亡开始时相当窘迫，没有人掩护，跑到天黑的时候，只要看见有门的地方，就去求宿。这些人家，让他感动和后悔，因为他们看重自己的名声，开门收纳，许多人家因此而受到牵连。

他逃跑的路线一直向东，因为东面的鲁国，有他的一位靠得住的朋友、本朝太山都尉孔宙之子孔褒（字文礼）。张俭仓皇到来的时候，出来迎接他的是一个十五六岁的小孩子，告诉张俭：家兄孔文礼出远门了。张俭见其弟如此年幼，不便多言，打算马上离开。可小孩却开口了："先生请留步，兄虽在外，难道我不能做主人吗？"说着，将张俭让进门里。

张俭知道孔都尉三年前就过世了，孔家唯有老夫人健在，孔氏兄弟七人，这一位不知排行第几。他问起后，小孩告诉他："小弟名融，字文举。排行第六。”

张俭松了一口气，他知道这个小子不同一般。

孔文礼曾告诉过自己，家中六弟幼有异才，四岁时，与诸兄食梨，他就知道谦让，专捡小的吃。大人问他，他说：“我为小儿，法当取小者。”十岁时随父进京，想见识一下李校尉。可当时要见李校尉的人太多，故而李校尉以简重自居，不轻易接待宾客。孔文举居然独自造访。他对看门的人说：“我是李君通家世交，请予转告。”

李校尉觉得新鲜，让他进来，劈头便问：“您的祖上，与我有何通家之好？”

孔融从容答道：“当然，吾祖孔夫子，与大人您的祖上李老君同德比义，互为师友，所以融与大人累世通家。”

一番话，说得李校尉和座中宾客大为惊叹。李校尉又来逗他，将他拉到身边，指着桌上的水果说：“您想吃点什么吗？”

“想吃。”

“您原来不知道做客的礼节，主人问吃什么，一定要谦让。”

可孔融反唇相讥：“大人原来也不知道做主人的礼节，主人摆设食物，是不能问客人吃不吃的。”

坐中，有太中大夫陈炜，也来逗他说：“人小的时候聪明，长大了未必出众。”

“看来，这位大人小时候一定很愚钝吧？”

这个小机灵，逗得大家哈哈大笑。李校尉叹息一声说：“卿将来必为伟器，可惜我老了，看不到您成就的那一天了。”

张俭将自己的事告诉了孔融。没几天，风声忽然紧了起来。孔融告诉张俭，事情让鲁国相国知道了，正打算来搜捕。张俭立即谢过孔融，潜遁而去。

不久，孔融和哥哥孔褒一道被捕。审讯时，孔融对法官说："藏纳逃犯的是我，应当由我坐法。"

孔褒对法官说："张俭是来找我的，不是小弟之过，我甘愿受法。"

这时，他们的母亲又来自首，声称："家中之事，由妾作主，应当罚妾才是。"

法官左右为难，只得上报朝廷，诏书下达，命地方判处孔褒下狱。

张俭继续逃亡。一个月后，他来到东莱郡黄县的一个大户人家，主人名叫李笃。第二天，李家大门外站满了军士，县令毛钦因为李笃的身份，没有直接冲进来拿人。李笃忙着出来，将县令迎到大堂的主席上坐下，向他顿首，说道："大人，在下知罪，张俭负罪亡命，现确在李某家中。大人试想，他是朝廷通缉之人，大人又操兵到此，在下就是想藏，也藏不住。可张俭为天下名士，今日逃亡，亡非其罪，大人忍心逮捕他吗？"

毛钦的反应也令人吃惊，他起身移向李笃，抚着李笃的背说："古代贤人蘧伯玉以独为君子为耻，如此大仁大义之事，为何只能由足下一人来做？"

"在下虽然爱好仁义，可现在，大人截去一半了！"李笃流着泪答道。

毛钦叹息而去。

李笃让张俭持信去北海找一位叫戏子然的人。在戏子然的护送下，张俭由渔阳郡出关，流亡塞外。

张俭一直没有归案，让中官们大为气恼。这时曹节的病好了，向天子交还了车骑将军的印绶，诏令复为中常侍。不久，又进为大长秋，秩二千石。这是中官的最高职位。

冬天，京师奇冷，可大长秋雪上加霜，打算在全国范围内，兴起一场令人齿寒的大狱。他向天子上奏，建议将一些禁锢在地方的党人领袖就地逮捕治罪，首要分子即行诛杀。

年仅十四岁的天子不像他的叔父孝桓皇帝那样，整个后半生都在与党人生气。他看了上奏以后，对大长秋所说的“构党”二字，不甚了了，便问道：“何以为构党？”

“构党者，即党人也。”

天子又问：“党人为何如此可恶，而要诛杀去除？”

大长秋又答道：“他们相互举荐联络，欲为不轨。”

“不轨欲如何？”

“欲图社稷！”

大长秋的语气坚厉，天子听了有些悚然，宣布可依其奏。

很多党人已经听到风声，更知道这次事态的严重性。

被免官还乡的李膺，这些天几乎天天都接到让他逃跑的忠告。一天，他叫来家中的亲属及门生弟子，从容地与他们诀别。

“事不辞难，罪不逃刑，臣之节也！吾年已六十，死生有命，去将安之。”李校尉说完自己去了京师的监狱。没多久，诏书下到他的家中，声言罪臣李膺死有余辜，妻子徙边，门生故吏禁锢在家。禁锢的名单中，漏了一名学生，他是侍御史景毅的儿子景顾。景毅慨然长叹："正因为李膺是天下大贤，老夫才遣子师之。岂能因为名籍脱漏而苟且偷安！"

第二天，景大人上表辞官。

捕杀令到了山阳高平，这是王畅的老家。王司空回家，并非因为大将军事件，而是建宁元年的八月，帝国许多地区都发生了水灾，按本朝的惯例，有大灾异发生，一定要象征性地免去三公中的一个，以搪塞天变，因而王畅被免。令中官们遗憾的是，王畅已经病死了。他再次地被免。像他这样卒于捕杀令发出之前的党人，还有河南尹刘祐、修武令宗慈、议郎蔡衍、洛阳令孔昱、太山太守苑康、蒙县令檀敷等人。

太仆杜密，名士朱寓、赵典被征召下狱，自杀。

范滂是个要犯。受诏缉捕他的是汝南郡的督邮吴导，可他一到范滂的老家征羌县，就让兵士休息，自己关上房门，伏在床上，抱头大哭。

范滂听说了，叹息一声："一定是为了我的事啊！"

县令郭揖，见范滂前来，说要自首，大吃一惊。吴导的事，就是他让人赶快告诉范滂的，意思是让他快跑，可他竟如此固执。郭揖对范滂说："天下大矣，公为何还在这里？"说完，郭揖解下印绶，表示要与范滂一道逃亡。

"滂死则祸塞，何敢以罪累君，又令老母流离乎！"

郭揖想起，范滂的父亲死得早，他在家是长子，更是个大孝子。说话间，范滂的母亲和兄弟、儿子都来到了大堂上，范滂向母亲跪下，顿首再顿首说道："弟博仲孝敬，足以供养母亲大人。儿自归黄泉随从父亲，死生各得其所。万望母亲大人割舍掉不舍我离去的想法，不要徒增悲戚。"

他的母亲强忍泪水，扶起长子说："我儿今天能与李膺、杜密二公齐名，死有何恨？已有令名，复求长寿，可兼得乎？"

范滂泪流满面，跪拜辞别老母，转身对儿子说道："为父如想让你做坏事，但坏事不能做。如想让你做好事，那么，为父就不能做坏事。"

年少的儿子对父亲说："孩儿知道父亲的志愿。"

吴导跪请范滂上了槛车。送行的吏民，莫不涕下。当年，范滂遇难，年三十有三。范滂年少即举孝廉，任冀州按察使者，登车揽辔，慨然有澄清天下之志。

除去捕杀的，党人中大部分的出路就是逃亡了。只有极少数的人，或是由于地位不显，或是由于多方营救活动，才免于牢狱之灾。贾彪和河南伊羊陟禁锢在家，不久病卒。御史中丞陈翔下狱，因没有确凿证据而释放。

已经闭门杜客的前大司农张奂，也没有能摆脱牵连。他受到现任司隶校尉王寓的控告，判为党人，遣还弘农郡禁锢。对此，他也认栽了，因为这个王寓靠巴结中官起家，到处请朝中公卿举荐自己，大家因惧惮中官，纷纷保荐，只有自己严辞拒绝，终于是遭到这个小人的报复。

袁闳，汝南南阳人，前朝太尉袁汤宗亲，以耕学为业，不喜结交。袁太尉生了三个儿子：袁成、袁逢、袁隗，分别多次出任过帝国的五官中郎将、司空和司徒等最高官职。他们常常接济袁闳这个君子固穷的堂侄子，都被他谢绝了，而他们的子弟，特别是袁成之子袁绍和袁逢之子袁术，却依仗公卿世家的宠贵富奢，飞鹰走狗，行侠仗义，豢养宾客。连中常侍袁赦都与他们互认同宗，引为外援。党狱兴起，袁闳感到，像袁氏这样的家族，加之两个堂兄弟一副乱世英雄的模样，很可能被诬为党人。他对自己的几个亲兄弟说："袁家的后代，已经不能凭借德行守住先人的福祚，却又竞为骄奢，趁着乱世争权，真像春秋之世操弄晋国的郤氏三族。"

他打算隐居深山，又考虑到母亲太老，不宜远遁。便花了很大的力气挖了一个环绕庭院的地下室。进去以后，就将出口堵死，留个窗口让家人送饭探视。对外放出风声，说自己匿迹山林。十八年后，袁闳卒于地下室。

袁闳的话，可以作为对二十多年之后形势的预言，但还不是眼下的现实。他自掘坟墓，埋葬了灾难也埋葬了自己。而他的两个招摇的堂兄，却不怕被打成党人，不仅如此，还开始了营救党人的行动。

袁绍是个健壮有威仪的高层贵族子弟，京城里没有他办不成的事。不过，他却非常羡慕一个党人，那便是何颙。何颙字伯求，南阳襄乡人，在太学时，被郭泰和贾彪以及陈太傅、李校尉引为同志。袁绍佩服他，是因为他的侠义声名。他有个朋友叫虞伟高，父仇未报即已病危，何颙安葬了好友，将其仇人的头提来做了祭品。时下，他变更姓名，亡匿汝南地界。由于江湖上的朋友很多，他几乎没有遇到过危险，而且大胆地出入京师，在袁绍府中饮酒击剑，慨陈大义，谋划了好几起营救党人的行动。

另一个敢于营救党人的，是太丘长陈寔。陈寔字仲弓，颍川许昌人。大将军窦武辟为官属。他是个成熟的官吏，和范滂等人不同，他在做地方小吏时，就很善于和宦官周旋。当初中常侍张让的父亲归葬颍川，全郡的豪强士绅都去吊丧，唯独没有一个名士。张让的面子快要丢尽之际，却看到陈寔持着吊仪来了。张让很是感激，一直铭记在心。陈寔以一时的屈辱，为党人留了条后路。在他的努力下，张让网开一面，算是回报了当年的一笔人情。

黑暗中的对话

党人之狱，在当年就告一段落。帝国的栋梁刚直而被摧残，不过，中官们的疾风并非所向披靡，因为士大夫们早已是劲草苍松。

这一年，名士郭泰卒于家中，年四十有四。大将军事件后，他就一病不起，党人之狱兴，他的病情加重。临终前，他让人将他扶到旷野之中，放声恸哭，既而叹道："《诗》云：'人之云亡，邦国殄瘁'。汉室灭矣，但不知灭于何人！"

建宁四年，党人夏馥失踪已历两年，他的弟弟夏静用马车载着丝帛在外卖钱寻兄。这天，他来到涅阳的一个集市。忽然，一阵叫卖声引起了他的注意，循声而去，见是一个面容憔悴黧黑，正在卖农具的铁匠，他忙上前仔细辨认。

“兄长何故沦落在此？在下是小弟夏静。”

铁匠毫无表情，也不答话，收拾起家伙就走。

夏静尾随在后，一直跟到这个铁匠住宿的大车店，向店家要了个和铁匠紧挨着的铺。

夜深了，大车店中劳累了一天的引车卖浆之徒们打起了震雷般的鼾声。铁匠摇了摇身边的夏静。

“兄弟！”黑暗中，铁匠的眼里闪着晶莹的泪光。

“兄长！小弟找你多时，快跟我回家吧！”

“唉！我因守道疾恶，故为权宦所陷，隐迹山林，帮人冶铁，尚且能苟全性命。你却载物寻找，岂非加我以祸吗？”

兄弟俩执手无语。天刚亮，夏馥就消失了。

九年以后，党禁仍未解除，国事益不可堪。永昌太守曹鸾上书天子请求大赦党人。天子竟然大怒，槛车收捕曹鸾进京，掠杀于槐里狱中。紧接着，朝廷又一次重申党人之禁，又清除了一批党人及其门生、故吏、父子、兄弟甚至远房宗亲。

任何帝国，都有灭亡的一天，不过，灭亡的方式却大不相同。这表现在一点：即如果将帝国比作一座大厦的话，在颓朽将倾之际，帝国的子民是拆砖卸瓦，一哄而散，还是抱柱维持，固基支梁。秦帝国有如前者，她的统治支柱士大夫全部加入到民众的反抗行列之中，故而帝国垮于瞬息。可大汉帝国正如后者，这是因为她的文教和道德造就了一大批有教养和气节的士大夫，她的太平与稳定养育了无数的子民甚至周边的异族。她的毁灭，是由于这座大厦太老了，梁朽瓦裂，无可救药。

党锢事件，令大汉统治力量全部丧失，保存下来的精英分子们对大汉不再有眷恋之情，纷纷隐去，或者，加入了另辟地基、重造新帝国的事业。

五十多年以后，天下三分，蜀汉帝国的丞相、本朝党禁期间出生的诸葛亮在给他的嗣君、蜀后主刘禅的上疏中写道：

> 亲贤臣，远小人，此先汉所以兴隆也；亲小人，远贤臣，此后汉所以倾颓也。先帝在时，每与臣论此事，未尝不叹息痛恨于桓、灵也！

第三章 风雨如晦

年岁晚暮时已斜，

安得力士翻日车？

——李尤《九曲歌》

胡太傅

天子加元服后，任命李咸为太尉，立执金吾宋酆之女、贵人宋氏为皇后。

第二年(173)，改元熹平。就在上半年内，一连死了三个重要人物。

三月十三日壬戌，八十二岁的太傅胡广薨于任上。胡太尉字伯始，南郡华容人，以孝廉和试章奏进入仕途。继陈蕃之后出任天子的太傅，对他来说，这已是个名誉性的职务了。他在宦海中沉浮了三十多年，出任过司空、司徒、太尉和太傅，历事安、顺、冲、质、桓，以及当今天子六位帝王，创下本朝士大夫仕途的最高纪录。他在弥留之际，对帝国的朝政没任何交代，这是他一贯的风格。依靠这种风格，他才能保持这样的纪录。太学生为他编的顺口溜是："万事不理，问伯始；天下中庸，有胡公。"他的高寿，也来自他的这种修养境界。当然，还与他独创的养生秘方有关。他的家乡有一处长满芳菊的河流，水质香甜。孝桓皇帝朝，太傅休沐南归时，患了风疾，医生让他天天喝这里的水。病愈回朝后，太傅仍坚持用这里的菊花泡茶。太傅的性情温和忠厚，但也并非糊涂，因为他精于用人，并熟悉典章制度。陈太傅和本朝的新任太尉李咸，都出于他的举荐。他更精于平衡复杂的关系，他知道，要平衡这种关系，就要付出一些名声上的代价，因而对太学生的顺口溜，太傅也不以为意。依靠自己的老练与圆滑，他保存了自己的利益，同时也保存了整个士大夫集团的利益。但有两件事情使得胡太傅的名誉受到损伤。

第一件事发生在孝质皇帝朝。这个八岁登基的儿童，仅做了一年的天子就驾崩了，原因是吃了大将军梁冀送来的一碗面条。吃面条的前一天，他在臣下们的面前给大将军下了四个字的评语："跋扈将军"。大将军主张再找一个年幼的嗣君，而胡太傅和当时的太尉李固等人则主张立年长的清河王刘蒜为天子。在相持不下的时候，胡太傅突然变卦，转向了大将军。李太尉被免，其职由胡太傅代任。

他的转变相当及时，因为孝桓皇帝登基后，刘蒜被大将军逼迫自裁，李太尉死于狱中。胡太傅封安乐乡侯。大将军被诛，胡太傅受到牵连，夺去爵位，免为庶人。可不到一年，孝桓皇帝又怀念起了他，觉得他不像有些士大夫那样不知好歹，于是诏拜司空。其实这是太傅意料中的事，他在仕途中多次被罢免，但复职的时间从来不超过一年。当今的天子更是喜欢他，因为他与陈太傅大不相同。何况，他也是当初与大将军和陈太傅一道，定下拥立自己为帝的重臣之一。太傅由此获得了取媚于时、无忠直之风的评价。

第二件事，他与中常侍丁肃，保持了姻亲关系。丁肃是济阴人，而胡太傅做过济阴太守，他们是老相识了。但本朝的士大夫对通婚相当慎重，太傅如此，引起了士大夫们对他的非议。

他的生活方式，堪称士大夫们的楷模。年少时家境的清寒，使他一直保持简朴的生活。他的孝行也是出了名的，直到八十岁时，他都不拄拐杖，口不言老，因为他的继母还健在，他每天都要亲自侍奉她的起居。

天子给了太傅国葬的待遇，这个待遇包括赐予东园的木材做棺具，赐予原陵的墓地，谥文恭侯，拜家中一子为郎中。出殡之日，由谒者护丧，故吏门生自公卿、大夫、博士、议郎以下数百人穿着丧服跟随，这，也创下了大汉开国以来的纪录。

六年以后，天子仍怀念着老太傅，让人画了太傅的像，挂在尚书台内。后来，又召来本朝的议郎蔡邕，为这张画像作颂。蔡议郎是胡太傅的得意门生，而且写得一手好文章。本朝有点身份的人，皆以死后能得到蔡议郎为自己写的墓志或像颂为企盼。蔡议郎的面子薄，人家请了，往往无法推辞。不过，他心里十分清楚，为死人写的文字，是写给活人看的，所以总是要往好里说，说违心的话。他承认写过的唯一的一篇毫不惭愧的作品，是郭泰的墓志《郭有道碑》。这话是他在郭泰的葬礼上，悄悄地对涿郡人卢植讲的。

现在，他又在作违心的文字，尽管像主是自己的老师。不过这次写得不怎么顺当，他感到：老师这个人，太复杂了，任何褒贬，对于他来说，都无以复加，因为老师的一生，说明了世上还有无是无非的事情。而这正是本朝政治生活中最真实的东西。

李太尉

五月，大宦官侯览受到弹劾，罪名是专权骄奢。接着诏令收回他的长乐太仆和高乡侯的印绶。次日，侯览估计还有更大的打击会到来，自缢而亡。在士大夫的力量刚被重创的时候，这样一位炙手可热的人物竟被搞垮，完全出于他所在的利益集团内部的争斗。侯览之死，只是一个开头。

六月，京师发了大水，气候反常。幽居在南宫的窦太后生了大病，病中得到自己的母亲死于流放地的噩耗。十六日癸巳，年仅三十多岁的太后崩于南宫云台。去岁十月初七日戊子，她与天子见了最后一面。那天是她的生日，天子率群臣向她朝贺，并亲自向她敬酒，行人子之礼，并感谢她拥立自己的功劳。这使她感到非常意外。事后，她又发现自己的生活条件有了很大的改善。过了些日子她才知道，天子的回心转意，是由于黄门令董萌的努力。他劝说天子善待太后，好在天下树立孝道和威望。不过，这一切并未能改善太后的心情，抚今感昔，反而让她备加心酸，忧思成疾。

太后的死，又引起了一场轩然大波。

太尉李咸一直在家养病。他是去年三月由太仆升为太尉的，因为发生了日食，原太尉闻人袭按例免职。窦太后死后的一天，他挣扎着要起来参加朝会，并且命令备车的仆人将一种有毒的大椒捣碎了，用布囊装好，放在马车里。仆人吓坏了，老爷的脾气一向很大，而今天又变得古怪起来。仆人忙着去告诉了李家的太太和公子们。

李太尉穿好朝服，对聚在面前的家人说："太后有援立天子之大功，可身陷大难。驾崩之后，中官竟以衣车载太后之尸，置于城南市舍之中，欲以贵人之礼葬之。幸而天子圣明，诏以太后之礼发丧于天下。可中官曹节、王甫又起歹念，阻止太后进入孝桓皇帝的陵寝，使之不得配食先帝。是可忍，孰不可忍？今天子诏令公卿，大会朝堂，商议此事，老夫定要去辩白是非。倘若太后别葬他处，老夫吞椒自尽，绝不生还！"

公卿们来到了北宫，在议事朝堂外，摘下佩剑，脱去靴履，文武分列，进入大堂。天子没有到场，诏令中常侍赵忠主持会议。赵忠用一种挑战的口吻宣布开会，并让大家主动地提出看法。

会议前的那种小声嘀咕而形成的嗡嗡的声音一下子没有了，几百个公卿大臣相互观望，莫肯先言。赵忠很高兴，他知道会有这种结果。现在，谁还敢公开与中官们对抗呢？他装出一副公道的样子，对大家说："诸公请尽快议定，天子有诏，让在下一定在今天的朝会上定下此事。"

这时，一个声音冒了出来："皇太后出自盛德良家，母临天下，宜配先帝，这是毋庸置疑的事情！"

赵忠一看，是廷尉陈球。他想：你真是胆大，就再让你出一次风头，看你敢不敢？

“那就请陈廷尉执笔，拟定决议。”赵忠笑着说。

陈廷尉吸了口气，操笔疾书：“皇太后自在椒房，有聪明母仪之德；遭时不造，援立圣明承继宗庙，功烈至重。先帝晏驾，因遇大狱，迁居空宫，不幸早世。家虽获罪，事非太后。今若别葬，诚失天下之望！”

赵忠看了，脸上变了颜色，冷笑一声，对陈球道：“陈廷尉此议甚是果敢！”

陈球和李太尉一样，来时与家人告了别。他也冷笑着回敬赵常侍道：“陈太傅和大将军之事，本为冤案，太后又被无故幽闭，为臣常常痛心不已，天下为之愤慨叹息！球今日直言，会后倘若获罪，正是宿昔之愿！”

赵忠知道，陈球把话说到底了，不仅是他本人打算决一死战，而且也坦白了士大夫们借窦太后的葬仪想要做的文章。

这时，李太尉又说道：“臣以为陈廷尉的建议合情合理，这也是臣的意思。”

嗡嗡的声音又响了起来，而且越来越大，终于有好几个人大声叫着：“陈廷尉、李太尉言之有理！”“就依此议！”

赵忠收拾不了局面了，他朝曹节、王甫望去。

大长秋和王常侍私语了几句，然后由王常侍说道：“先帝梁后，因其兄大将军梁冀犯逆，别葬懿陵。前朝孝武皇帝黜废卫后，由李夫人配食陵墓。今窦氏罪深，岂能与先帝合葬？”王常侍引据故事反驳大臣，得意非常。

李太尉起身走到大堂中央，再坐下，将奏章板拿在左手，右手则拿着装了大椒的布囊。他缓缓地说：

“臣以为，梁后先于孝桓皇帝而崩，大将军诛后，先帝下诏，废其陵墓为贵人冢；卫后因其子戾太子作乱，为孝武皇帝所废。此皆出自天子生前圣裁，不可与窦太后相比。当初秦始皇幽闭母后，感于茅焦之言，立即驾迎母后，供养如初。以秦后之悖乱，始皇之残暴，尚能听纳直臣之言，不失母子之恩，何况窦太后尊号在身，援立圣明，光隆皇祚，且又不因为获罪而驾崩呢？太后以当今天子为子，天子岂能不以太后为母！子不能黜母，臣不能贬君，此乃天经地义！如果太后不与先帝合葬，即陷天子于不仁不义，过失之大，重于始皇！臣现在左手持章，右手执药，自去诣阙，亲奏天子。倘天子不省臣奏，臣当吞药自裁，于黄泉之下，觐见先帝，具陈得失！”

说完，李太尉起身而去。会议不了了之。

还是由于黄门令董萌的作用，天子下诏，葬太后于孝桓皇帝的宣陵。七月二日癸丑成礼。

八月，黄门令董萌被捕，罪名是谤讪永乐宫董太后，死于狱中。

事情还没有完。

段将军

九月的一天夜里，几个黑影从太学的宿舍中潜出来，向城北走去。巡查宵禁的骑兵，在京城的街道上纵横穿梭，居然没有发现他们。

次日，北宫南门外的巍巍峙立的朱雀阙上，题着醒目的白字，书法疾劲："天下大乱，曹节、王甫幽杀太后。常侍侯览多杀党人，公卿皆尸禄，无有忠言者！"

观者如云。一时京师的公署官府、市井闾巷、酒馆妓院又有了谈资。负责侦察此事的，是司隶校尉刘猛。他接到诏令，必须在十天内破案。对他来说，破案并不难，他也作了调查，知道是太学生所为，但他就是不愿搜捕，因为他也暗自为这条匿名标语叫好。

一个多月了，案犯尚未落网。刘猛被免职，迁为谏议大夫。大长秋指定御史中丞段颎代刘猛之职。此人一介武夫，司法侦察那一套对他来说至为烦琐。和打仗一样，他指挥铁骑一排排地向太学里面冲，冲得太学生狼奔豕突，最后，几根长绳，系了上千的太学生，押往监狱，统统算作案犯，打的打，关的关，然后上奏结案，大长秋对此深加赞赏。在大长秋的授意下，新任司隶校尉上书弹劾前任，刘猛被判处苦役。

段颎出任司隶校尉这件事，把禁锢在弘农郡的故大司农张奂将军吓了一跳。他知道麻烦事又要来了。段颎的家乡和张将军接近，在武威郡的姑臧。他的声名，也与张将军和皇甫规将军接近，俱为威震帝国西北凉州地域的边将。加之段颎字纪明，张奂字然明，皇甫规字威明，因而帝国的朝野称他们为“凉州三明”。段纪明年少时弓马娴熟，轻财尚侠，从一个管理孝顺皇帝陵园的小吏到破羌将军、新丰县侯的历程，记录了他身经百战的累累功勋。段将军虽是个武夫，但不是个残暴的军人。他爱护士卒的名声广为传播在帝国的朝野，士兵生了病，他都要亲自看望，甚至亲手为之裹扎创口，士兵皆愿为效死而战。在边关十多年，段将军未尝一日睡过好觉。建宁三年(170)，他指挥了帝国与东羌的战争，斩首一万九千余级，俘获无数，东羌遂平，并在安定、汉阳、陇西三郡安置了投降的部落。这一年春天，天子念他辛劳，诏征还京师。段将军带着汉、胡步骑五万多人、汗血千里马和万余口生俘来到京师，刚到远离京师的长安县西境，就受到天子特使的迎接和慰劳，班师的队伍长达数十里，旌旗蔽日，鼓角震天。进入京师后，即拜为侍中、执金吾和河南尹。

段将军和张将军的过节，开始与他们的人格无关，而是出于各自不同的战略观念。在一次对羌人的战争中，张将军主张招抚，而段将军主张讨伐，作为军人，他们也曾为了立功而争夺出战的机会。就这样，两人之间有了意气之争。不过，他们之间的了解和友谊也建立在战争之中，为常人所不及。孝桓皇帝朝，天子曾为张将军久不出兵击羌而大动肝火，段将军马上向天子面陈韬略，点出他的老同行按兵不动的妙处，使天子豁然开朗。

张奂担心的是现在的段将军。与自己相较，段纪明有一点令人担忧，那就是他的儒学修养相当欠缺，他和一切军人一样，没有政治头脑。残酷的战争，使得他把人世间一切高尚的东西看得很轻，而把及时的感官享乐和财富、地位看得很重。这次因搜捕太学生而迁为司隶校尉，说明段纪明为保富贵，与中官结党。因而他的军事才能就成了张扬中官权势的强大助力。

还有一件事，让张奂最为担心。

扶风人苏谦，是张奂的世交挚友。可苏谦又与段颎的好友——魏郡人李暠有怨恨。李暠便在出任司隶校尉期间，找了个由头将苏谦捕杀了事。谁知道苏谦的公子苏不韦是个血气方刚的人，他将父亲埋进土中，发誓不报此仇，不举行葬礼。于是他变更姓名，外出结交江湖侠客，天天寻找机会。本朝的风俗和法律，都同情和鼓励复仇，因此李暠也很紧张，一直没有放松对苏不韦的追捕。可过了许多年，不见动静，李暠也就不以为意了。不久，他升迁为大司农。

一天夜里，苏不韦突然从李司农卧室的地砖下面冲出来，持刀砍杀。李司农大呼救命，夺路而逃，室中侍寝的小妾和一个小儿被苏不韦斫杀。接着，苏不韦又从另一间屋子的地下突出，搜杀李司农。这时，李司农才发现：家中的地下，已被苏不韦挖空了。他惊恐万分，一边布置搜捕，一边让人用厚木板压在地上。自己从一个房间，移到另一个房间，吓得魂不守舍。第二天，李司农又得到报告，说自己父亲的头，被人从坟墓中掘出，挂在京师的闹市口。李司农大索京城，不得要领，又怒又气，吐了几大口血，便命归黄泉。

逃亡中的苏不韦在等待到一次朝廷的大赦令之后，才公开露面回家，为父亲发丧成礼。

这些天，苏不韦突然接到仇家的好友段校尉的邀请书，请他出任司隶校尉的副官，他感到大事不妙，忙去告诉了张奂。张奂也一筹莫展，只得让苏不韦称病在家，不赴征召。

于是，张将军一直担心的麻烦事终于找上门来了。

段校尉听说苏不韦称病不来，大为震怒。他让手下的捕快头目张贤带人去苏不韦家，命他就家中斩杀苏不韦，提着人头回来复命。为了防止张贤违命，段校尉又让人给张贤的老父亲送去一杯毒酒，并捎口信说："如果你家公子拿不到苏不韦的人头，请你马上享用这杯好酒！"命令下达几个时辰以后，苏不韦一家六十多口，被全部斩杀干净。事后，张奂接到段颎发来的公文，说他作为西部边人，迁家于弘农郡，违反朝廷法规，必须马上迁回原籍敦煌。

张将军明白，这是对自己下手的信号。但他此时的处境，已到了山穷水尽的地步，他只得采用哀告的方式了。他让人给老同事送去一封长信，请段将军看在自己父母的坟墓俱在弘农和自己老而无用的份上，垂怜施惠，并且说："如果将军不哀怜，我的一家，便为鱼肉了。"

不出张奂所料，段颎这样的刚猛之人，却吃不得软招，收回了成命。

这封信，为张将军赢得了九年的余生，他七十八岁寿终正寝。

遗嘱中说自己不能和光同尘，故而被谗邪所忌，但他同时认为这就是命。晚年长期的禁锢生活，使他对自由无比珍惜，他要求将自己的遗体盖上被子，连同卧床埋入地下，而不用棺材，因为他厌恶棺内密不透气的黑暗。

太学生事件之后，朝政在高压气候下，出现了暂时平静的局面。可段校尉并不平静，他要忙着抓人，指使他的，是中常侍王甫。

王常侍让段校尉秘密追查的案犯，据说是一伙反贼。为首的是勃海王刘悝。刘悝是孝桓皇帝的胞弟，本为蠡吾侯，后改封为勃海王。此人行为险僻，僭傲不法，出入无常，耽于酒乐，横行州郡。早在孝桓皇帝延熹八年(165)，他就受到北军中侯史弼的弹劾。孝桓皇帝出于对胞弟的袒护，没有理睬史弼。但刘悝却受不了，干脆谋起反来。司法部门在控制了局面以后，请求天子废除勃海王。天子作了折中，下诏贬为瘿陶王，地盘小得只有一个县。

瘿陶王受不了穷罪，千方百计地交通关节，谋求复国。人托人，关系一直找到王常侍身上。王常侍很爽快，问他愿出多少钱？瘿陶王说五千万够不够？王常侍便拍了胸脯。永康元年(167)，孝桓皇帝驾崩之前，又想起了这个弟弟，诏令复国。于是刘悝不打算付钱了，因为他已从有关线索得知，自己的复国，完全出于哥哥的怜悯，并非王甫之力。王常侍等不到这笔巨款，感到自己被人耍了，怄了一口恶气。经过他的暗中调查，明白了勃海王通过中常侍郑飒、中黄门黄腾打听到复国的原因，并将一笔数目少得多的钱，送给了这二位同事。

段校尉照办就是。十月，收捕郑飒等人下北寺狱，由尚书令廉忠上书天子，报告他们的罪行是“谋立刘悝，大逆不道”。这是天子最嫉恨的事，于是诏书下达到刘悝所在的州郡，冀州刺史奉诏并在王常侍的授意下，收拷刘悝，一直逼得他感到唯有一死才能脱离苦海，毅然自杀方才罢休。勃海王妃妾十一人、子女七十人、伎女二十四人及傅、相等属官，皆死于郡狱。王常侍等十二人封为列侯。

郑飒第二次进北寺狱了，他感慨万千，因为这一次，居然是被上次将自己从北寺狱中救出来的人关进去的。他知道，这次就别想出来了。

蔡议郎

文姬，蔡议郎心爱的独生女儿，每天早晨，她都要在父亲的指导下练习琴曲。她知道，父亲不仅是帝国最负盛名的文学家，也是最负盛名的琴家。父亲的《琴赋》为人广泛传诵，父亲的《琴论》是开辟性的琴学著作。父亲能从别人的琴声中听出人性中最微妙的地方。有一次，父亲应邀去邻居家里吃饭，走至门口，父亲听到屋里传出琴声。父亲听了，掉头便回。过了一会儿，邻居过来，问父亲为何这么久还不过去。父亲说：“我听出，阁下的琴声中透出了杀机。”主人大为叹服地说：“蔡君高明，适才我鼓琴之际，见一螳螂正在捕蝉，我心耸然，故而琴声有异。”她知道，父亲如此高妙的琴学修养来自两个方面，一是对道德的深刻体验，一是与自然的浑然默契。父亲一向很超脱，这可能是由于蔡氏家族世传黄老道家的哲学。父亲的琴声，让她听到高山流水、鸟鸣猿啼、风花雪月、渔樵问答，听到君子高洁的情操和对生民的同情与关注。

不过，这些天来，她从父亲的琴声里听出了忧患和焦虑。前天夜里，父亲弹了整整一夜的琴，中间，琴弦断了一次。早上她告诉父亲，断的是第二根弦。父亲笑笑，说她只不过是偶然说中罢了。今天，父亲一大早就到庭院中弹琴，她在房里听出是孔子传授的《文王操》，这个曲子中，贯穿着一段沉痛而又坚决的旋律和一个重涩的顿音，表达了周文王的道德境界和政治志向。父亲弹着弹着，有些失态，老是重复这个顿音。终于，琴弦又一次地拨断，随之而来的是父亲的一声长叹。

“父亲，这是第四根弦！”文姬走出来，对父亲说。

“看来，这一次你不是偶然得之。”蔡邕对这个继承了自己所有灵性和才气的女儿说道。

“女儿从父亲的琴里，听出父亲正为国事担忧。”

蔡邕苦笑，未作回答。

蔡邕每天都去东观，那是帝国的皇家图书馆。他和一帮学者从事着两个研究项目：校勘五经和诸子百家典籍，编撰《后汉记》。这个《后汉记》是本朝的国史。他的同事有卢植、杨赐、韩说、张训、马日磾等人，这是他们最胜任和最愉快的工作，也是令他们伤感的工作，他们总觉得：这是在为帝国结账。

最近，天子经常召他进宫，原因是，天子喜好辞赋和鼓琴。

天子的这两个爱好，几乎与孝桓皇帝如出一辙。当初，孝桓皇帝也曾征召自己从家乡陈留速至京师，请教琴学。他走到半路，就上书称病而回。回去后，他写了一篇《述行赋》。在赋前的序中，他说明了原因：

> 延熹二年，秋，霖雨逾月。是时，梁冀新诛，而徐璜、左悺五侯，擅贵于其处。又起显阳苑于城西，人徒冻饿，不得其命者甚众。白马令李云以直言死，鸿胪陈君以救云抵罪。璜以余能鼓琴，白朝廷，敕陈留太守发遣余。到偃师，病不前，得归。

现在，他已在朝为官，再没有办法称病了。不过，几次进宫，他对天子有了一些新的认识。

天子的智力，绝对在一般人之上。他对修辞和琴韵的领悟，来自先天的聪慧。不过，天子似乎到此为止了，因为他总是浸淫于技巧的表现，因而天子的辞赋和琴声，总是透出浮华和浅滑。蔡邕知道，这一方面是天子的年纪尚轻，对人生的体察不深；另一方面，天子一直缺乏一位让他敬畏的老师，为他讲授格物、致知、修身、齐家、治国、平天下的圣贤之道，因而缺乏人格的修养。进而他又发现，天子在政治上同样如此。天子对政事，往往能够领悟其中曲折，读大臣们的上疏，常常发出感慨之声。可天子缺乏的是决断能力，他把这个权力，交给了中常侍们。其原因和前两件事的一样。蔡邕还发现，天子对自己的态度，有别于其他大臣，因为天子向自己学习的，是天子最感兴趣的东西，爱屋及乌，君臣关系中，夹杂了师生的友情。有时，天子在学琴之余，向自己咨询一些朝政。当然，蔡邕每次回答得相当谨慎，他对天子缺乏信心，而且，中常侍们常常不离左右。但是，他意识到：应该利用这个机会，渐渐地对天子加以引导，何况，自己的职务本来就是参议朝政的议郎。

蔡邕觉得自己已经深深地卷入了朝政，无法超脱，忧患也悄悄地包围了自己。

鸿都门学

熹平四年(175)，蔡邕和同事们校勘五经的工作告一段落，他们发现，帝国的学术存在着很大的症结。帝国自孝文皇帝诏收天下书籍，抢救秦火余烬；孝武皇帝听从董仲舒更化之策，独尊儒术以来，《诗》《书》《礼》《易》《春秋》五经博士渐得确立，帝国的各级教育体系和文官储备体系渐得完善。不过，帝国以五经试用文官，有一件麻烦事一直没有解决，那就是《五经》没有定本。

大汉立国之初，先王典籍多从秦代存活下来，从能背诵和传授全文的学者口中抢救出来，因为秦帝国的挟书令至为严厉，简册化为飞灰。可是，记忆力因人而异，加之方言、人老牙缺等等原因，记录下来的文本自然有出入。帝国一心恢复文教，胸怀又至大至厚，因此往往一部经典，因文本的不同，并立数家博士，俱为学官。至孝宣皇帝朝，五经各有三家博士，这些博士所传经典，皆用帝国通行的隶书写成，故称今文经学。出于学术和仕途的考虑，各家博士不仅严格门户，而且相互争论，都说自己的文本出自圣人亲裁。孝宣皇帝没有办法，干脆让大家到石渠阁开会，并且亲自来作决断。除了开会，就是组织学者到皇家图书馆，将收罗到的各种经典文本互相比较，取长补短，搞出一个官方的定本，作为考试的依据。

孝成皇帝河平三年（公元前 25），诏光禄大夫刘向等人校订皇家图书。刘向又让小儿子刘歆协助自己的工作。父子俩领着一帮学者一干就是二十年。刘向病死后，孝哀皇帝让刘歆继续主持。刘向父子在校书时，发现图书馆里藏有许多秦帝国没有烧毁的简册，当中有五经的文本。这些本子用先秦的文字——六国古文写成，有些经典或传记甚至是学官的文本中所不具备的。刘歆经过调查，得知这些本子有的来自民间的进献，有的来自考古发现，其中的一些，已经由先朝学者与今文典籍作过比较。刘歆来了兴趣，他开始校勘，最后，他相信这些古文的文本要比今文的文本可靠得多，于是他提出将古文也立为学官。在与博士官们辩论之后，刘歆失败了，因为他太幼稚了，仅仅将经学看成了一个学术问题。帝国已经有这么多人靠经学吃饭，不能再容忍别人来抢饭碗了。再则，古文的文本尚未得到全部系统地整理，研究和传授系统没有确立，古文又为秦李斯统一小篆前的六国书体，识者寥寥。更重要的是，帝国确立经学的目的，本不专为学术，而是为树立帝国的政教大纲，因此，经典的文本是否与圣人接近是一回事，而对经典的解释、宣传和活学活用则是更重要的事。帝国所立学官，皆有一套能够指导现实政治之术，甚至以《禹贡》治理黄河，以《洪范》察知天变，以《春秋》判决案件，以《诗三百》当作谏书，这种庸俗化的应用，在帝国拨乱反正、创设文教的过程中，却极具生命力。而古文经典，则缺乏这种功能。

可是刘歆还是把一个麻烦给惹下了。

世祖光武皇帝光复汉室以来，今文经学的门派分得更细，争斗也愈烈，但作为官学，它的思想渐渐不能适应朝政与社会结构的变化，开始僵化。一些士大夫在民间整理和传授古文经，解释古文经，甚至编出了识别和解释古文经的字典。这个学派呈现出两个显著的特点：一是不太注重从经典中发挥出实用的微言大义，而是注重学术化的考订文献、训诂章句。二是更加复古，特别注重发掘经典中属于周代封建宗法和礼乐文化的内涵。这一点具有特别的价值，因为本朝中央皇室的权力渐趋薄弱，而士大夫往往靠着世世传习经学而充当帝国公卿；同时，他们还靠着宗法制度聚族而居，组织起一种新型的充满活力的庄园经济，形成左右地方政治、经济、文化的世族或者豪强。在他们的心目中，现实中的帝国君主和郡县制统一国家的地位，渐渐让给了儒学的理想和宗族门第。征辟和察举的途径，也受他们的影响。因此，门第道德、名节、博学，就成了他们的标榜。从这个意义上讲，党锢事件，尽管是大是大非之争，也未尝不暗含了一点中央皇权和地方士族势力之间争斗的意味。而大汉消亡后至隋唐间三百多年的历史，正是士族统治天下的时代，此间，古文经学却被立为学官。

总之，古文经学到这个时候，似乎开始适应起时代的需要了。

世祖皇帝本人出身士族，他有喜好古文经的倾向。肃宗孝明皇帝同样如此。因此，自世祖皇帝朝，就有人要求立古文经为学官。不过，他们都遭到了刘歆的下场。孝章皇帝朝曾以扶植微学的名义，诏选天下高才生进京学习古文经。但古文经未能争得学官。学术会议在本朝也开了好几次，最著名的一次是孝章皇帝建初四年(79)的白虎观经学大会。今古文的重要派别都有代表参加，争吵的结果，仍以今文为主流，但古文经的一些内容也被吸收。今古文经学各自内部的相互分歧，使得经典的文本更加复杂。本朝的太学生员大大超过前朝，他们都希望考试的经文符合自己学派的文本。加之他们不太愿意专守一家之说，兼通并学，因而在试卷中杂引诸家的观点。因此，帝国不得不组织人力校订厘正经文。蔡邕他们的校勘，已是第四次大规模的行动了。

其实，蔡邕和卢植等同事们都通古文，但作为官方经学的定本，他们仍决定用今文经典作底本。他们一起给天子上书，要求公布定本，天子欣然同意了。这时，中官李巡对天子说：有的博士为了弟子在试场中争高下，竟然贿赂皇家的写经手，改动官本简册上的文字，使之吻合于他们的私家传本。这引起了大家的重视。最后，想出了一个办法，由蔡议郎亲自用隶书写定经文，刊刻于石碑之上，立于太学。

这一年的三月，四十八块高一丈、宽四尺，正反面都刻有文字的石经矗立在太学讲堂前的东侧。计有《周易》《尚书》《鲁诗》《仪礼》《春秋》五经及《春秋公羊传》《论语》。蔡议郎一手好字，端庄浑厚中不乏清逸之气。一时间，京师和从外地赶来观看、摹写的人众，络绎不绝，车马相继，填塞街陌。

蔡邕觉得，重新强调帝国的学术和礼乐制度，可能会再次树立帝国的威望，引导天子把握国家的大体，认识国家的大政，或者，会保存帝国最有价值的东西。也许，大汉帝国这朵绚丽的花已经凋谢了，但这朵花结下的种子，却已经成活、生长、壮大，成为一棵根深蒂固的大树，那就是合理的文教制度。今后可能会有无数个帝国相继出现，但只不过是这棵大树上的花开花落罢了。

石经的树立，给蔡邕带来了一点信心。熹平六年(177)，他又向天子建议恢复久已荒废的郊祀上天的祭典和在辟雍举行尊慰老人、宣扬孝道的礼仪。这些，都得到了天子的认可和兑现。

天子的想法和蔡议郎大不相同。事实上，他喜欢各种典礼，因为从小，他就视各种朝仪为游戏。在蔡邕等大臣的指导下，他举行了国家的几个大典。可他还不过瘾，马上自作主张，大加发挥。这一发挥，使得蔡议郎大失所望。

天子喜欢辞赋，这是大汉帝国特有的文学体裁，当初孝武皇帝读了司马相如的《大人赋》，飘飘然有凌云之志。辞赋的字句铺排骈丽，读来朗朗上口，抑扬顿挫，令人如痴如醉，回肠荡气。可蔡议郎却教天子一套什么辞赋为小技、道德是根本；辞赋的修辞技巧是末节、以文载道方为鹄的的大道理，让天子生厌，或者说，让天子无法理解。天子欣赏自己的才华，可蔡议郎他们却不以为然。这帮士大夫一天到晚就是经学经学，道貌岸然，面目可憎。于是，一个异想天开的主意在天子的脑子里冒了出来。他马上找来侍中祭酒乐松和贾护，让他们召集天下善写辞赋以及能写奇字、缪书、鸟鱼虫书等美术字的人，待制鸿都门下，建立了一座鸿都门学。和太学不同的是，这所新学府专门研讨辞赋和书法，俨然中国历史上第一座文学艺术学院，天子充当了这所学院的院长，将自己花了好大精力撰写的一部长达五十章，以上古史为题材的鸿篇巨赋《羲皇篇》当作学院的教材。这下子开了帝国学术的先例，学界哗然。本朝的士大夫以经学为立身之本，又以经学为帝国政教之本。可帝国的天子却立了一所以文学弄臣和俳优们组成的帝国学府，这实在是有悖大体。可他们不明白，天子在这里找到了自我的位置。乐松和贾护本为文学侍臣，出身平民，以他们的名望绝对召不来名士级的人物。于是，几十个无行趋势、擅长雕虫小技之徒成了鸿都门学院的生员，每天向天子形容讲述闾里市井那些东家长西家短的事情，夸赞天子的辞章，卖弄辞藻和艺技。天子居于深宫，这一切都让他感到新鲜和满足。他给了这些人丰厚的赏赐，待之以不次之位。

蔡邕多次谏罢鸿都门学，天子的脸色不好看。作为帝国文化的维护者，蔡议郎感到帝国最后的一块圣地也被玷污了。

酷　吏

这年夏天，那位曾经给大将军窦武写信的涿郡布衣、现任帝国政府秘书长的卢植尚书，在东观编纂《后汉记》的闲暇之中，将老友蔡邕叫到一边，对他说："阁下可认识阳球？"

这个名字，让蔡议郎出了一身的冷汗。

"阁下提起此人，莫非有什么见教？"

"卢某知道，此人是阁下叔父大人的对头。前几天朝廷罢免一批在地方施行严刑苛法和贪污横暴的官吏，阳球被控告，逮捕至京。可天子却以他任九江太守时讨伐山贼有功，特加赦免，并拜为议郎。阁下应多加提防。"

阳球属于严刑苛法的酷吏，与贪污无涉，因为他为官清廉，也有政治才干，但性情严厉，睚眦必报。此人出身渔阳泉州的大族，又娶中常侍程璜之女为二房，少习弓马，善于击剑，酷爱申不害、韩非子的法家学说；以孝廉被举入仕，任尚书侍郎，精于朝廷法律和制度，所写奏章，为尚书台的样板。出任高唐令时，曾因执法过于严酷而被朝廷收捕，后被赦免。九江山蛮造反，朝廷以卢尚书出任太守，用怀柔之策，山蛮宾服。可卢尚书不久生病辞官，阳球接任，设了圈套，将山蛮殄灭殆尽。当然，阳球更明白山蛮造反的原因，是帝国地方官吏的横征暴敛和残酷压迫，于是，他又杀了不少奸吏。接着，他出任渔阳国相国，搞得郡中豪强权贵屏声息气。本朝以德治为本，故而像阳球这样的酷吏尽管整肃了社会秩序，但口碑总是不佳。作为一个出了名的酷吏，阳球刻薄的性格和他所崇尚的以峻法理国的思想既相一致又相矛盾。他对法律的无比执着，基于他刚猛狭隘的个性力量，他从来就没有畏惧过任何权势。但这一力量又使得他常常将法律当成宣泄个人意志的手段：置人于死地而后快；或者，公报私仇，甚至犯法。他最初的声名来自他对法律的公然对抗。当时,有郡吏污辱阳球的母亲,少年阳球纠合了十来个小兄弟,把那个郡吏家中杀了个鸡犬不留。

阳球和蔡议郎叔父蔡质有过节,这个过节完全出于个人的恩怨。可事情无独有偶,阳球还与蔡议郎的对头、大鸿胪刘郃相善。现在这个酷吏来到了京师,对此事一定不会甘心。因此,卢尚书及时地将消息通报给老朋友。

可是,蔡议郎是个文人,他能有什么办法?只是出身冷汗,日日小心提防罢了。

不久,朝廷又拜阳球为将作大匠,掌管帝国的重要工程和器械制造。继而又拜尚书令。

次年二月,天子更加醉心于他的学院,下诏对全国招生,命中央和地方官僚推荐,并许愿要给鸿都门学的毕业生分配最好的职业:出则为刺史、太守,入则为尚书、侍中,甚至可以封侯赐爵。但这一举措却起了反作用,鸿都门学的生源一下子紧张了起来,因为士君子们已经把它看成不学无术、钻营取巧之徒汇集的野鸡大学。后来,天子还令人将乐松、江览等三十二名鸿都门学学者画像立赞,劝诫天下学子。大臣们纷纷上书劝止,新上任的尚书令阳球也切言不可,告诫天子以太学为重,速罢鸿都门之学,以销天下之谤。所有的书奏,天子皆不省。

三月,朝廷宣布改元“光和”。因为本年的二月,发生了比较大的日食和地震,天子希望通过改元顺从天意。但上天并没有体会他的苦心,一连又降下几次比日食和地震还要令他恐慌的灾异。四月,天子贴身秘书、顾问们的办公室——侍中寺里养的一只下蛋的母鸡突然打起鸣来，从此变成了一只公鸡。六月，有人报称在天子的寝室温德殿东边的庭院中看到一道黑气，长十多丈，像一条龙。七月，又有人报称看到一道青色的霓虹降到南宫玉堂后殿的庭院。天子着了慌，叫来了几位有学问的大臣询问原因和消解的法术。他也知道，对这种事情，宦官和鸿都门学院的教授们只有茫然相顾的份。

会议在南宫金商门崇德署召开。天子仍未到场，又让曹节和王甫召集光禄大夫杨赐、谏议大夫马日，议郎张华、蔡邕和太史令单飏到会，向每人颁授了天子的诏书——一块一尺来长的木板，上面命令发给每人一副笔砚和两块一尺长的奏章板，让写出书面对策，限时封囊交卷。大臣们对这种做法十分反感，因为帝国的制度规定：天子的诏书板，本朝又称之为“尺一”，必须由天子御省，再经三公和尚书台审核颁发，中官不得插手。可现在，“尺一”已经操持在中官之手，不仅是一般的“尺一”，就连拜用官吏的任命“尺一”，中官们也能从天子手上弄来颁发。这样，天子与群臣之间便有了道“尺一”之墙，皆被中官玩弄于股掌之上。

前故太尉杨秉之子、天子的老师之一、光禄大夫杨赐仰天而叹，对曹、王二人说：“曹公、王公，我每次读《汉书·张禹传》，未尝不愤恚叹息。张禹此人，身为孝成皇帝之师，每次生病，孝成皇帝都要车驾临幸，垂问起居，可谓极尽人臣之宠。但他不能竭忠尽情，为天子谋赞国家大事，反而示意天子授给他小儿子官职，调还他远在边郡的女婿，难怪朱游要用尚方斩马剑诛之。吾以微薄之学，充当天子之师，吾家又累世见宠，却无以报国。现在，吾当此大问，只有竭忠而言，放笔直书，无所顾忌，即便有得罪之处，也只有死而后已了。二公还请多多包涵。”

时间一到，曹、王二人将诸位的对策当面封好，宣布散会。

天子第一个打开的是杨赐的对策，因为天子知道，杨赐不仅精通五经之学，还精通一门高深的学问，那就是谶纬之学。这门学问据说是孔夫子的秘学，专门回答有关天道与人事之间的关系问题。“谶”为预言之意，“纬”则相对于“经”而言，是孔门阐释五经的秘典。当初，势单力薄的世祖光武皇帝就是应了一句“刘秀发兵捕不道”的谶言，便在王莽之际纷起的群雄中得了天命，因此，他宣布这门学问为帝国的天宪。尽管许多士大夫和经师曾当着他的面戳穿这些神神叨叨的理论出自汉世旁枝末学的伪造与假托，但他仍然坚信不疑，并狠狠地惩罚了这些过于迂执而没有政治原则的家伙。因为，光武皇帝也明白，在帝国臣民普遍相信天象与人间政治之间存在着直接感应的前提下，谶纬学说恰好补充了五经中所缺乏的有关天道与阴阳五行以及占星望气等方面的理论。这是一门可以直接拿来应用的政治巫术，比五经学说少绕许多弯子。当然，这套学说在给他带来权威和方便的同时，也给他带来了麻烦，因为大臣们马上能够充分地应用这套理论批评朝政并形成了传统。令他意想不到的是，这个麻烦还对他的子孙们形成了威胁，因为野心家们或者造反者也会利用这套巫术工具推算出大汉帝国的死期，这又是后话了。

杨赐的对策中，援引了两条谶纬的说法，一条叫作《中孚经》，其中说：“霓之比，无德以色亲。”一条叫作《春秋谶》，其中说：“天投霓，天下怨，海内乱。”他认为温德殿的黑气和玉堂后殿的青虹都是霓虹之类，按照占星术的说法，象征天子政柄的北斗星运行失度，就会出现霓虹；而且，相对于天子的象征——太阳来说，霓虹是阴气，象征着奸臣或后宫。所以，杨赐马上就指出：这些怪异现象出现的原因，是天子任用中官、贪恋女色和游玩、宠幸鸿都门学中的群小。他警告天子斥远上述诸人，速征在野的君子，并制止中官们操持“尺一”，才能够消弭灾变。

天子最后打开的，是蔡议郎的对策。这份对策更加耸人听闻。蔡邕说：“这些怪异，皆是亡国的征兆，可大汉不亡，是因为上天对大汉殷勤不已，屡出妖变以示谴责，希望人君感悟，转危为安。霓虹、鸡变，都是妇人或奸小干政的结果。天子的乳母赵娆、永乐门史霍玉，都是奸邪，他们所进用的太尉张颢、光禄勋伟璋、长水校尉赵玄、屯骑校尉盖升等，都是贪图名位财物的小人。现在京师吏民中又风传宫中有个叫程大人的中官耆宿，即将成为国家大患，请天子严加提防。鸿都门学，也应该罢止。又闻陛下近来喜好工艺制作之事，必须迅速停止，以国事为务。廷尉郭禧、光禄大夫桥玄、故太尉刘宠等人，皆敦厚老成、聪明方直、忠实守正，陛下应倚重委任。”和杨赐一样，蔡议郎也多了个心眼，在对策的最后恳求天子将自己的对策保密，因为君臣不密，上有漏言之戒，下有失身之祸。

天子看了，叹息声不断。大长秋曹节在下面听见，心里犯了嘀咕。

一会儿，天子下座，去上厕所。大长秋马上趋前，将蔡议郎的对策扫视了一遍。

蔡议郎对策中提起的那个叫“程大人”的资深宦官，正是阳球的岳父、中常侍程璜。大长秋将今天看到的东西，添油加醋地告诉了他。程璜叫来大鸿胪刘郃和阳球商议了一番。当蔡议郎接到帝国监察官署的传讯通知时，他为自己的弄巧成拙而懊丧不已。他只得上书求助于天子，说自己实在是愚憨，不顾后果。陛下应念及臣下忠言，加以掩蔽。自己年已四十有六，又是个鳏夫，死不足憾，只恐陛下今后听不到真话了。

上书石沉大海。监察部门传讯的内容是：蔡邕和其叔父蔡质曾以私事请托刘郃，刘郃不听，他们便怀恨在心，加以中伤。蔡氏叔侄要求原告出场对质，审讯官张恕没容蔡氏叔侄多加辩解，就宣布将二人关进洛阳狱中。

负责讯问他们的狱吏叫张静。一进审讯室，张静就对蔡邕说：“蔡大人，不瞒您说，告您的是一封匿名信。信上说您对刘郃怀恨在心，但也未说您有所行为，而且按照法律，原告不出面，无法定罪。不过，下官身为小小狱吏，也无力回天。大人博学多闻，古往今来，像大人这样的冤案，岂止一件？”

几天后，判决如下：“质、邕二人仇怨奉公，议害大臣，大不敬，弃市！”接着，司法部门将判决送交天子批准。

判决是由中常侍吕强送达天子的。吕强字汉盛，河南成皋人，与丁肃、徐衍、李巡、赵祐等中官在朝野享有清忠奉公、博学多览的名声。当初大将军窦武诛后，天子大封中官为侯，吕强坚决辞去了都乡侯的爵位。现在，他向天子力陈蔡邕之冤，希望天子宽恕。天子也想起了蔡议郎的上书,于是在判决书上改批了一段话:"减死一等,与家属徙守朔方郡,不得以令赦免。"后一句话是说,即便朝廷颁布大赦天下,蔡邕一家也不在赦列。

鲤鱼腹中书

又是一个秋风秋雨的时节,蔡邕和他相依为命的女儿文姬告别了京师,告别了朋友,走上了西去流放的征途。一天深夜,一个带刀的刺客窜入蔡议郎住的客店,不过他没有下手,反而纳头便拜,对蔡邕说明自己是阳球派来行刺的,他让蔡大人路上小心。一路辛苦,蔡氏家族到了与游牧民族相邻的阴山脚下的朔方郡,蔡邕和叔父去拜望郡守。郡守王智,是王甫的弟弟,一向羡慕蔡邕的名气,蔡邕的到来,使他大为高兴,想与蔡邕结交为友,借以抬高自己的名声,再说,他也知道,哥哥和这次陷害蔡邕的程璜不大对路。他对蔡氏一家大加安慰,接着拿出一封书信给他们看。这又是阳球的书信,要求郡守相机下手,除掉蔡邕。郡守将他们安排到阴山南面长城下的五原安阳县,这里的居住条件略好一些,并告诫他们多加防范。作为一名流放犯,蔡议郎开始服苦役,他的工作是牧养军马。

一天,有人送给蔡邕一对鲜活的鲤鱼后便告辞了。他吃了鲤鱼后非常感动,因为作为不能通信的犯人,他竟在鱼肚子里收到了朋友们的书信。牧马归来,他喝了些当地用马奶酿制的带点膻味的酒，抚琴吟唱了一首相当抒情的诗：

青青河畔草，绵绵思远道。远道不可思，夙昔梦见之。梦见在我旁，忽觉在他乡。他乡各异县，展转不相见。枯桑知天风，海水知天寒。入门各自媚，谁肯相为言。客从远方来，遗我双鲤鱼。呼儿烹鲤鱼，中有尺素书。长跪读素书，书中竟何如？上言加餐食，下言长相忆。

朋友的书信中告诉他一个消息，即大家都在为他请求天子。特别是卢尚书，他以东观的《后汉记》因蔡议郎流放而无法修撰为借口，屡屡上书。天子也说，蔡先生的才华，本朝无人可比。

次年，蔡议郎接到大赦令，命他速还京师。可临行前的一件事，让蔡议郎改变了行程。

郡守王智平常对蔡邕看待得不错，可蔡议郎也太古板，像躲苍蝇一样躲着王太守。现在王太守下了帖子，大会宾客，为蔡议郎饯行。蔡议郎不得已而赴之。酒酣耳热之际，王太守豪情大发，起身舞蹈，并示意蔡议郎起身同舞。蔡议郎老夫子一个，不精此道，对王太守的示意表示了冷漠。王太守在众宾客面前下不了台，勃然大怒，指着蔡议郎的鼻子骂道："你竟敢小看我！"

蔡议郎也来了脾气，起身拂袖而去。

第二天，蔡议郎在半路上命车夫改辙南行，他想到王太守的势力，便觉京师如一口陷阱在等着他。此后的十二年中，蔡邕流窜江湖，往来居住于吴越和山东之间的亲朋好友家中。

迫害蔡邕这样的文士，并不能满足阳球的心理。担任将作大匠的职务，更不能施展他这个天生的法官的才华。他有相当理性的一面和对帝国法律的忠诚。近来一些事态的发展，令他深思，感到帝国如再不用法制来整顿一下，前途将不堪设想。而破坏帝国法律的不是别人，正是中官的势力集团，最张狂的，就数王甫这个家伙。

王甫一直有一块心病，那就是宋皇后。勃海王刘悝的王妃，正是当今皇后的姑妈。六年前，王甫将勃海王一家诛杀殆尽后，并不感到轻松，他一直小心提防着皇后。这些年，王甫像一只猎狗一样嗅着气味。他近来发现，天子对宋皇后毫无兴趣，因为天子的后宫添丁加口，美人如云。每年八月，朝廷中的大夫和庭掖丞都要带着相面的先生去洛阳城乡阅视良家少女，年十三以上、二十以下，姿色端丽，合于相法者，皆载还后宫。他还发现，这些新来的嫔妃们对宋皇后都很反感。王甫对她们做了不少工作，于是天子的枕边刮起了阵阵谤毁之风。九月的一天，王甫看时机成熟，便向天子密报了一件事：宋皇后因失宠和姑妈谋反被诛之事，怀恨在心，请了些旁门左道的巫师，天天在宫中诅咒圣上。

天子照例又震怒了起来，诏收皇后玺绶。皇后在冷宫中忧愤至死，皇后的父兄等亲戚并被诛杀。

第一个有反应的大臣，是卢尚书，他马上奏表，要求准许收葬宋皇后家属的尸骸，但未见成效。

宋氏作为皇后，平常对周围的中官们也是恩宠有加的，最后还是由几位黄门和常侍合资收葬了宋皇后的父兄。王甫自勃海王事件起，就开启了中官集团内部的争斗，这种争斗全为钱财和权势，毫无理想色彩，因而为自己招来了仇怨。

卖官鬻爵

这年年底，本朝又发生了一件开天辟地的事，在曹节和王甫的鼓动下，天子下令在西邸公开以帝国的名义卖官鬻爵，初步定下的价格是：秩四百石的官职四百万钱，二千石的二千万，以此类推，一万钱一石官秩。如欲登三公之位，再加千万；登卿位，加五百万，这是全部自费的一类。如果是被朝廷征辟或是地方察举的官员，也要交纳一半或三分之一的费用。当然，价格还要看任职地点的经济水平而浮动。天子知道，买官是一种投资方式.这些家伙得了官职后，马上便会在任上疯狂地搜刮。但天子管不了这许多，他和中官们商议，在西园设了个秘密金库。富有四海的天子居然如此爱好聚敛财物，也是事出有因。天子出身小小的亭侯，日子并不丰裕，因此，天子常常为孝桓皇帝不懂得积攒私钱而惋惜再三；当然，这里还有他母亲董太后的缘故。这个侯王的妃子，其爱好也与民间妇人一般，老是鼓捣儿子积些钱财，以备个大灾小难的。不过她没有想到，儿子是天子，一旦开了盘子，帝国的金融便失控了。

这又引起了士大夫们的抗议，不过天子已是死猪不怕开水烫了，因为他已将帝国的政府结构彻底摧毁了。在这件开天辟地的事情之前，天子还在中官的指使下做过一次创举，那就是熹平四年（175），本朝宣布宦者可以为令。这意味着处于内廷的中官们可以合法而直接地参加到由士大夫们组成的帝国政府机构之中，而在此之前，中官们必须通过影响天子的方法间接地干预士大夫的外廷。党锢、宦者为令、公开鬻官，给帝国的主干——中央政府，砍下了致命的三斧头。

一天，天子来了兴趣，又演起了孝桓皇帝的故伎，他想听听大臣们对自己的评价。于是召来侍中杨奇，此人是杨震的曾孙、杨赐的侄儿。

天子问他："朕比桓帝如何？"

"陛下之于桓帝，犹如虞舜比德唐尧。"

天子马上听出，杨奇的回答，是个大大的反讽，等于是说："陛下与桓帝，是乌龟和王八，半斤对八两。"

天子讨了个没趣，只得悻悻地说："卿的脖子硬，真是杨震的子孙。"

法治的失败

光和二年（179）三月，因为中原一带发生了大疫，照常例罢免三公，太尉桥玄、司徒袁滂被免，以太中大夫段颎和大鸿胪刘郃分别代之。段颎出自中官的安排，太尉掌兵，而段颎手上有兵，这是他依附中官的资本。

这些年来，大长秋和王常侍又在中央和地方安插了不少自己的亲信，这些亲信很快就在任上胡作非为，把帝国的声名搞得一败涂地。其中最张狂的人又与王甫有关。

此人叫王吉，是王常侍的儿子，但对王常侍这样的人来说，所谓儿子，只能是养子了。这次王吉被任命为沛相，他的心理残酷得有些变态。在郡中处决了犯人，还要将尸首大卸八块，放在马车上，贴上犯人的罪状，遍示郡中。尸首腐烂后，便用绳子串连骸骨，继续示众，人皆骇然。他任官五年，杀人逾万。

一天，阳球和老朋友、大鸿胪刘郃在岳父程常侍家中饮宴，程璜也感慨曹、王等中官太胡来了，一点不知收敛，搞得天下怨怒，对自己有什么好处？接着便讲了王甫以及王吉做下的一些事情。

酷吏最听不得这种事，果然，阳球先是咬牙切齿，继而拍着大腿，狠狠地说："如果让我阳球做司隶校尉，这些王八蛋哪里还有安身之处？"

言者可能是无意，可听者却是有心。程璜有心，他怕女婿惹来祸害，连忙示意他不要胡说。刘郃更有心，阳球的话，使他看到了一丝希望。刘郃心中一直埋着仇怨，因为他的哥哥，正是当年持节去河间迎立天子的侍中刘儵，北宫政变后，因其与大将军窦武同谋而被处死。刘郃小心地做官，小心地周旋，但一直在寻求机会。不过，这些年来，中官势力的盛大，又让他有些灰心丧气，他的谨慎渐渐蜕变成了懦弱。今天听了阳球的话，他感到震撼，同时也感到恐惧。

回来以后，他马上去找两个靠得住的老朋友，前廷尉、现任永乐太仆陈球和尚书刘纳。

陈球正色说道："公出自大汉宗室，位登台鼎，为天下人瞻望。公当镇卫社稷，岂能与庸禄尸位之辈雷同，无所作为？现在曹节等人放纵为害，而又久在天子左右，况公之兄长刘侍中被其加害，因此，公今可速速上表，奏请天子徙升阳球为司隶校尉，有计划地收杀曹、王等人，则政出圣主，天下太平的一天，可翘足而待了！"

可刘郃听了，面有难色："这帮中官凶竖，耳目甚多，我怕大事未成，反而先受其祸啊！"

刘纳对刘郃的犹豫大为反感，他也变了脸，说道："为国栋梁，倾危不扶，用你做公卿干什么？"

刘郃的胆子，被两个老友的正气扶正了，于是他去走动、联络。他的老成与智慧，马上使朝廷对阳球下达了正式的任命。

四月，阳球刚刚接到任命，便收到杨赐之子、京兆尹杨彪的举报，说王甫指使手下的喽啰们在京师一带欺行霸市，非法收入已达七千多万钱。阳球听了如鲠在喉，为之扼腕。他马上让人去打听王甫的动静，还特别关照手下去看看段太尉的情况。

回报令阳球十二分的满意：王甫回私宅度假，身为三公之一的段太尉因本月发生了一次日食，正在家闭门自省。阳球马上以新拜要职，必须面圣谢恩为借口，要求天子接见。他顺利地见到了天子而没有引起中官们的怀疑。他用坚定的口气说服了耳根相当软的天子，准许他逮捕王甫、段颎，以及中常侍淳于登、袁赦、封易等人。

几天后，案犯陆续归案。除此之外，王甫的两个养子：沛相王吉、永乐少府王萌也被收捕至洛阳大狱。阳球喜欢用刑，而且爱好试验新的刑具，听到人犯的呼号，他就像三伏天饮冰一样痛快。一时间，洛阳狱中，捶笞哭叫之声，此起彼伏。

阳球怀着极大的兴趣，亲自审讯王甫父子。他根本不向人犯条列罪状，让人犯一一陈述交代，而是让他们自己招供。人犯当然想不出自己有何罪行，于是阳球顺理成章地对他们动起了大刑。他让人犯享受了审讯室里的每一套刑具，称之为五毒备极。

王萌见养父已经奄奄一息，他曾做过司隶校尉，便以前任的身份哀告阳球说："我们父子既然都该杀头，还望阳大人看在我和你先后同事的份上，对我老父稍加垂怜吧！"

"你罪大恶极，死有余辜，还想凭借先后同事的名义苟且喘息？"阳大人冷冷地说。

王萌眼见这次难过鬼门关，又气又恨，血直往上涌。他将一口血啐向阳球："你从前曾像奴才一样侍奉我父子，奴才敢反主子吗？今天你雪上加霜，落井下石，困扼吾辈，总有一天，这也是你的下场！"

阳球的脸还是冷冷的，他对手下说："拿泥土将王萌的口塞上！鞭杖齐下！"

直到王甫父子三个都断了气，阳大人才打道回府。

次日，他宣布提审段太尉。可狱卒报称段颎昨晚已经畏罪自杀了。阳大人觉得很扫兴，便命人把王甫的尸体卸成几块，挂在京师西北的夏门上示众，并在旁边悬一木牌，上面大书四字："贼臣王甫"。王氏的家财悉数没收充公，家族成员全部充军到帝国的北极——北景。阳球自信地对手下的从吏们宣布："可以先将权贵大奸除掉，再收拾其他的奸小。至于那些横行京师的公卿大族子弟，比如袁绍、袁术那几个袁氏家族中的小儿辈，诸位可自行法办他们，哪里还用得着我司隶校尉动手！"

京师的风气一度又回到了李膺做校尉的时候，中官们不敢出宫，权贵们屏声息气。这是本朝多年来少有的大快人心之事。

四月下旬，孝顺皇帝的生母虞贵人薨，朝廷命百官会葬。回来时经过夏门，大家都看到了王甫的尸体。此时，有一个人在车中慨然落泪，他就是大长秋曹节。大长秋叹息道："我辈可以自相残食，怎么能让犬狗舔舐汤汁！"

大长秋命身边的小黄门通知所有的常侍：不要回家，直接进宫。他带大家一起面见天子，控告阳球酷刑施虐，好为妄作，搞得京师民怨沸腾，不宜再任司隶校尉一职。

天子见这么多心腹之人指控阳球，大为所动。马上宣布调阳球为卫尉。这是个掌管禁卫宫廷的官职，与司隶校尉官秩相当。调令刚刚拟好，大长秋就让尚书令召阳球进宫拜任。尚书台回报说阳大人外出巡视先帝陵墓了，大长秋又命用快马急召阳球，不得稽留。

阳球知道后，如雷击顶。他迅速进宫求见天子。天子总算给了他面子。他跪下便道："臣虽无清高之行，蒙陛下恩宠，身受鹰犬之任。前时虽诛王甫、段颎等，但对陛下和帝国来说，这些不过是狐狸小丑，不足以宣示天下。恳请陛下假臣一月，臣必令豺狼鸱枭各服其罪。"说毕，只是不住地叩头。

大殿上传来了一个中官发出的让人寒颤的呵叱声:“阳卫尉想违抗诏命吗?”

这个声音回荡了好几遍,阳球才绝望地拜受了诏令。

殿前的青石上,殷红着一摊鲜血。

阳球拜诏后,大长秋便按熹平四年颁布的宦者可以为令的条令,自领尚书令,执掌帝国的人事和中枢大权。以朱瑀代替王甫作为自己的辅佐。

十月,阳球的岳父程璜架不住大长秋的厚贿和威胁,告发了刘郃、陈球、刘纳、阳球谋举阳球出任司隶校尉之事,天子大怒。十月中旬,四人被捕并死于狱中。

阳球事件之后,帝国的中枢再没有打击中官的力量存在了,无论是党锢君子们的道德力量还是酷吏的法制力量。大长秋此举,结束了由王甫挑起的中官集团内部的争斗,强化了中官的集团意识。

屠夫的女儿成为皇后

光和三年(180)十二月,天子已经满二十四岁,宋皇后贬死也有两年多了。立后的问题不能再拖延下去。本月,后宫的何贵人产一子,这是天子唯一的血脉,天子非常高兴,因为和天子同枕共眠的嫔妃们多次地怀孕,却多次地流产;这个婴儿将结束大汉帝国国统屡绝的局面,而且也显示了当今天子超过孝桓皇帝的资质。于是诏下，册立何贵人为皇后。

中官们也很满意新皇后的人选，因为他们最不希望册立来自大士族的女人做皇后，以免再出现很有势力的大将军。这个皇后虽然来自帝国的帝乡——南阳，可出身过于低贱，她的家庭世世为屠户。当年进宫，也是依靠了中官，因为宫女必须出身良家。中常侍郭胜是何皇后的同乡，又主持了当年的选妃、本朝称为“算人”的工作，在接受了何家的重贿之后，他让何皇后凭她的姿色进入了帝国的掖庭。在宫中，何皇后还有一个更为坚硬的后台，那便是中常侍张让，因为何皇后的胞妹，嫁给了张常侍的养子。

但是，中官们忽略了一件事，那就是何皇后也有一个同父异母的哥哥，他叫何进。他每天操着屠刀卖肉，却一直在祈祷妹妹能得到宠幸，因为就是他，在父亲死后，自作主张，贿赂中官，将妹妹当作一笔赌注，押往帝国的宫廷。苍天果不负他，妹妹终于受宠，封为贵人。何进扔掉了油腻的屠刀，拜为郎中，再迁虎贲中郎将，又出任颍川太守。皇后册封的当天，何进被召进京，拜为侍中、将作大匠、河南尹。可能是因为他的出身太微贱，中官们没有像当年对待董太后的哥哥董宠那样对待他。但是中官们忘了他的微贱可不同于别的微贱：他是个屠夫。

天子为皇子取名“辩”。由于多次失子，天子很害怕皇子养不活。向宫廷的巫师询问，回答说最好匿名养于宫外修行深的道术方士家中，长大后再接回宫中。经过慎重的考察，小皇子被送到一个叫史子助的道人家中，取了个别名叫“史侯”。

焦尾琴

由于高兴，天子的兴趣又有了增加，他对修造园林相当热衷。这年，他下令建造毕圭和灵昆两座植物园，在京师宣平门外规划土地。司徒杨赐对天子说，京师里里外外已经有西苑、显阳苑、平乐苑、上林苑和鸿德苑五所园林，够陛下您恣情纵游了，如果再造，耗费国力民力，大可不必。天子被说动了，打算停止。可他又去问鸿都门学的教授们，他们当然希望有一个新的赏花作赋的所在，便对天子说，陛下造园林与民同乐，无害于国政。天子大悦，帝国又多了一处风景名胜。

第二年，天子又为帝国的娱乐业写下了新的一页。他下令在后宫造了一条商业街，让宫女和中官们扮作市井小民和商贩，每天表演叫卖、讨价还价、起哄、争斗、盗窃等节目。天子自己穿起大款们的丝绸服装，和这些“市民们”饮宴游乐，经营生意，忙得不亦乐乎。他还喜欢养狗，拿帝国文官戴的进贤冠加在狗头上。天子继而又发明了用四匹驴驾车，比起马车来，这种驴车轻便易驭，天子亲自驾着驴车在商业街上转悠，好不自在。天子“前卫”的举动很快在京师流行了起来，把个驴贩子们弄得乐不可支，因为驴价竟破天荒地超过了马价。

娱乐业的发展需要大笔开支，天子加紧了卖官和征收。但首先得到好处的是中官们，因为各地想要升官的官员们，必须先给中官们回扣，本朝称为“导行费”，才有资格将宝物进呈给天子。为这事，中官吕强多次进谏，天子哪里听得进去。

真是锦上添花，后宫的王美人又为天子生下一子。天子抱在手上，越看越觉得像自己，马上依此意取名为“协”。当天子进而要去看看产妇时，中官悄悄地报告说王美人喝了何皇后送来的贺酒，刚刚死去。天子爆发了平生最大的一次怒火，喊着要废皇后。中官们哗啦跪下一大片，苦苦地哀求。

天子无奈，只得将新皇子抱给母亲董太后。像民间的婆媳一样，董太后与何皇后也是一对冤家。于是太后决定亲自呵护这个苦命的孩子。天子也怕这个孩子养不大，便依母亲的姓给他取了个小名叫“董侯”。天子想了好几天的王美人，不得排解，便求助于艺术，写了一篇长长而充满感伤情怀的《追德赋》。这篇佳作之所以没能流芳百世，是因为何皇后看了以后，打翻了醋坛子，将天子的大手笔扔到火里，烧得竹简噼啪乱响。

年底，大长秋曹节和中常侍朱瑀相继病卒。以中常侍赵忠代领大长秋。

一天，远窜在吴越之地的蔡邕，见人用梧桐木烧火做饭，忽然听到烈火中传来会心的一声响，蔡议郎马上从主人的锅膛里抢出了这段木料，回家制成一张琴，刚一弹拨，琴声清亮而又绵长。蔡议郎像找到情人一样不住地抚摸琴身，烈火给这张绝妙好琴的尾部打下了一点烙印。此后，这张琴一直在流传，被称为“焦尾琴”。

蔡议郎抚摸之余，又感慨了起来：

“琴声再美，怕也只能弹奏亡国之音了！”

第四章 太平道

发如韭，剪复生；头如鸡，割复鸣。
吏不必可畏，小民从来不可轻。

——汉末民谣

难民的幻觉

光和六年(183)一开春,天子便下令大赦天下,因为他的心情特别好。朝中士大夫和中官们的内讧暂时得以缓息;去年秋天,朝廷成功地招抚了叛乱的南方板盾蛮。十月,以杨赐为太尉。年底的时候,天子西狩至函谷关,回京师时经过城南的太学。天子文思大发,在众多的太学生面前即兴作赋,并直接将赋文书写在石碑上,博得太学生们的山呼万岁,天子向他们说了些勉励的套话。在石经面前,他问起自己的老师蔡邕现在何处。臣下们不知所云,天子也只能感慨一番。

天子不知,此时,蔡议郎也正在感慨焦尾琴只能弹奏亡国之音呢。老师的感慨比他这位不太成器的学生的感慨,要意味深长得多。流亡在民间的生活,使蔡议郎多了一个观察帝国政治的角度。他觉得,大将军也好,中官也好,士大夫也好,这么多年的争斗,谁都不是胜利者。因为处于帝国这棵大树最上层的他们,这些年来兴风作雨，将帝国摇撼得损枝折干、花谢叶败之后，这棵大树的根部——帝国的民众，已经不堪经受如此的动荡。

自孝桓皇帝朝以来，民变频繁，东面的琅琊，南方的蜀郡、荆州、九江、扬州、会稽，乃至迫近京畿的河南等地，先后发生达十五六起之多。其中的一些平而复起，旷日持久。其实，任何帝国都无法将他的恩泽平均地施予自己的子民，加之地方官吏的酷虐，民众的反叛本来就是无可避免的事，招抚之或剿灭之，无妨大局。本朝自孝安皇帝时起，攻杀长吏、占山为寇的民变就已经时有发生，但都是迫于饥荒或者压榨，一时激愤所为，有的则纯粹属于聚众抢劫的盗贼团伙，大都是零星分散且规模较小的孤立之举。可是近年来的民变，有一些与以往不同的迹象。第一个迹象是：明确地打出了推翻大汉帝国的旗帜，叛乱后自称皇帝者甚多。第二个迹象是：他们似乎普遍地相信一种在民间悄然兴起、与黄帝、老子及神仙方术有关的宗教，比如他们的首领往往自称“黄帝子”“真人”“太初皇帝”“太上皇帝”等等。这说明，大汉已被他的子民们抛弃了，而且，他的子民们正在用一种与以往不同的方式联络起来反叛帝国。

这种方式便是宗教，宗教能够赋予人们坚定的信念和超常的狂热，还能赋予人们高效的组织和铁的纪律。在任何改变历史的时刻，这都是压倒一切物质力量的精神核能。

早在熹平六年(177)，当时在司徒任上的太尉杨赐和他的僚属、司徒掾刘陶，同时上书天子，密报了一个异常的情况：有个叫张角的钜鹿人，在民间用念咒和符水为人治病。他认为人有疾病，是因为人犯了道德上的过失或不敬神灵的罪行，所以，除了用这种与神沟通的方式治疗之外，他还让人跪拜忏悔。他自称是“大贤良师”，向民众传播信奉黄帝和老子的“太平道”。据民间谣传，张角法术无边，妙手回春。十几年来，徒众达十万之多，遍及帝国的青、徐、幽、冀、荆、扬、兖、豫八州之地，已成蔓延之势，而州郡守备官员反被其迷惑，认为张角以善道教化百姓，没有危害，甚至还有信奉者。杨赐的上书中，敏锐地指出了张角之所以成气候的原因，在于本朝无法解决的一个大症结：流民问题。

大汉的开国君主高皇帝和他的战友们是一帮平民的代表，他们的理想是把土地分给单个的小自耕农家庭，然后由帝国的官吏向他们收取赋税，征用劳役。男耕女织，饱食终日，君民相安，天下太平。但他们不知道的是，这是一个极其简单的社会结构，在刚刚经过战乱之后，大汉有可能组织起这样的社会，并且有能力统治这样的社会。但是，随着如此庞大的帝国极其复杂的日常生活的展开，这一简单的结构必然发生变化与错乱。人口的增加，土地需要的扩大，商业的开展，剩余资金的投放，社会阶层的升降，帝国行政机构的延伸，加之天灾人祸、对外战争等等，帝国最基层土地的主人不断地更换着。其主要趋向是：土地越来越集中到少数人的手中。这些少数人来自帝国的贵族、官僚、商人、地方豪强、世家大族以及善于经营的农民，他们得到土地的方法有很多，主要是通过买卖，当然，其中不乏巧取豪夺的手段。按说，私有财产的扩大对帝国政府并非一件坏事，因为这意味着社会生产规模的扩大和财富总数的增加，帝国只要出台相应的管理政策并且改变税制，就可以重新适应和管理日益复杂的社会。可是，有一个基本原则是帝国无法更变的，即土地是帝国的财产，所谓“率土之滨，莫非王土”。土地只有一种合法的分配方法：由政府向农民授田，或者向勋贵们赏赐。一切民间自由进行的土地贸易都是非法的。因此，本朝采取打击土地兼并和限制私有财产的政策以维持较为原始状态下的小农经济，从而保证政府能用简单的行政方式和道德教条统治地域辽阔、人口众多的帝国。

正因为如此，帝国的政策开始与社会发展的规律背道而驰。土地的兼并者，一方面不能向国家公布他的土地数目；一方面，他也就无法或者根本就没有意识向国家缴纳相应的赋税；同时，他也不会保障原土地所有者的生活。帝国既无法律肯定臣民享有私有财产的权利，臣民们也就无法向帝国尽自己的义务。可更为悲惨的命运却降临到了丧失土地的农民身上，没有了土地，他无法承担政府规定的赋税，他的出路只有两条，一是成为土地新主人的雇工；二是离开家园，成为流民，而这两种出路，都是以放弃自己的公民身份为代价的。他们的梦想有两个，一是最现实的：吃饱肚子，穿上衣服；一是最不现实的：生活在一个比大汉的社会还要好的社会之中，这个社会仍然用大汉君臣们常常挂在嘴上的两个字——“太平”来形容，但必须绝对平均、无私、和谐、道德、无阶级、无政府、无法律、无剥削、无天灾、无疾病。

孝和皇帝以来，土地兼并更加迅速，流民规模逐年增大。由于帝国的土地和财富聚集在大土地的拥有者手中，帝国一面要限制、打击他们，一面又不得不与他们妥协，从他们手中尽可能地多征收钱财，而帝国在如此窘迫的财政状态下，还必须赈抚和安置流民，这实在是一件没有希望的事。难怪当今天子要卖官鬻爵，因为国库里面已没有供他花销的费用了。从本朝末期一些思想家们遗留给后世的著作中可以发现，在他们生活的时代，豪民们占有成百上千顷的土地，奴婢牛马、金银珠宝无法计数，富过王侯。在帝国的户口簿上，仅为一户，但他们却役使着成百上千户的人家。可那些流民们，已经无衣无食，甚至到了“裸行草食”和“人相食”的地步。

这样，张角的宗教团体便成了流民们的归宿。由于信仰的作用，张角的信徒中也不乏地主、富商和官宦，集中了不少的财物；流民在他的宗教大家庭里，可以憧憬他们的梦想；而地方官吏也感到张角的宗教解决了令他们头痛的社会问题，因此也有好感。所以，杨赐的上书中提出了让地方官吏安置或送回流民，孤立张角的教团，然后再诛杀魁首的策略。

刘陶的上书指出了更为迫切的问题：据他的侦察，张角的党羽已经潜入京师，活动于民众和官宦之中，大有觇视朝廷之意。应速加侦缉，并诏令天下，以重赏募收张角。

不知是什么原因，他们的上书被把持中书机构的中官们“留中不发”了。事后杨赐因故离职，无法问及。刘陶向天子打听此事，天子王顾左右，让他把《春秋》编得有些条理，以便自己阅读。刘陶无奈，只得去图书馆消磨时光。

岁在甲子

更不知是什么原因，杨赐和刘陶上书的事情，居然被远在冀州的太平道大贤良师张角获悉。在这几年中，他加紧了部署。张角是一个有宗教激情的领袖，他觉得宗教不仅应该是人们的心灵归宿，而且应该是理想的家园，只有建立一个宗教国家，天下的苍生才可能幸福。这个宗教国家的理想并非他的发明，而来自他珍藏的一部秘笈《太平经》的描绘。这部秘笈在宇宙学说上采用了老子和庄子的观点，但发挥的却是如何用法术和宗教信条而不是法律和道德来治理国家，直至调养个人的身心，达到长生不老的境界。这些法术和信条有许多并不来自道家，而来自五行家、方士、神仙家和墨家，而后者又是先秦时代由手工艺者组成的行会式的民间学派。这个学派一开始就采用了类似后世秘密社会的方式组织自己的成员，并认为上天是有意志的大神，会对每个人的善恶行为作出反应。这样一来，道德修养就成了宗教的戒律。所以，墨家尽管在大秦帝国时代就销声匿迹，因为法制国家绝不允许秘密结社，但墨家的信徒们凭着他们在物理和化学上的造诣，摇身一变成了精于制造器物、炼制丹药的方士。可墨家这种特殊的组织方式也在他们心目中演化成为宗教国家的社会结构。

一开始，太平道教徒对大汉帝国存有信心，他们把实现宗教国家的希望，寄托在大汉天子的身上。前汉孝成皇帝时，国事不振，齐地有个叫甘忠可的人诣阙，献上一部叫作《包元太平经》的书，说大汉虽逢天地的大终之际，但天不弃大汉，派了一个叫“赤精子”的神仙下凡，帮助大汉重新接受天命。他不知道，大汉的立国学说是儒家思想，这种思想最讨厌有神论者。在当朝大儒刘向的建议下，以“假鬼神罔上惑众”的罪名将甘忠可下狱至死。过了些年头，孝哀皇帝即位，国事益加不堪，天子久病不起，因而甘忠可的弟子夏良贺和大臣李寻等人再次以太平道劝说天子，天子相信了，下令改号为“陈圣刘太平皇帝”，希望能够获得新生。李寻等人甚至开始用太平道的方式改组政府机构，但由于儒家士大夫们的抵抗，又由于天子的病并未因此而好转，于是几个太平道教徒人头落地。本朝孝顺皇帝时，又有一位齐地人宫崇诣阙，献上一部名为《太平清领书》的秘笈，并且声称：这部书是他的老师于吉在曲阳泉水上得到的神书，用红白两种丝帛装帧、青朱两种颜色书写，计一百七十卷，其中说的都是让帝王立刻能至于太平的法术。士大夫们看了，又定为妖妄不经，封存在国家图书馆里。孝桓皇帝因为忧虑无子，曾召见方士襄楷，这个方士又提起了这部有太平字样的书来。当然，他又遭到了拒绝。

张角多年来一直在钻研这部书籍，但和他的前辈们不同的是，他深知实现书中理想社会的力量，是广大的民众，而不是大汉的君臣。他还是一个出色的宗教活动家，不仅善于发动民众，而且会组织联络，安插耳目和钉子。因而在得到来自大汉中枢机构的信徒送来的情报之后，他马上召集几个大弟子和自己的两个弟弟张宝、张梁商议。

几个教团首领决定派出八名使者，以布道的名义，迅速联络，把教徒们按地域分为三十六方，大方万余人，小方六七千人，每方设立一个渠帅。由大方首领马元义将荆、扬地区的几万名教徒收聚起来，约在明年，即光和七年(184)到冀州南部、接近司隶校尉部的邺县集结，一举暴动。

他们之所以选择明年起事，是因为明年的干支是“甲子”，每一个甲子年都是历法的新周期的开始，可以让广大的民众相信这是新天命降临的时刻。这个时刻，象征着大汉的“苍天”将会死去，而象征着太平道“中黄太乙”神将统治天下，这个神是由代表黄帝的五帝星座正中的黄帝座加上代表天帝的太乙星座混合而成的神祇，这个神主宰的“黄天”即将诞生。于是太平道拟定新的国号就叫作“黄天太平”。

马元义向自己属下的教徒下达了命令，他自己又带着一些骨干潜入了京师。不多时，京师的小儿都会唱这样的歌谣：“苍天已死，黄天当立。岁在甲子，天下大吉。”帝国政府各大机关的大门上，不时地出现用白土书写的“甲子”二字。京师的警备长官、河南尹何进觉得蹊跷，他作了侦察，但找不到头绪，因为马元义等人每次进城，都有安全可靠的人接应。这便是将杨赐和刘陶的上书扣下不发并密报给张角的人，他们竟然是中常侍封谞和徐奉。

马元义和封、徐二人约定，明年三月五日，内外俱起。

光和七年(184)元月，发生了一件让张角意料不到的事。马元义的弟子、济南人唐周上书朝廷，告发了太平道教徒的暴动计划。在一个月黑风高的夜里，羽林军卫士和五校营的军士们在何进的率领下，包围了封、徐二位中官的府第，搜出了藏于其中的马元义。几天之内，马元义布置在京师内的党羽们纷纷被捕。马元义本人，在京师的街市广场上，被用称为“车裂”的酷刑处死。紧接着，京师闭门大索，不仅在闾里街巷搜捕张角党徒，就连帝国各大机关之中，也进行了排查，先后诛杀达千余人。

在此同时，帝国政府命令冀州刺史部的所有官吏和武装力量行动起来，缉拿张角等人。

张角采取了应急的措施，派出快马，日夜驰告各方：立即起义，以头戴黄巾作为标记。二月，张角和弟弟张宝、张梁分别自称“天公将军”“地公将军”和“人公将军”，策动冀州的教徒暴动。于是，冀州一带的安平、甘陵教徒，拘捕了安平王刘续和甘陵王刘忠；邻近幽州地带的广阳教团首领黄沙，率部攻杀太守刘卫和幽州刺史郭勋。这一系列暴动，从北部对京师形成了压迫之势。

南方的教徒以三个地方为核心，举兵响应。京师西南的南阳，是世祖皇帝的老家，这里的教团首领张曼成率众攻杀了太守褚贡。京师东南紧邻的两郡：颍川和汝南的郡城，相继被教团首领波才和彭脱率众攻陷。京师的南部也形成了威胁。

仿佛一夜之间，天下裹着黄色头巾的人头攒动，如蜂聚蚁集，“黄巾贼”攻占州郡、捕杀长官的急报，随着快马的奔蹄，涌到京师的北宫。

大　赦

三月，北宫的御前会议，已经开了好多天了，每次都是天子亲临，因为他也懂得，国家安危之际，还是靠大臣们才行。公卿们提出了先稳固京师的建议，诏令拜何皇后之兄、现任河南尹何进为大将军，封慎侯，统率京师所有的御林军和警备部队，在京师周围设置了函谷、太谷、广成、伊阙、轘、旋门、孟津、小平津八个关隘。从此，本朝又有了一个而且是最后一个大将军。

第二步，必须调动野战部队平定暴乱。可帝国野战军的精华都在西北边关抵御着羌人，无法调动。正在朝中的北地太守皇甫嵩参加了御前会议，他是本朝著名边将皇甫规将军的侄子，其父皇甫节为本朝雁门太守。这个家族世代经营帝国的边塞，野战经验至为丰富，加之家学渊厚，有文为儒宗、武为将表之称。和他的父辈一样，他不仅仅是军人，而且是有政治头脑的大臣。此刻，他站出来，向天子面陈了几条不仅有关讨平黄巾，而且有关帝国前途的战略：

首先，大赦党人，解除党禁，取得人心。

其次，将西园中所藏卖官之钱拿出来招募和赏赐军士。

再次，立即在五校营士中选拔精锐，在京畿地区招募勇士，组练军队，并诏令各地的太守、刺史们就地征兵，鼓励地方士族和豪强们自行募勇讨贼。

最后，慎选人才，将兵出战。

会后，天子还向中常侍吕强询问是否应该解除党禁。吕强说："党锢久积，人情怨愤，而这些党人在地方上盘根错节，宗族和师生的势力颇大，如不加赦免，恐怕他们会与张角合谋，蔓延开来，后悔莫及啊！现在，陛下如能大赦党人，惩治贪污，整饬吏治，则天下人心，仍归大汉，盗贼不难平定。"

天子终于采纳了皇甫嵩的全部建议。

京师选募的精勇达四万多人，朝议之后，诏拜卢植为北中郎将，讨伐北部黄巾，与张角决战；诏拜皇甫嵩为左中郎将，朱俊为右中郎将，讨伐南部黄巾。诏令各地方军队，皆受三位中郎将的节制。

卢植字子干，幽州涿郡人，才兼文武。他的文才来自他少年时的苦学，那时他和本朝最负盛名的学者郑玄一起在大儒马融的门下修习。马先生是个外戚贵胄，一点没有某些书生学者的寒酸气，上课的时候还要布列罗帐，熏香沐浴，并且要有倡女歌舞助兴。当然，这也是他考验学生意志的恶作剧之一。卢植这位身长八尺二寸，声如洪钟并能饮酒一石的美男子居然连眼珠子都没往女人身上转一下，因而赢得了先生的青睐。他的武略来自他治国平天下的志向和征抚九江蛮夷叛乱的经验。加之他在涿郡地区有威望的宗亲朋党势力和太傅、司徒、司空、太尉四府的推举，他带着由五校营士组成的军队向北进发了。

朱俊字公伟，南方会稽郡上虞人，家世贫寒，以孝道闻名。他从小吏做起，又参加过征伐交趾南蛮的战争。由于他的精干和富有谋略，依仗着他在家乡招募的部曲家兵，累积军功，至拜交趾刺史。平定交趾梁龙叛乱之后，封都亭侯，征入朝中，拜为谏议大夫。这次出讨黄巾，他的部曲也编入了行伍之中。

临行之前，朱俊上表天子，要求任命他的老部下、现任帝国下邳县丞的孙坚，担任佐军司马一职。此人字文台，吴郡富春人，在江东一带颇有英名。他十七岁与父亲乘船外出做生意，看见海盗们正在岸上瓜分抢来的财物，船主不敢前进。孙坚对父亲说："此贼可击，请讨之。"父亲对他说，你可别惹祸。可孙坚操刀上了岸，用手指东划西，大声呼叫，好像在指挥人马包围海盗。海盗们大惊，弃物而逃，孙坚追上去砍得一个首级带回船上，从此他在州府里谋到了一个警官的职位。后来又招募乡里子弟精勇千余人，讨伐会稽郡的道教徒暴乱，击破其首领——自称阳明皇帝的许昌。朝廷批准了朱俊的表奏，孙坚受命后，以他的名义征募军队，一时间，下邳、淮、泗的少年、商旅和农夫几千人响应而至。

三大将出征了，天子的紧张稍有缓解，他在思考变乱发生的原因，其中最使他不解的是，他最信任的中官当中，居然有人与黄巾贼勾结。他命所有的常侍们到自己的寝室中，把北寺狱审问封谞、徐奉的笔录掷在他们面前，没好声气地说："寡人平素与尔等，可谓共享荣华，视为一家之人。寡人常言：张常侍是我父，赵常侍是我母。尔等常说党人想要图谋寡人的社稷，将他们全部禁锢，甚至诛杀。现在，党人们依旧忠心报国，举兵平叛。可尔等反而与张角交通，尔等自己说说，该不该杀？"

中常侍们听了，一齐叩首，声称："这都是王甫、侯览两个奸贼干的，与我等无关啊！”接着，他们表示，愿意出钱赞助军队，召还各自在州郡任官的宗亲子弟。

天子听了，面色缓和，他让常侍们起来，关照他们小心谨慎，不要在国事危难之际，做出些过分的事情。再说，王甫、侯览已经作古，封、徐二人也明正典刑，勾结张角的事，死无对证。

天子斥责中官的事，朝野皆知。一些大臣又以为有了机会，纷纷上书弹劾中官，为首的是侍中向栩和郎中张钧。他们认为，百姓之所以依附张角作乱，根子在于诸常侍们放纵父兄、子弟、姻亲、宾客侵掠百姓，只需将诸常侍们的头砍下来，挂到京师的南门外，布告天下，则无需动用军队，寇乱自消。天子将他们的奏章给常侍们看，吓得他们纷纷免冠跣足，要求去洛阳狱中自首洗罪。不知怎么搞的，天子又下诏抚慰他们，让他们视事如故。没多久，向侍中和张郎中都被收系大狱，罪名是勾结张角，图谋不轨。他们都没能活着出来。

赵忠、张让等收拾了他俩之后，便又拿吕强开刀。他们告诉天子，吕强和一些党人常常在一起议论朝事，还多次地读《汉书》中的《霍光传》。这后一件事，理所当然地激怒了天子。因为霍光是孝昭皇帝的大将军，孝昭皇帝驾崩之后，立昌邑王为君。但因昌邑王荒淫无度，霍光与大臣们在宗庙之中历数昌邑王的过错，将他废黜，改立孝宣皇帝。当今天子亦为大将军所立，这是他最忌讳的事。果然，天子大怒，让黄门卫士携带兵器押吕强来见。谁知吕强也发起怒来，对卫士们说：“我一死，天下必定大乱。大丈夫尽忠为国，怎能去对簿公堂？”说完，拔剑自刎。

天子又去和太尉杨赐讨论黄巾之事，杨太尉的调子和向侍中与张郎中差不多，说根子还在中官身上。天子又不耐烦了。一个月后，以国家发生流寇为名，免去了杨太尉的职务，以太仆邓盛代之。诏令刚下几天，天子在中书翻阅文件时，忽然看到了七年前杨太尉和刘陶密报张角的奏折，天子大惊，继而感叹，马上诏令封杨赐为临晋侯，刘陶为中陵乡侯。

战　场

战事首先在南部战场展开。

皇甫嵩和朱俊各统一军，他们决定首先攻击颍川黄巾，解除最贴近京师的威胁。他们的对手是颍川太平道教团首领波才。首战并未告捷，皇甫将军在朱将军战败之后，便采取了保守的战术，进保长社，屯兵筑寨，以静制动。他需要观察对手的战法。朱将军的出战，事实上也是试探，严整的帝国正规野战部队在辽阔的野外一下子与毫无阵法但却漫山遍野的“黄巾”们遭遇，手足无措，不得要领。现在，不出皇甫将军所料，帝国的军队一扎下营寨，波才就率部下包围了长社。皇甫将军的部下见到数倍于己的敌军，大为恐慌。但只有皇甫将军和朱将军暗自高兴，因为帝国的军队已成了一只拳头，面对着聚拢起来的敌军主力，一旦打出去便能奏效。

就在此际，京师及时地派出一支精悍的骑兵作为援军，向长社进发。统领这支骑兵的将军，是帝国新拜骑都尉曹操。

曹操其实不姓曹，但也不知道原来的姓了，因为他的父亲曹嵩，是孝桓皇帝朝大长秋曹腾从民间抱来的养子。本朝从孝顺皇帝朝起，诏准中官养子袭爵。曹腾是沛国谯郡人氏，担任中官首领一职，因为他是孝桓皇帝推翻大将军梁冀行动的主要策划者。不过他在士大夫中有很好的声名，他所推荐的官僚，后来大都是著名的党人。曹操的父亲曹嵩，曾出任过帝国的司隶校尉、大司农和大鸿胪等高级职务。天子开西园卖官之后，曹嵩又出钱一亿，买了个太尉做。曹操出生在这样优越的家庭，也像一切官宦子弟一样，天资聪慧，放纵不羁，飞鹰走狗，游荡无度。他有夜入民宅的嗜好，曾经和袁绍劫持过新嫁娘，还曾私入中常侍张让的宅第，被人发现后，舞着手戟，跳墙而出。不过，他的过人之处在于他不甘于此，他好独立思考，也不愿意按常规的途径塑造自己。他钻研过经学，但博览群书，更好法家的学说。他觉得大汉如此朝纲不振的根本原因，不能简单地从道德上归之于大将军、中官或是士大夫的专权，而是整个社会缺乏法制，政府光靠道德这种表面文章无法高效率地运转局势，君主的权威也无法树立。他还有一定的远见，私下研习兵书，终其一生都在探讨《孙子兵法》，给后世留下了一部最权威的注释本。因而在其他痛恨宦官的清流士大夫鄙视他的出身时，唯独乔玄老太尉欣赏他，对他说："天下将乱，非命世之才不能济也！能安之者，其在君乎？"乔太尉还让他去找许劭，此人专门品评天下名士，他的话，无疑是最好的广告。许劭看了曹操半天，一言不发。曹操急了，一把揪住他的衣领，一定要问个明白。

许劭慢吞吞地吐出十个字："治世之能臣，乱世之奸雄。"

曹操大喜而去。

熹平三年(174)，曹操举孝廉，出任洛阳北部尉，进入仕途。这是个负责警备京师城门的官职。他一到任，就开始实践他的法家学说。在修缮了城门之后，他在每座城门中挂上五种颜色的大棒，有犯禁者，不管他是谁，即刻棒杀。连天子最宠幸的小黄门蹇硕的叔叔，因为不顾宵禁令，夜里出游，也死在曹操的棒下。由于曹操的背景，权贵们拿他无奈。后来找了个借口，将他外放到顿丘做县令去了。不久，又召回朝廷，拜为议郎。于是他又上书，要求为窦武和陈蕃平反，但如石沉大海。后来他便沉默了，他深知大汉已无可救药。

担任骑兵军官，是他戎马倥偬，在马背上度过一生的开始。

五月，波才率军围皇甫嵩于长社已多日，久攻不下。黄巾有些疲惫和松懈，但也不愿撤围。皇甫将军发现黄巾的营寨都扎在有草木的地方，大概为了战马饮食的方便。在一个刮大风的夜里，皇甫将军命军士们手持火把，突出城外，冲入敌营，点燃草木和营房，纵火大呼。喊声刚起，皇甫将军一面让人在城墙上举火响应，一面亲率兵马鼓噪而出。黄巾大乱奔跑。几天后，曹操军至，与皇甫将军和朱将军兵合一处，严阵而出，与波才的黄巾在野外恶战一场，大破黄巾。波才弃军而走，帝国军队斩首数万。诏封皇甫嵩为都乡侯。

六月，南方战场又传捷报，南阳太守秦颉击破占据宛城的黄巾张曼成部，斩张曼成。皇甫嵩和朱俊继续进击汝南陈国黄巾，于阳翟和西华大破波才和彭脱，致黄巾散乱，收复三郡。皇甫将军上表，将功劳归于朱将军，诏下封朱俊为西乡侯，迁镇贼中郎将；又诏皇甫嵩进击东郡，朱俊进击南阳。

本月，皇甫嵩击破东郡黄巾，生擒其帅卜巳，斩首七千余级。

北部战场的进展也相当顺利。北中郎将卢植以他的声望，很快在冀、幽二州组织起响应的军队。各地的太守、商人、大庄园主们纷纷纠合兵丁乡勇，讨伐黄巾。在这些军队中，有卢植将军的门生辽西公孙瓒和涿郡刘备。公孙瓒字伯珪，出身小吏，但有英雄气质，太守将女儿嫁给他并送他去卢植门下读书。后举孝廉，担任辽东属国长史。刘备字玄德，也是个英雄坯子。他是个没落贵族，虽为孝景皇帝的玄孙、中山靖王之后，可穷得靠贩卖草鞋和草席为生，与公孙瓒情同兄弟。可他不喜欢读书，喜欢狗马、音乐和时装，好结交豪侠之人。后来得到中山大商人张世平和苏双的接济，贩起马匹这种高档商品，因而他更有钱财纠合徒众。其中就有亡命于涿郡的河东杀人犯关羽，以及涿郡富户张飞。后世的史书上，说他们三人“寝则同床，恩若兄弟”。故而又被说书人演义出桃园三结义的传奇故事。

几仗打下来，张角渐不可支，退守广宗。卢将军也不马上进攻，命人在广宗城外建筑堡垒，挖掘壕堑，打造云梯。他要一举摧毁黄巾的总指挥部。战报送至京师，朝廷相当重视这场战役，天子派出小黄门左丰前来监军。左丰不懂军事，却懂得弄钱，他让人暗示卢植向自己行贿。卢将军不知是生了气还是没听明白，左丰等了几天，见卢将军毫无表示，怏怏而回。天子问他战况，他说广宗那几个贼，哪用得着这样大动干戈。卢将军分明是故意息军固垒，不是怯战，便是故意邀功罢了。

就在卢将军即将下达总攻命令的前一天，京师来了一辆囚车，把卢将军带走了。天子对卢将军发了火，卢将军一肚子无可奈何，陈述了半天，才捡了条性命。

卢植离职，中央一时无将可遣，天子只得从西北调边将。边将姓董名卓，字仲颖，陇西临洮人，粗猛有力，能在马上左右驰射，而且很有计谋，更有野心。他在羌汉杂居的边塞长大，深知羌胡的禀性。在家种田时，羌人的酋长来看他，他竟将自家的耕牛杀了招待客人，这使得豪爽的羌人大为感动，回去后让手下送了他几千头牲畜。从孝桓皇帝时，他便跟从张奂将军与羌人作战，军功卓著并组织起自己的军队，其中一大部分是剽悍的羌人。他现任帝国的并州刺史、河东太守。朝廷的诏书下达，拜他为东中郎将，命即刻进兵冀州。

八月，董卓与张角交战，钜鹿太守郭典请他沿用卢植的步步为营、包围清剿的战略。董卓与羌人打惯了，觉得这种保守的战略十分可笑。他用骑兵在野外进击，以求速战速决，谁知无法找到主力，处处挨打。朝廷下诏责问，董卓自惭形秽，承认失败，并上书请求以皇甫将军代替自己。

战事正紧，中原地区的太平道大贤良师、黄巾军天公将军张角病故。由其三弟人公将军张梁权宜军事。张梁所统部众，是冀州黄巾的精锐。

十月初，皇甫将军带着自己的部下来到北部战场并接管了卢将军的军队。开至广宗，与人公将军的军队刚一交手，就被击溃。皇甫将军马上又命闭营休战，以观其变。郭典来见，面陈董卓之所以失败，是由于不遵卢将军的战略。皇甫将军大为赞赏，马上修书，上达天子，陈述卢将军的功劳，又召来各部将校，布置策略。他说："黄巾贼人多势大，且群情激愤，不可正面交锋。仍用长社战法，固营疲敌，待其意志懈怠，再作突袭。贼多为本地人氏，地形人情皆较我军熟悉，又蜂拥而起，易为呼应。故我军必须严守卢将军之策，逐步包围，将其分割，使之无可联络，方可一鼓而奏凯歌，永绝大汉之患。"

皇甫将军下令部属仍在广宗筑营挖堑，打造攻具。这一点，他与卢将军的禀性一致：平常行军，每到一处，他必令军士认真地修立营寨，等军士的营寨修好后，他才入帐休息。军士们吃了饭，他才肯吃饭。

月底，皇甫将军突然命令倾营出动，悄悄接近敌堡。鸡刚叫头遍，声势浩大的攻城开始了。午饭时分，帝国军队的一支终于突进广宗城内，那些能在野外漫山遍地冲锋的流民军队，此时却不懂调度，乱成一团。张梁压不住阵脚，弃城而走，未出城即被皇甫将军的亲兵校尉截住斩杀。厮杀继续进行着，人公将军的流民部下虽然不及帝国军队训练有素，但英勇异常且视死如归，战至最后，无一人投降，五万多人，全部跳入广宗城东的滔滔清河水中。

残阳如血，皇甫将军和部下在黄昏的凄凉与悲壮中揩拭刀剑，清点战果，计斩首三万，焚烧车辆辎重三万余辆，其妇孺家属俘获甚众。又命撬开张角之棺，戮尸、斩首，传送京师。

十一月，皇甫将军与郭典太守乘胜进军，围逼下曲阳黄巾统帅、地公将军张宝。势如破竹，一鼓即下，斩杀张宝并黄巾将士首级十万多。

所有的头颅、战利品和俘虏、捷报悉数送往京师。在京师城南将头颅堆成一小山，又封上土，称为“京观”，请天子驾临观看。天子大喜，下诏封皇甫将军槐里侯，拜左车骑将军，领冀州牧。在接见皇甫将军和郭太守时，天子还背诵了冀州的两首民谣：

> 郭君围堑，董将不许。几令狐狸，化为豺虎。赖我郭君，不畏强御。转机之间，敌为穷虏。猗猗惠君，实完疆土。
>
> 天下大乱兮市为墟，母不保子兮妻失夫。赖得皇甫兮复安居！

天子对其他公卿们说：“此二首谣谚，为冀州百姓歌颂郭典及皇甫嵩而作。本朝自孝武皇帝以来，遵依周礼，采风观俗。世祖皇帝以降，本朝以民谣为地方官吏的考核标准，但声望之高，未及于此。”

天子再糊涂，可对文学的兴趣与修养却让群臣称许。

天子问皇甫将军：“寡人委将军为冀州牧，将军有何见教？”

“冀州刚遭战乱，惟需休息。请陛下恩准免除冀州一年田租以赡济饥民。”皇甫将军请求道。

天子依可。接着诏令朱俊将军迅速结束南方战事。

宛城是兵家必争之地，南阳郡府所在。张曼成部溃散后，黄巾又推赵弘为帅，聚集十余万众，重新拔下宛城。自六月份起，朱俊将军合荆州刺史徐璆及南阳太守秦颉所部仅一万八千人包围了宛城，打算在这里与南阳黄巾决一死战。但直至八月，战事仍无进展。因为这一万八千的精兵，无论如何也啃不动十多万人的流民军队。

朝中有人提出征回朱俊，以失职罪起诉他。但司空张温上疏极力陈述，他认为从前秦用白起，燕用乐毅，皆旷年历载，才建奇功。朱俊攻破颍川黄巾，已有功效，现又麾军直指南阳，战略已定，临阵易将，乃兵法所忌。宜给以时间，责其成功。

诏书到达，朱俊将军犯了急，下令部下猛攻不已。赵弘被杀。

黄巾残部又推戴韩忠为帅，坚守宛城。朱将军考虑到自己兵力太少，便决定攻其一点。在城西南角筑堡垒，鸣鼓攻打。黄巾也相应地将兵力集中到西南防御。战酣之际，朱将军亲率精锐从东北攻打。冲破外城。韩忠退守内城，惶恐之下，乞求投降。当时，司马张超、刺史徐璆、太守秦颉认为可以受降。可朱将军说："战争有形势仿佛但处理方式相异者，秦末，民无定主，故而奖赏归顺者以鼓励投降；可现今海内一统，只有黄巾敢于犯上作乱，此际如果纳降，则无以惩恶扬善，反而开启动乱之端。贼人利则进攻，败则乞降，放纵敌人长期寇略，绝非良久之计。"

应该说，朱将军的意见极富战略眼光。可一连许多天的急攻，仍不见成效。朱将军亲自登上城外的土丘观望动静。回来后，他恍然大悟，对部下说道：

“我知道了，贼人现在见我逼迫太紧，乞降无望，故而打算决一死战。万人一心，犹不可挡，何况十万人呢？现在我命令撤围，并兵一处，从一点进攻。贼见围解，必奋力从一角突出，突围之际，众心必定离散，此乃易破之道也。”

果不出朱将军所料，黄巾韩忠部一哄而散，争先逃命。朱将军乘胜追击数十里，斩首万余级，韩忠投降。太守秦颉气不过，亲自斩杀了韩忠。这下又惹了麻烦。刚刚被击散的黄巾们听到这个消息后，在孙夏的号召下，又聚集成势，一路杀回宛城，将帝国军队赶了出去。

朱将军大动肝火，命令军士们不得休息，再攻宛城。佐军司马孙坚身先士卒，登上城墙，冲开缺口。宛城再次被攻陷。孙夏仓皇逃出。朱将军一路穷追不舍，至鄂精山斩杀孙夏及其所部万人。

南阳黄巾破散。由张角发动的各部黄巾遂平。朱将军振旅还朝，封钱塘侯，拜右车骑将军、光禄大夫。

五斗米道

十二月，大赦天下，改元中平。

中平这个年号，只不过是大汉帝国的自我安慰罢了。从此以后，大汉帝国就没有一年太平日子了。

本年七月，当董卓代替卢植讨伐冀州黄巾之际，益州巴郡的五斗米道，在又一位姓张的领袖策动下，攻占了郡城。五斗米道是太平道的一支。益州四面险要，但太平道却传播甚快。张角发动中原黄巾之际，益州有不少号称黄巾者与之响应。张修和张角一样，也用治病的方法传播太平道。不过，他自称“五斗米师”，因为他让病家出五斗米入教，并在一间静室之中思过忏悔，然后将罪过写成三份，一份埋于山上，一份埋于地下，又一份沉于水中，称为“三官手书”。教团之中，设“祭酒”“鬼吏”，前者传习道经，后者为人治病。他们的道经不是《太平经》，而是《老子》，祭酒们按照宗教的思想重新解释这部哲学著作，使之成为宗教圣经。经过几代祭酒的解释，后来形成一部称为《老子想尔注》的道经。张角被杀之后不久，张修之乱，也被益州地方官吏及豪强们平定，张修身亡。可他的五斗米道却变本加厉地传播着，以至几年之后，他的教徒们终于在汉中建立了一个标准的宗教国家。

和张修一样，张角的徒众虽被击破，但宗教的纽带仍将他们联络在一起，只要有流民集中的地方，就有太平道在传播，一旦有所激发，立即生变，只不过不及张角的规模罢了。帝国的山谷、边境、州郡，布满了割据的黄巾。主要有河北博陵人张牛角、河北常山人褚飞燕，以及黄龙、左校、于氐根、张白骑、刘石、左髭丈八、平汉、大计、司隶、掾哉、雷公、浮云、白雀、杨凤、于毒、五鹿、李大目、白绕、眭固等人，他们的奇怪姓名，有的至今无法破译。大致上于氐根、左髭丈八为多须者，雷公、大目为声大、眼大者，白骑、飞燕为骑白马与身轻如燕者，平汉、白雀为宗教名称者。他们的根据地是以黑山为中心的河北上党、赵郡、中山、常山、河内等地的山谷地带，各部少则六七千人，多则两三万人。张牛角战没之后，众人推褚飞燕为帅，改姓张。统众计达百万。所在各郡，都惮怕轻勇矫捷的张飞燕，称之为“黑山贼”。朝廷与之交手多次，皆因其战术灵活，无法制服。

朝廷正为此事犯愁之际，张飞燕自己找上门来，主动归顺朝廷。朝廷息事宁人，把朱俊将军决不受降的策略抛至一边，授予张飞燕平难中郎将的高级军事头衔，统领河北山谷诸部，还可把持地方的官吏选拔。张飞燕有点像以后大明朝的张献忠，投降只是他的策略。他一旦取得合法地位后，就开始有步骤地扩展势力，部署向京师进逼的战略。朝廷不得不又一次地烦劳朱将军去解决。

机变与隐患

豫州刺史王允，字子师，太原人。十八岁时即得到郭泰的赏识，说：“王生一日千里，王佐之才也！”十九岁为郡中小吏时，他就敢收杀回乡搜刮民脂的小黄门赵津。张角之乱时，朝廷拜其为豫州刺史，讨黄巾。他与卢植、皇甫嵩配合，连战告捷。他征辟的两名助手皆是天下的名士和党人，一个叫荀爽，字慈明，战国大哲学家荀子的第十二世孙。荀氏为颍川大族，其父荀淑为孝安皇帝时郎中，李膺、李固的老师。荀爽兄弟八人，并有德行才名，而他最为突出，时号“荀氏八龙，慈明无双”。他是一个经学家、史学家和哲学家，有《公羊问》《汉语》和《新书》等著作传世。另一个助手则是孔融。王允击破黄巾达十万之众，在审问俘虏时，他发现了中常侍张让派自己的宾客与黄巾勾结的书信。

天子收到了王允送来的这封信，把张让、这个被自己称为父亲的大太监叫来，大光其火。张让叩头认罪，又巧言令色地为自己开脱了一番，天子的脸色缓解，叫他一边去罢。

没多久，张让叫人给王允编了个罪名，将他从任上逮捕下狱。第二天遇上朝廷颁布大赦令，王允复职。可不出十天，囚车又到了他家门口，他的好友杨赐大人知道这一去京师，必当受尽折磨，让宾客随车而来，送他一封信，暗示他自杀了事。王允的门客和僚属流着眼泪给他递上毒药。谁知王允没有西方大哲人苏格拉底的修养，一把将药碗打翻，厉声说道：“我乃朝廷大臣，如果获罪于天子，应当受大辟之刑以谢天下，岂能服毒自裁?”说罢，登上囚车。到了京师，在杨赐、袁隗等公卿的营救下，他才得以减去死罪。后又遇大赦，王允出狱，他担心中官们追杀自己，于是更变姓名，隐匿他乡。

次年，天子在大长秋赵忠和中常侍张让的建议下，诏令增加税收，天下田亩，每亩十钱。又诏发州郡送木材文石于京师，修缮宫室。所有授予官职的人员，必须出资赞助军队。因为这一年的仗打下来国库资财荡然，天子的西园小金库的银根也吃了紧，天子害怕哪天又出乱子，或者又有个皇甫嵩站出来，要他将西园的钱拿出来筹建军队，于是他改变储蓄方法，把钱存放到中常侍和小黄门家里，每家代为保管几千万。他还懂得投资，让小黄门为他在故乡河间国买田造屋，置办能够升值或者保值的不动产。

钜鹿太守司马直刚刚接到委任状，就让他交钱，还说因为他有清名，可以减免三百万。司马直怅然地叹道："为民父母而反割剥百姓以求官，吾不忍也。"上书辞官。朝廷见一大笔钱没了，下令不得辞职。司马直行至孟津，上书朝廷，极陈国家将亡之征，吞药自杀。消息传出，朝野震动，天子不得不暂时免征修宫室的物资，以缓民力。

三月，崔烈担任帝国司徒。他是冀州的名士，又出身书香大族。他的祖父崔骃、叔父崔瑗皆为名师宿儒，受到朝野的尊敬。其堂兄崔寔，帝国的辽东太守，著名的政治学家，所作《政论》被誉为帝王准则。他为官清廉，家徒四壁，死时子孙无力安葬，靠杨赐、段颎和袁绍的两位叔父袁逢、袁隗出资下土。崔烈本人历任郡守，官至九卿。他感到崔家应该出一个位登三公的人，他打听了一下，买个司徒，要出钱千万。这时天子的保姆程夫人让人通知他，她可以搞到优惠价。最后，崔烈出了一半的钱给程夫人。不几天，天子就大会公卿，拜他为司徒。在典礼之中，天子有点后悔，对左右中官说："悔不该如此，不然可以搞到一千万。"

程夫人一听，急了，大声地对天子说："陛下，崔公乃是天下的名士，怎么会花钱买官？因为我的缘故，才得以位列三公，这难道不是件美事吗？"

话音刚落，公卿哗然。靠一个妇人得官，还不如花几个钱呢。

一天，他的公子、虎贲中郎将崔钧穿着盔甲从军营中回家，崔烈叫住儿子问道:“我位居三公,外边议论如何?”

“父亲大人少有英名,历任卿守,外人从没说过大人不当登三公之位,可现在您登了三公之位,天下人却大失所望。”

“这是为何?”

“天下人嫌您身上有铜臭!”

崔烈听了,大怒。举起手杖向儿子打来。崔钧狼狈而逃,身上的铠甲哗哗作响。

崔烈骂道:“你这个送死的大兵,为父打你就跑,这是孝顺吗?”

儿子答道:“从前大舜侍奉父亲,小杖则受,大杖则走,非不孝也!”

崔烈不追了,和儿子相比,更觉惭愧。

过了些时候,天子想巡视故乡。这个计划出于多方面的考虑,一则天子很想念故土;二则河间在冀州境内,黄巾平定,天子可借此举宣扬朝廷威信。诏下冀州刺史王芬,准备接驾事宜。

王芬回到家中,秘密召来了两个人,一个是陈逸,故太傅陈蕃之子,北宫事变之后,他一直在流窜,近年隐于王芬家中;另一个便是有太平道理想的方士襄楷。他将这道诏书递给他们看,并说:“这该不是天赐良机吧?”

密谋在继续,参加的人越来越多,骨干分子还有南阳人许攸、沛国人周旌。襄楷说:“我夜观天文,不利中官。可以利用天子此行,诛灭中官。”

王芬说:“如果真是如此,我愿倡导天下,废掉天子,另立明主，以拯救大汉。”

最后，他们订立了联络豪强，以武力劫持天子，另立合肥王为君的计划。他们还上书朝廷，声称黑山贼攻劫郡县，要求朝廷准许在冀州一带招募兵勇。部署起了军事。

曹操接到了他们的书信。自平定黄巾后，他以战功升迁济南相，又在境内以严法治理，并且断绝各种不合帝国教化的包括能引发太平道的各类地方宗教信仰。不久征还京师，授东郡太守。他知道这又是哪个豪强告到中央去了，于是他干脆如了人家的愿，自觉地上表称疾辞职，回到故乡谯国，在县城外筑室一间，春夏习读书传，秋冬弋猎，以此娱乐。

曹操读信后，怦然心动。他思考了整整一夜，次日，让信使带回复书。

信中告诉王芬，此举不能成功，因为废立之事，是天下至为不祥之事。古人能干下这种事情的，只有伊尹和霍光，因为这两个人都居宰臣之位，心怀忠诚，手握重权。就大汉的霍光而论，他能废昌邑王，在于他受先帝之托，而且昌邑王即位没有几天，不成气候。以此观之，你们自度比伊尹、霍光如何？合肥王的声望比汉初叛乱的诸侯王们如何？当今天子比昌邑王如何？

和曹操同时接到联络书信的还有平原人华歆和陶丘洪。华歆字子鱼，他与陶丘洪俱为平原郡的名士，可陶丘洪自以为识过华歆。在接到书信后，陶丘洪主张响应，而华歆则持与曹操一样的态度。

果不出曹、华二人所料，有人将消息报入京师，天子下诏王芬速罢招募冀州兵马。又诏王芬入京朝见。

王芬自尽,政变流产。陶丘洪服了华歆。

此事对曹操触动相当大,他后来挟天子以令诸侯的灵感,可能受这件事的启发。

华歆后来成了曹操的重臣,这是后话了。华歆和同郡的管宁、邴原俱以颍川陈寔为师,三人号为"一龙",华为龙头、邴为龙腹、管为龙尾。不过,有一天,管宁与华歆断了交。因为这天他俩一起读书,有个大官坐着豪华车子经过门外,管宁看都没看一眼,而华歆不仅看呆了,而且啧啧称叹。管宁马上用刀将他们同坐的草席从中间割开。管宁一生都没有去蹚官场的浑水。

这年六月,天子以讨平张角之功,封张让等十二名中常侍为列侯。诏征左车骑将军皇甫嵩还京师,收回将军印绶,削其食邑中的民户六千,原因是连战无功。这令朝野大惑不解。

只有皇甫将军心中明白,平定张角后,他班师回朝,经过赵忠在冀州的庄园,觉得奢侈过分,回来后上书天子,要求予以没收。于是赵忠给了自己眼下的报复。

皇甫将军回到府中,老友、汉阳人阎忠来见,对他说:"难得而易失者,时也;时至而不旋踵者,几也。故圣人顺时而动,智者因几而发。今将军遭难得之运,蹈易骇之机,而践运不抚,临机不发,将何以保大名乎?"

皇甫将军听了,如坠云雾,不解其意。

阎忠又说:天道无亲,并不一定保佑谁,而是看天下百姓的意志来选择天子。今将军建不赏之功,威震本朝,风驰海外,虽汤武革命,也不及将军。可将军有此声名,却侍奉着庸主,现在已经夺印削户,这样下去能保全身家性命吗?

皇甫将军听明白了,老朋友劝自己做的是改朝换代的大事业。可皇甫将军的修养太好,他无法跨出这惊心动魄的一大步。他装作没听懂:“夙夜在公,心不忘忠。何故不安?”

阎忠仍很耐心地向他陈述形势:将军之言不完全对。当初韩信为报答高皇帝的小恩小惠,放弃了时机,等到利剑临喉,悔之晚矣。当今天子昏昧无能,将军只要振臂一呼,不要说是天下英雄,就是女子儿童,也知道响应。何况现今中官日日进献谗言,如不早图,祸即临身。上天早已抛弃大汉,顺天应人,除了将军,还有何人?

皇甫将军听着听着,害怕了起来。忙用手势制止住老朋友:乱世的谋略,不可用于太平安定的世道。创业的大功,也不是我这样的庸才所能做到。能安天下,就不当乱天下。我只求保持好的名声,死且不朽。老兄的话,到此为止吧!

阎忠沉默了好一会儿,长揖而别。从此不知去向。

皇甫将军一连几天都在思考阎忠的话。自己说能安天下,但天下还能安吗?天下不再能安了,这里的原因,除了天子、中官胡作非为,除了民众的叛乱永无止息,除了大汉已丧尽民心,还有一个很重要的因素,这与自己有很大的关系,那就是自己提出的平定黄巾的四大战略中,有鼓励地方官吏和士族豪强们招募军队这一条,加之朝廷为讨平黄巾而招募的精勇,现在都掌握在将军们手中。这些人的身边,难道就没有阎忠这样的人吗?难道能够保证他们也像自己一样，坚决拒绝吗？圣人说："人心惟危，道心惟微"，老子亦云："国之利器，不可以示人。"今兵端已启，就不可罢休了。

他告诫自己，如果天下大乱，一定要保持名节，但也要达观顺变，因为大汉确实该亡了。

七月，京师周围发生了相当严重的蝗灾。飞蝗遮天蔽日而过，所经田亩颗粒全无。接着又是一场冰雹，京师笼罩在恐慌和凋零的气氛之中。

十月，临晋侯杨赐薨。天子素服，三日不朝。赐东园棺木，诏令帝国军乐队和羽林骑士鼓吹护驾，公卿百官送葬，谥文烈侯，以其子、侍中杨彪袭爵。

杨赐，是天子一生中最后一位老师。尽管天子将他和陈蕃、蔡邕看成一类人物，无甚好感，但天子毕竟是三十出头的人了，黄巾之乱，又使天子多少有了些辨别是非的能力，他看到朝堂之上，老臣渐去，不禁有些失落。

第五章 烽火狼烟

秋风萧萧愁杀人，出亦愁，入亦愁。

座中何人，谁不怀忧？

令我白头！

胡地多飙风，树木何修修！

离家日趋远，衣带日趋缓。

心思不能言，肠中车轮转。

——汉末边塞歌谣

凉　州

皇甫嵩将军开始于中平二年(185)六月与阎忠谈话之后的担忧不是没有道理的,特别是对在平定叛乱中武装和强大起来的帝国军队及其统帅们的担忧。因为,皇甫嵩将军出身边将家族,他知道,黄巾动乱之前,帝国就在周边地区与其他民族进行了长期的战争,这些战争比黄巾之乱的规模要大得多,因而锻炼出一大批勇敢善战的军人和将领以及地方豪强。他们当中,既有像皇甫家族这样的忠诚于大汉的鹰犬,也有武装到牙齿、嗜血成性的豺狼。他们甚至会和敌人联手反叛主人,或者,放纵敌寇,胁迫主人。

就在皇甫将军攻破冀州黄巾之际,即中平元年(184)十一月,边郡北地郡的先零羌和陇西郡枹罕、河关二县的武装民众,公开反叛帝国,他们的军事首领是金城郡湟水一带归附大汉的月氏胡人北官伯玉和汉人李文侯,政治领袖是金城郡的富户豪强边章和韩遂。叛军击杀了帝国西北边郡的军政长官、护羌校尉泠征和金城太守陈懿，并攻打四周的郡县，向帝国的核心地区逼近。中元二年三月，叛军东进，寇略旧都长安附近的左冯翊、右扶风以及京兆尹三辅地区，朝野震动。诏令左车骑将军皇甫嵩出镇长安，讨伐叛军。

就在皇甫将军厉兵秣马之际，由于开罪大长秋赵忠的事情，他在六月份被夺印削户。好在朝廷委派了司空张温出任车骑将军，以执金吾袁滂为副，拜董卓为破虏将军、周慎为荡寇将军，并辖于张温。这个阵容，皇甫将军还比较放心。

他解甲回府，不过他并不闲着，他在等待，等待他出马的那一天，这一天一定会来的。

一天，从他的家乡安定郡来了个人，自称是王符的家人。皇甫将军一听，马上让他进来。这是个中年人，穿着丧服。他对皇甫将军说："家父过世前，嘱咐我将他的著作带给将军。"他解开一只布囊，拿出几大捆竹简。

这位过世的人字节信，是帝国西北边陲的大儒、思想家和政治理论家，他是马融、张衡、崔瑗等大学者的朋友，也是皇甫将军已故的叔父皇甫规将军的挚友。当年皇甫规将军解官回乡，太守来了都不见，而王符一到，将军竟然惊遽而起，衣不及带，倒履出迎，援手而入，同坐欢语。思想家不愿让自己的精神受到世俗的束缚，更不愿意让纯洁的理想去碰撞污浊的现实，所以他甘心做一个隐士，用他自己的称呼，叫作"潜夫"。可这个隐士并没有远离尘世，娱情山水，而是观察、思考、写作。他将毕生的思想，写成一部巨大而系统的著作，对大汉帝国的政治、经济、文化、军事、风俗和社会生活等各个方面都作了批判。皇甫嵩将军如获至宝地打开了竹简，书名一下子映入了眼帘：《潜夫论》。

由于是帝国的边民，王符在《潜夫论》中，特地用了四个章节讨论了帝国的边患问题，分别命名为“劝将”“救边”“边议”和“实边”。这，引起了皇甫嵩将军更为浓厚的兴趣。

多日的研读，令皇甫将军思绪万千。他觉得王符的议论不仅面面俱到，而且一针见血。羌人之乱以及现在酿成的整个西北凉州的羌、胡、汉多民族的地域性大叛乱，其根源在于大汉帝国一开始就在战略上采取了放弃凉州的收缩政策。《潜夫论》中指责了孝安皇帝永初年间羌人叛乱时，公卿们主张捐弃凉州、退保三辅的思想。这使皇甫将军想到北宫伯玉寇略三辅时，朝廷委任自己出镇长安的那场御前会议。

那天，天子大会公卿百官于德阳殿正殿，他的焦虑，不减于听到黄巾之乱的消息。不过，天子的精神大不如那一次了。皇甫将军并不认为这是由于黄巾等危难的国事，让天子操劳至此，而是他的荒淫无度，与他的叔父孝桓皇帝如出一辙。三十出头的年轻人，孱弱削瘦，脸色灰青，毫无血色，许多老臣仿佛又看到了先帝。如果说，孝桓皇帝是因为没有子嗣而听信方士们的教唆，把身子搞得一塌糊涂，当今的天子则完全是出于刘氏皇族腐朽的遗传天性，以及从小依赖宦官的生活。

第一个站出来发言的是司徒崔烈，他重弹放弃凉州的老调，把出生于边塞北地郡的议郎、曾任朱俊将军护军司马的傅燮将军气得暴跳如雷，他顾不得体面和身份，厉声喊道：“斩了司徒，天下乃安！”

主持朝仪的尚书马上出奏傅燮廷辱大臣，要求天子按罪论处。

天子没有动怒，他对这个身长八尺的伟岸将军有比较深的印象，此人在跟从朱俊讨伐黄巾时，曾上疏陈述黄巾的乱源在于朝廷奸人太多，中官弄权。因为这个，得罪了大长秋赵忠，傅燮没有得到封赏。故当大长秋进一步提出要治他的罪时，天子亲自阻止了这件事，诏拜议郎。天子问他何故出此耸言？

“孝惠皇帝朝，匈奴昌顿单于触犯大汉，樊哙将军为之稍加开脱，季布将军犹言：‘樊哙可斩’。如今凉州居天下要冲，是国家的藩卫。高祖皇帝初兴之际，就委派郦商将军为陇西都尉，专门负责平定北地郡。孝武皇帝开拓边境，于元狩二年降匈奴浑邪王。太初元年，置酒泉、张掖二郡；四年，又置匈奴休屠王领地为武威郡；后元元年，再分酒泉郡置敦煌郡。这一切举措，在战略上都是为了斩断匈奴的右臂，打通大汉西北的道路，安定大汉西北的边陲。而今边郡的牧御官吏们，贪赃失和，使得整个凉州刺史部发生叛乱，而崔烈身为宰臣，不念为国家考虑平叛之策，反而要割弃一方万里之疆土，臣私下大惑不解！如果让羌人这样的披发左衽之虏占据凉州，待到他们士甲坚劲，因此为乱，这是天下的至虑、社稷的深忧啊！倘若崔烈不知此中厉害，这是他的愚蠢；倘若他知道这一点却说出这种话来，则是他的不忠！”

傅将军的振振有词使得天子和公卿们下了平定凉州的决心。

对西北采取放弃的政策，是从世祖光武皇帝光复本朝以后开始的。这与高皇帝开创的大汉帝国风格迥异，特别是与孝武皇帝一朝北击匈奴、开拓西域的雄武气魄大相径庭。以国力论，本朝并不逊于前汉，而且，本朝还曾经动用了小部队和几个勇敢的使者，就成功地迫使王莽篡汉时期纷纷背叛大汉而投向匈奴的西域诸国重新归顺。这便是本朝大学者和历史学家班彪先生的小儿子班超创下的伟业，他年少时就不愿意像他的哥哥班固一样继承父业，做个文人，于是他扔掉笔，穿上了军装。此外，本朝安丰侯窦融之侄、光禄勋、车都尉窦固，其曾孙、外戚大将军窦宪，都曾于孝明皇帝朝和孝和皇帝朝大破匈奴和西域叛国，取得了辉煌的胜利。从地理上看，这些被征服的地区尚在凉州的西北，而且大汉还在这些地域设置了行政机构和卫戍区。再则，居住在凉州的羌人比起匈奴和西域诸国来，其文明进化、部族人口以及武装力量都落后一大截。《潜夫论》中说羌人开始叛乱时，“党羽未成，人众未合，兵器未备，或持木枝，或空手相搏，草食散乱，未有都督，甚易破也。”又说：“虏或持铜镜以像兵器，或负案板以类盾牌，惶惧扰攘，未能相持。”

为什么大汉竟然对付不了这样的敌手？为什么甘心让羌人扰乱凉州，再次切断大汉西部的通道，丢失了班超和窦宪的成果？又是为什么，大汉的子民也参加了凉州的叛乱？

两都赋

冰冻三尺，非一日之寒。

推究起来，首先要追溯至世祖光武皇帝的立国姿态。

从周武王灭商那个遥远的年代直至大汉，所谓中国，指的是黄河中下游流域，其政治和文化中心有两个：一是华山以西、渭水流域的长安一带，当时叫宗周；一是华山以东、洛水流域的洛阳，当时叫成周。华山在她们之间设置了天然的关隘——函谷关，所以习惯上又称长安一带为关西或关中，洛阳一带为关东或山东。长安一带，周、秦时皆为都城。这不仅因为这两个国家根源于此，而且因此地有着高屋建瓴的军事地理优势，渭水流域富饶的大平原、函谷关的天险，使之成为进退有据的地区。而洛阳的营建始于周公，最初的目的，是作为来自关西的征服者周人，控制关东商代遗民以及其他各个氏族的军事据点。由于周公是中国历史上制礼作乐的圣人，加之洛阳被认为是天下之正中，西周被戎狄扫荡以后，洛阳就成了都城。这个都城，更多地具有文化象征的意味，因为她的军事价值远逊于长安。

高皇帝是楚地沛县人，他和他的战友们都是关东人，尽管他们曾经打进秦都咸阳，但他们不想去远离故土的关西享受高官厚禄；再则，高皇帝想开创一个在声誉上比得上周代的帝国，因而他决定以洛阳为都。可谋臣们不让，原因是天下初定，并不安宁，洛阳的规模又不及秦帝国的旧都。一个叫娄敬的谋士对高皇帝说："陛下您取天下的方法和周文王、周武王不同，他们是以德服人，因此可以不依靠天险。而您得天下，杀了这么多的人民，使天下人肝脑涂地，已经谈不上有什么仁德了。不如现实一些，入据关西。陛下您也曾和人打过架，应该知道关键在于卡住对方的脖子，摁住对方的背吧？进了关西，您就算是卡住天下的脖子，摁住天下的背了。"

高皇帝粗暴地说服了他的战友们，车驾幸关中。到了关中，高皇帝很高兴，硬让娄敬改姓了刘，因为高皇帝的家乡土话中，娄和刘本来就发一个音。不过，高皇帝的思乡病还是加重了，最后臣下们只得在长安城里造了一个和高皇帝老家一模一样的村子，并将他的老父亲和一些穿开裆裤时的朋友们安置在里面，给高皇帝提供了一个仿真旅游景点。

事实证明，关西的武力加上关东的经济文化，相得益彰，所谓"关西出将，关东出相"，造成了大汉空前的强盛。特别是对付西北匈奴、羌、胡等民族的入侵，关西有着不可替代的支撑与震慑作用。大汉也同样重视洛阳的枢纽地位，从孝武皇帝起，分天下郡县为十三州，每州设刺史一人，作为监察官员，代替中央巡视所在郡县的吏治。其核心地区归司隶校尉部，所辖七郡包括了长安至洛阳的狭长地带，洛阳作为大汉东都的观念随着儒学在大汉的确立而深化，因为这是周礼和德治的象征。

光武皇帝也不是关西人，他的家乡南阳与洛阳靠得很近，即皇帝位后，进了洛阳。他认为一个好的国家并不一定以拓土开边为事业，而是达到德治的境地。有一天，光武皇帝在披阅地图时，也曾感慨自己的国土尚不够辽阔，马上，太傅邓禹就告诫他："古之兴者，在德厚薄，不以大小。"可一个叫杜笃的人写了篇《论都赋》呈上来，说关西是守卫国家的利器，不可以久虚。一些故国老臣也伫立西望，书生加上买卖人出身的光武皇帝没有乡村流氓出身的高皇帝那么粗暴，他利用了广告和信仰的手段，让人造谣说洛阳发现了神雀凤凰等祥瑞，留住了人们。由于光武皇帝相信谶纬学说，这一学说认为天下的帝王兴替都按照木、火、土、金、水的五行相生次序，大汉禀承的是火德，火与水相克，因此帝国政府下令洛阳的洛字一律写成"雒"。直到孝章皇帝朝，还有人想念长安，于是朝廷让班固写了篇《两都赋》，在比较两座都城时，玩弄写作技巧，抬高了洛阳的形象。

可是，大汉从此失去了关西的好处，人们也渐渐忘记了关西。而关西也得不到关东文化和经济的润泽，渐渐衰萎。

关西的故都都可以放弃，何况是更加遥远的凉州呢？

夷夏之分

严格地说来，羌人的暴动是叛乱，因为这是大汉帝国内部的民族问题，而不是外来民族入侵造成的边患。

这和前朝的匈奴问题不同。尽管太史公司马迁认为他们是夏后氏的苗裔，但事实上匈奴是一个由境外游牧民族组成的对等的国家，这个国家与大汉这个农业民族组成的国家碰撞之后，像是大漠上的风暴，来得迅猛可怕，但终不能持久。到了本朝初期，匈奴分为南、北两部，南匈奴归顺并进入大汉的边塞定居；北匈奴则继续保持原有敌对的状态，他们时而犯境，时而求和，目的都在于要从大汉得到生活必需品和一些奢侈品。大汉为了对南匈奴讲信用，没有接受北匈奴的求和。孝明、孝章皇帝时代，北匈奴与大汉展开了争夺西域的战争，终于在永元三年(91)金微山一战中，大汉取得了彻底的胜利。汉军出塞远达五千里之外的漠北，匈奴的主体走上了西迁的道路，而且不知所终。直到 4 世纪 70 年代，一支号称“匈人”的骁勇善战的骑兵部族出现在欧洲东部的哥特境内，几战之后，哥特人被他们赶到了多瑙河以南的罗马帝国境内，哥特人无奈，只得与强大的罗马帝国争夺生存空间，罗马皇帝战败身亡。匈人在现在的匈牙利平原上建立了国家。对于欧洲来说，这是一场比成吉思汗更早的“黄祸”，这场从亚洲来的风暴加快了西罗马帝国和西欧古典奴隶制度的解体。当然，这个事实，直到 18 世纪才由法国学者德・揆尼发现，19 世纪末才由大清帝国的访俄使者洪钧得知并介绍给国内的史学界。

至于羌，则和南夷、百越等南方民族一样，一开始，就是居住在大汉行政疆域内甚至在很大程度上是与汉人杂居的少数民族。

中国人分别民族的方法相当的独特，也就是说，根本不采用人种学的自然分法，而是采用文化学的分法。他们认为一切人类都来自一个祖先，因而没有必要按照血缘关系划分不同的种族。大汉帝国著名的历史学家司马迁、班固，在他们名彪青史的著作

《史记》《汉书》里，将包括匈奴在内的一切周边民族，都说成炎黄子孙。所谓不同的民族，在他们眼里，仅仅是生活方式不同的社会群体。这样，在汉人的四周，就划分出东夷、南蛮、西戎、北狄四大异族群。当然，汉人有极大的优越感，他们认为吃五谷、穿衣服、有君长是汉人的专利，只要一个异族人按这种方式生活，就可以视其为汉人；相反，只要一个汉人按异族的生活方式生活，则视其为蛮夷，这就是很多异族汉化后反而能够成功地统治汉人的原因。不过，汉人虽然有着文化上的优越感，却不把自己的生活方式强加给周边的民族，据说大禹到了一个族人裸体的异族地区，便脱了衣服进入。中国的文化圣人孔夫子甚至认为汉人的文化也是从蛮夷那里发展而来的，他在指导学生研究礼仪风俗时，告诉他们："礼失求诸野"，也就是说，如果找不到一种风俗礼仪的来源，就去土著民族那里看看吧。汉人将天子居住的京城作为圆心，向外围画了五个同心圆表示汉族的政治和文化应该统治和波及的范围，即：甸服、侯服、绥服、宾服、要服。最外面的要服，是归顺汉人政府的异族居住地区；要服之外则是荒服，那是蛮夷的世界，中国天子不能去管。按照这个说法，匈奴属于荒服，羌人则属于要服。汉人如此机械地划分，旨在说明不同的治理方式，对于要服的管理只能是相当松散和象征性的。如果要服乃至荒服的少数民族主动归顺中国，则被看作政治昌明的象征，所谓"远方来服"嘛。中国的天子在登基乃至各种国家庆典中，都要表演少数民族歌舞，陈列少数民族进贡的鸟兽珍宝，招待和赏赐少数民族的酋长，用来粉饰太平。

这样的民族观念决定了大汉对境内民族问题的做法是矛盾的：一面将他们视为同类，有责任去安抚他们，给他们种种便利，希望他们归顺大汉；一面又觉得他们是大汉的负担，要放弃他们。

羌族史诗

羌人几乎和汉人一样古老，商周时代就自中国的西部而来，其中一支很大的单一聚落可能向青海高原和西藏高原迁徙，成了现今西藏人的祖先。大汉的历史学家认为他们出自姜姓，即炎帝的后代。《诗经》里面说周人的老祖母叫作姜源，可能就是羌人，不然，孟子为什么要说周文王是西羌人呢？

不过，与周人的联姻并未改变他们的生活方式，他们一直以松散的游牧部落的姿态向东推进。他们的风俗在《后汉书》中被描述成没有一定居所，依随水草，地少五谷，以牧产为业。又以父名或母姓为氏族的种号，十二世后便可以相与交婚。为了要保持种族的人口繁衍，他们实行多妻制，并且父死之后，儿子以其后母为妻；兄死之后，弟弟以其嫂嫂为妻。他们的社会结构也保持了先民们的方式，没有君臣上下，强健有力的部落酋长则为领袖，弱小的则主动成为依附。整个民族崇尚勇力，以抄掠其他部落和民族为荣，氏族内部只有杀人偿命一条法律，以战死为吉利、病死为不祥。在军事上，善于在山谷地带打突击战，而不善于在平原地带打持久战。由于处于西方寒冷地区，妇女能在风雪之中生育。

这些风俗让汉人看了毛骨悚然，但也很敬佩；汉人的学者称赞他们生在西方，得了五行中的金气，因而刚坚勇猛。

他们曾帮助周武王伐商，但后来又像潮水一样涌向中国内地，到达现在的陕西、山西和河南地界，当时中国称他们为戎人。几乎所有的诸侯都与他们发生过战争，但见效甚微，最终，西周最后一个天子被他们杀掉，周王朝迁都洛阳，开始走下坡路了。但随着中国几个诸侯国的强大，以霸主的身份组织起多国部队，特别是西方强国秦国在穆公的领导下崛起，羌人渐渐又向华夏的边缘地带退却。至战国末期，中国的戎患基本上消除，只有秦国的边境上尚有一支号为“义渠”的羌人部落，屡败秦人。

终于在秦昭王即位之际，秦国的宣太后决定舍身救国，为后代除去隐患。她用自己的美色勾引义渠王来宫中私通，可能在此过程中，她感到义渠王确实是条汉子，加之自己年纪轻轻就守了寡，不免有些缠绵，又为他生下了两个儿子。三十四年之后，风韵将逝的老太后才忍痛在自己的卧室里对老情人下了毒手。从此秦国将羌人赶得远远的，在羌人的根据地设置了陇西、北地、上郡三个行政区域。

羌人成为大汉西北的主要边患，是从公元 2 世纪才开始的。当然，羌人和大汉的摩擦开始得较早。这些羌人的部落很多，种号芜杂，但都源于一个孕育于青海湖畔至湟水与黄河之间的古老种族。

这个古老羌族叫作无弋，即奴隶，传说因为他们的祖先爰剑在秦厉公（春秋）时代是秦国的奴隶，他设法逃跑，在追兵来时钻进一个山洞，像羌人的史诗中吟唱的那样，秦人放火焚烧，突然见到一只大老虎冲出来，吓跑了秦人。爰剑出了洞，又遇上一个被割去鼻子的女囚犯。在荒野之中，他们结为夫妇。这个羌人的祖母也知道遮丑，将头发覆盖在脸上，这因此成为羌人的风俗。以后汉人与羌人作战时，面对的都是骑在马上嗷嗷叫的“披头士”。

由于大难不死，爰剑便被羌人推为酋长。他采取了和当时诸多部落不同的策略，不向中国的腹地发展，而是将部落带到了河湟地区；更为了不起的是，他把从汉人那里学到的耕种和畜牧技术传授给部落，于是河湟一带的羌人渐渐成为半游牧半农耕的民族，这种能够独立的经济，保证了他们无须冒险去向汉人讨生活，更保证了自身的种族在一种充裕和平的环境下繁衍强大。

果然，到了第四代酋长、爰剑的曾孙忍的时代，河湟地区已经不能养育人口日益增加的羌人，于是他们的旁支开始向外迁徙到中国的西南地区，分布在益州刺史部（今四川一带）的广汉、越嶲和武都。忍和他的弟弟舞却留在河湟，分别产下九子和十七子，从此分化为二十六个部落。汉人统称之为西羌。

孝景皇帝时，由于受到匈奴的胁迫，其中的研种部落要求南渡黄河，进入洮水流域的陇西郡，为大汉守卫陇西边塞。他们的要求得到了大汉天子的许可，被安置在狄道、安故直至临洮、氐道、羌道诸县，但大部分的部落，却越过祁连山北上，进入河西走廊地区，和匈奴混杂在一起，屡寇大汉。

孝武皇帝朝，随着大汉对匈奴作战的节节胜利，加之博望侯张骞打开了西域的交通，孝武皇帝采取了“隔绝羌胡”的战略，将大汉的军队开进河西地区，设置酒泉、武威、张掖、敦煌四郡，西达玉门关，这样，把羌人压回河湟，使他们与北方匈奴不得交通。大汉认为羌人是一个比匈奴弱小得多的民族，所以并不像对待匈奴那样用驱逐的手段，而是对他们施加管制。大汉的军队又开进了河湟地区，设立了一个叫作令居的军事要塞。

自由自在、野蛮却质朴的西羌人受不了组织严密、高雅却狡诈的汉人的压迫，当孝武皇帝的小舅子李广利将军战败投降匈奴之际，先零羌与封养羌、牢姐羌解仇结盟，共同成为匈奴的军事联盟，合兵十万，攻下令居塞和陇西郡的安故县，包围了陇西郡的枹罕县，并攻打河西。五六年后，大汉的李息和徐自为将军才平定羌乱。

大汉仍不放弃羌人，而是改进了管理手段，在羌人地区设置护羌校尉，持节统领，全权处理羌人事务。这个军政合一的官员下有从事、长史、司马各两名和一批翻译，按时巡视各个部落，处理羌人的不满、要求以及羌汉关系，此外，还不断地派遣通译去大汉境外的羌人那里互通消息。大汉希望借此培养起羌人的信任与好感，从而维持边塞的和平。孝昭皇帝朝，大汉在河湟地区设置了金城郡。

可是，大规模的叛乱仍在孕育之中，直到七十多岁的赵充国将军出马，才以他的勇略才智和迟暮之年的心血，解决了前汉时期的羌人问题。

那是三十多年后的孝宣皇帝朝，帝国中央派光禄大夫义渠安国巡视诸羌部落。先零羌的酋长提出了一个居心叵测的扩张要求:渡湟水北上,在荒野地区畜牧。不谙边事的光禄大夫立刻答应为他们请示天子。

当他回朝汇报时,帝国的营平侯、后将军赵充国弹劾他失职。赵将军是陇西人,后又迁居令居塞,因而对羌人再熟悉不过。义渠安国出长安之前,赵充国就反对派他去,并推荐了酒泉太守辛武贤。

羌人没有耐心了,他们驱赶着羊群过了湟水。面对黑压压的移民潮,各地的汉人长官束手无策。

元康三年(前 63),孝宣皇帝急召赵充国将军,说是接到情报,先零羌与羌人各部落举行解仇交质盟誓的仪式。赵将军一听便着了急,回答说:"这是羌人叛乱的信号。羌人之所以容易制伏,是因为他们部落分散,互相残杀,始终不能统一。三十多年前,西羌反叛,也曾解仇结盟。臣下估计匈奴的使者又到了西羌,因为近来东胡乌桓归顺大汉,匈奴害怕大汉从东方攻击,于是引诱羌人在西方闹事。臣预感到羌人有大的阴谋,应当及早防备才是。"

一个多月以后,快马将情报送至长安:狼何羌派遣使者去匈奴借兵,打算进攻河西敦煌一带。

赵充国分析:狼何羌只是阳关西南的小月氏种族,不会有如此大的胆子,一定是匈奴的使者到了西羌,先零与罕、开两大羌种解了仇。一旦秋马肥硕,变乱必起。宜速派使者,敕视诸羌,不许他们解仇,让他们知道大汉已发觉了他们的阴谋。

孝宣皇帝觉得,解铃还须系铃人,于是又派了义渠安国前往。

义渠安国为上次的事窝着火,一到河湟,便通知三十多位羌人豪酋开会，会间涌出甲兵，悉皆诛杀，纵兵冲入羌人部落，斩首千余级。于是先零羌一下子反了，神爵元年（前61），归义羌侯杨玉等击败了义渠的汉军。

天子让御史大夫丙吉去问赵充国谁可出征？回报说："赵将军对臣说没有能超过他的。"天子很高兴，之所以派丙吉去询问，是因为赵将军太老，所以一定要他自愿出马。天子又让人去问："将军打算如何用兵？"回报说："百闻不如一见，等老臣到了金城郡，再献上方略。"

赵将军的作风是持重，先计后战，爱惜士卒。所以他的侦察兵相当出色，行必备战，止必坚营。他认为羌人的骑兵善于冲击，但不通战法，不能持久。于是，他让手下勿贪小利，坚守不出，等待决战的机会，以图全歼。此外，他坚持运用瓦解羌人的政策，只击先零部落。于是，他释放了地方政府扣押的罕和开部落的人质，命他们回去转告部落："大兵只诛有罪者。天子告诸羌人：斩先零羌大酋长者，赏钱四十万；中酋长者，十五万；小酋长者，二万；男人，三千；老人及妇女儿童，一千；所获财产归各人所有。"

羌人被他搞乱了，在一次各部落酋长联席会议上，他们争吵了起来。有些部落的酋长指责先零部落说："与你们说不要反，现在天子派了赵将军来，八九十岁了，又善于用兵，你们却想一战败之，做梦去罢！"

天子派来了援军，包括一部分御林军和胡越骑兵，由赵将军之子中郎将赵印率领。不过，以酒泉太守辛武贤为代表的少壮派对赵将军的做法失去了耐心，在他们的动员下，天子发动三辅、河南、河北、陇西、河西等地的步卒、骑士乃至刑徒，计六万人，拜辛武贤为破羌将军，从张掖、武威出击羌人的罕、开部落，以求速战。

天子遣书询问赵将军。赵将军竭力陈说远击羌人，道径险绝，非汉人所长的道理，以及不能攻打这两个部落的原因。他告诉天子：善战者将敌人引来，以逸击劳；不善战者，劳师袭远，自去送死。何况是对付散乱游动的羌虏？

像这样的书信来往了好几回，天子和朝中的大臣皆被感动，赞同赵充国的大臣们从十分之三，增至十分之五，最后到十分之八。孝宣皇帝的老师、丞相魏相说："臣愚昧不懂军事，赵将军屡次为国家精心策划，其言多是，臣一任其计。"于是诏令从赵充国之策。同时，天子还有些性急，仍让破羌将军与中郎将合兵，相机进击。

七月，赵将军命令出击，因为预料到先零羌经过长期的屯聚与对峙，必然松懈。果然，羌人大乱，渡湟水而逃。可赵将军不让部下们追击，而是尾随驱逐，部下们不解，他说："穷寇勿追，追得缓，他们反而跑得慌；追得急，他们反而会回头拼命。"

这一仗，先零羌溺水死者数百人、投降及被斩者五百人、弃牛马羊十万余头。经过罕、开部落的田地，赵将军的部下纪律严明，不损坏庄稼，事后这两个部落的酋长前来归降。

赵将军没有继续追，因为羌人逃跑的方向是没有尽头的。他决定占领羌人的老窝，下令将一万名骑兵转业为农垦战士，在河湟地区屯田，一则为国家节约开支，二则仍维持以逸待劳之势，三则利用羌人思归故土的心理，让他们在流亡饥饿的境况下人心涣散。

天子诏可，在这封诏书的最后，天子竟写上“将军强食，慎兵事，自爱！”的字样。

不久，羌人疲敝，赵充国与破羌将军及中郎将出兵，大胜而回。前后计降三万一千二百人、斩首七千六百级，饿死五六千，逃亡四千。五万先零羌，只剩下两千来人。次年秋，其他羌人部落又陆续送来了先零大酋长杨玉、犹非等人的首级，并率部来降。

赵充国奏请罢屯田。大汉在河湟地区设置金城属国，派驻属国都尉处理归降的羌人问题。自此以后，整个前汉时期，再没有发生大的羌人叛乱。

前汉末期、王莽篡汉时期直至后汉初立，陇西、金城一带的诸多羌人已渐渐地将自己看成大汉的子民。但先零羌仍勾结一些羌种不断地来寇，但皆被击溃。

此时，一个叫烧当部落的羌种也在崛起之中。烧当，是爰剑的第十八代孙的名字，他大概生活在孝元皇帝时代。他们的酋长名叫滇良，是烧当的玄孙。他的部落居住在河湟以西的大允谷中，人数很少，而且相当贫穷。时下，他的敌人是先零等几个强大的部落。

大凡中国四周游牧民族的崛起，第一步都是征服本民族内部的部落，滇良经过精心的准备，一举掩袭成功，杀先零三千多人，夺取了他们的根据地大榆中。作为帝国境外的羌人部落，对已划归大汉领土的河湟故土都有着极大的向心力。他们每天都在塞外窥视着，与归顺大汉的塞内降羌联络着，他们的勇士骑在马上，翘首东望。

后汉开国之初，世祖光武皇帝还在忙着平定陇西隗嚣和西蜀公孙述。建武九年(33)，隗嚣在围困中又饿又病，气愤而死。他的谋士、后任帝国司徒掾的大学者班彪考虑到王莽时期，青海湖畔的羌人趁大汉之危，时常入寇金城、陇西二郡，而隗嚣又招纳他们与汉军相拒，向光武皇帝建议恢复护羌校尉。当然，班彪的理由是加强和改善对羌人的管理，以防他们的反叛。不过，他的上疏中陈述了羌人反叛的原因："今凉州部皆有降羌，羌胡被发左衽，而与汉人杂处，习俗既异，言语不通，数为小吏黠人所见侵夺，穷恚无聊，故致反叛。"

班彪说的这些羌人是境内降羌，他们受到了汉人官吏和汉人无赖不公正的对待。这时，他们往往与境外的羌人内外俱起。

先零羌在被烧当羌重创之前，曾于建武十一年(35)冬天，发动数万人攻打金城郡浩亹县。朝臣推举太中大夫马援为陇西太守，率步骑三千，潜行至羌人营地，一举击溃。紧接着又追至羌人的聚居地，击鼓叫噪，乘夜放火，计斩首千余级。此役当中，马太守的胫骨中了箭。

马援将降羌全部安置在陇西、天水直至帝国的核心地区——扶风，他年轻时就不愿意读经书，主动去陇西一带耕田放牧，实践经世的本领。他的目的是把人数少的羌人投放到人数多的汉人之中，演化成规范的大汉民众。同时，他还主张把汉人移民到羌人的土地上。所以，当朝臣们认为金城郡经过多年的战火，羌人多次叛乱，主张放弃金城时，马援大加反驳。最后，迁来了三千口汉人，开水田，修沟渠，缮城郭，汉人安居乐业，塞外羌人不断来降。不过，马援将羌人大规模地迁入境内，也难免留下了后患。因为当时长安及三辅已不复为帝都和京畿，羌人后来屡寇三辅，遂使安置降羌的地区反成为羌人唱主角的舞台，可以说是开门揖盗。当然，这不能怪马太守，因为他的时代，大汉刚刚光复中兴，朝气蓬勃，充满自信，哪里把羌人放在眼里。

这一仗，先零羌元气大伤，退出塞外之后，又被烧当羌重重一击，失去了在河湟地区的主导地位。两年以后，进攻金城、陇西的羌人，就成了烧当部落了。此时滇良已卒，他的两个骁勇善战的儿子滇吾、滇岸击败太守刘盱，谒者张鸿、陇西长史田飒皆战殁。直到孝明皇帝永平元年(58)秋天，才由光武皇帝的云台二十八将之一、绿林好汉出身的马武将军与孝章皇帝的小舅子窦固，以四万人的优势兵力，斩首五千余级，生俘一千六百口，将羌人一举荡平。这一次，模仿马援将军的做法，迁徙七千口羌人至三辅地区。诏谒者窦林为护羌校尉。酋长滇吾向西远遁，滇岸投降。

窦林闹了个笑话，他的部下受了滇岸的贿赂，说滇岸是酋长，于是依照他的上奏，天子加封滇岸为归义侯。第二年，滇吾又来投降，窦林又奏，并带他们两个一道去洛阳投降，接受加封。孝明皇帝觉得一个部落竟有两个酋长，便追问窦林。窦林语无伦次地搪塞天子："滇岸就是滇吾，陇西土话不标准吧？"

天子大怒，窦林丢了官。

后来，滇吾的儿子东吾做了酋长，也愿意归顺，但他的弟弟迷吾不干。

他终有了反叛的借口，而且相当的光明正大。孝章皇帝建初二年(77)，金城郡安夷县吏霸占卑湳部落一羌人的妻子，被羌人杀死，于是安夷县令捉拿凶手。卑湳部落害怕之下，逃出塞外。迷吾见机，率领几个羌人部落暴动，打败金城太守郝崇，又联合封养部落酋长布桥攻打陇西、汉阳。朝廷即拜马援之子、行车骑将军马防与长水校尉耿恭出征，到次年三月战事结束，布桥投降。

迷吾仍在战斗，十年以后，他成功地引诱并伏击了护羌校尉傅育的军队，傅育下马搏斗，力竭而死。同年秋，新任护羌校尉张纡与马防于木乘谷击破迷吾，在谈判桌上，迷吾又喝到了他最喜欢的汉人官府酿制的酒，可一眨眼的工夫，他的人头连同他喝的酒都放到了傅育的灵位之前。张纡的做法，激怒了羌人，迷吾之子迷唐继承了父亲的事业。

汉人的官吏们对羌人虐待过甚，塞外羌人想攻打边郡，首先要有塞内羌人的反叛才能成气候，可大汉的职官避让制度，使得当地的行政长官大都来自内地，这些人很少能尊重羌人，却很能搜刮羌人。由于不生长在边郡，一旦羌叛，又无制羌之策，不仅贪赃枉法，而且贪生怕死，力主放弃凉州诸郡，退守关中。所以朝廷往往派出像马援、马防、窦固等熟知边事的将领才能暂时解决问题。但他们能对付得了羌人，却对付不了他们的同僚。有些事情，连天子都感到过分。

孝明皇帝曾经接到一份奏报：一个叫烧何的羌人小部落因为受到卢水胡的攻击，这个部落的百岁老巫婆比铜钳率众归附金城临羌县。由于部落成员犯法，临羌县令一次就收杀七百人并收系了比铜钳。

孝明皇帝看不下去了，他动了恻隐之心，下了一道诏书表示国家无德，不能威服异族。命令释放比铜钳，馈赠医药养护；招纳其部落成员，厚赠财物，送回故地；对犯罪的羌人，认罪者释放，拒不认罪者没官为奴。

张纡诱杀迷吾之后，考虑到羌人将有大规模的叛乱，朝廷公议，以久习边事的武威太守邓训为护羌校尉。他是光武皇帝的太傅邓禹的第六子，少时不好文学，被父亲责难；但很快成了帝国的封疆大吏，北方边郡的乌桓、鲜卑以及西部的卢水胡都很敬佩他。

章和二年(88)冬天，黄河上结了冰。迷唐派人探了探厚薄，便指挥四万骑兵蜂拥过河，直抵塞下。可他没有下令攻城，而是叫来了一个弱小的胡人部落——小月氏胡的酋长。他把腰刀拔出来，在胡人酋长的皮坎肩上蹭了蹭，又让人端上一盘金子和几匹绸缎，要求酋长配合行动。

酋长与他三击掌后，马上将东西送到邓训这里。邓训让他带去一些精锐的骑兵和军官。酋长又派人去报告迷唐：我部已被汉军管制，无法出战。

其他汉人官员劝告邓训："羌胡相攻，本来对我有利。此乃以夷制夷之策，大人不必派兵保护他们。"

"不然，张纡正是因为失信，才引起羌人暴动。大汉长期屯兵，不下二万。粮草转运，耗损府币。凉州吏民，命悬丝发。此处所居胡人，原来之所以常被羌人裹胁，不从大汉，都是由于恩信不厚啊！现在趁着他们困迫之际，以德怀柔，庶几能归顺，为我所用。”

边塞的大门打开了，汉军传令胡人以及一些弱小的羌人部落，速携妻子儿女财产入内。这一下，断绝了迷唐的兵源供给，分化了羌人的军事联盟。眼见得扎在塞外的帐篷日趋减少，那些进关的胡人对邓训说：“汉家常常让人们自相残杀，惟有邓使君待我们如父母一般，我们惟您的命令所是。”

邓训又让几百名少年羌胡接受教育和训练，作为自己的义从。羌胡以病死为耻辱，一旦病重，辄拔刀自裁。邓训派出军医官把一些危重病人看管起来，加以治疗。

这些事，像春风一样，吹遍了边塞内外。邓训的使者携带着重金奔走于羌胡部落之间，塞外的营帐又少了许多。一天，一批羌人的帐篷随着一顶华丽的大帐向塞下移动。邓训大为高兴，下令启关。他对部下说：“这是迷唐伯父号吾的大帐！”

随号吾来降的有号吾的母亲以及八百多户部民。邓训又点了点塞外的帐篷，下令发动湟中汉、胡、羌兵四千人出击，迷唐逃往西部颇严谷，部落破散，汉军斩首俘虏计六百多人。

次年春天，即孝和皇帝刚即位的那年，迷唐又犯边，邓训命长史任尚将皮革缝在竹筏上，率军渡过黄河，几乎将迷唐部落一网打尽，斩首一千零八百级，生俘二千口。邓训又对归降者及弱小羌胡施加恩抚，迷唐再次远遁千余里。其中一个大部落首领东号率众投降。为了减少边费，又为了解除羌人的顾虑，邓训罢去屯兵，只留二千刑徒屯田开荒，修理城堡。

孝和皇帝永元四年(92)冬天，五十三岁的邓训病危，每天来看他的吏民和羌胡达千人以上。有一天，羌胡民众骑着马在塞上大漠中奔驰，他们大声地歌唱、吼叫，因为邓校尉死了。他们按照哀悼父母的风俗为他送行，有的拔刀自割，说邓校尉死了，我们也一起死罢。

像一切英雄一样，邓训成了这里的民众供奉的神灵。十三年后，孝和皇帝立邓训之女为后，使谒者持节扫墓，追封平寿侯。

邓训的继任者、原蜀郡太守聂尚，打算延续邓训的怀柔政策，他派出使者跑到千里之外找到迷唐，希望他率部回到河湟腹地的大小榆谷居住，迷唐觉得机会又来了，他回到榆谷后，为了迷惑汉人，让自己的祖母卑缺造访新任护羌校尉。聂尚款待了这位羌人老贵妇，亲自送到塞下，又命翻译官田汜率五名校官护送她到部落中去。可他们再没有回来，他们的血肉被迷唐做了反叛盟誓仪式上的牺牲品。

朝廷大怒，聂尚被免职。七年以后，大汉以死亡一名、更换两名护羌校尉的代价，迫使迷唐投降并亲自到京师纳贡。第二年，迷唐又叛。第三年，金城太守侯霸大破迷唐，将他的部落分散徙居汉阳、安定、陇西三郡，迷唐西窜，病死在一个更加野蛮的发羌部落。他的儿子率残部来降时，都不到十户人家。次年，大汉开始出塞向金城以西屯田移民。至此，本朝前期的羌人问题基本解决。

然而，汉人官吏豪右奴役降羌的事件不断发生，并且，地方的军事将领还常常征发羌人服军役。

于是，对帝国命运产生重大影响的三次大规模羌乱，陆续爆发了。

羌 乱

孝安皇帝永初元年(107),在一次捕杀逃避军役的羌人事件中,安定郡烧当羌酋长麻奴率众叛逃出塞,与先零羌的别种滇零以及钟羌部落攻击郡县,遮断陇西交通。由于他们是降羌,一时没有兵器,竹竿、木棍、案板、铜镜等都当作了兵器。汉人官吏却纷纷畏惧而逃。

朝廷一面诏令羌人,赦免他们的罪行;一面诏令车骑将军邓骘和征西校尉任尚率京师五校营和诸郡兵马五万人屯驻汉阳,进行备战。

选择邓骘,是因为他是邓训的长子,又是太后的长兄,孝安皇帝的拥立者。天子亲自在平乐观阅兵,给他饯行。和他的父亲一样,邓骘在打败了羌人之后,又用怀柔之策,让羌人返回故地。

但次年冬天,任尚在平襄败于羌人。加之五万兵马,粮草转运成问题,湟中的粮价飞涨,百姓饥饿而死者甚众。这时,一位做过左校令名叫庞参的苦役犯,让儿子送了封信给邓将军,信中以为:与其万里运粮,远就羌胡,不如畜兵养众,以待其疲。因而不妨振旅还朝,并且渐次把凉州的汉民移至三辅,免除他们的租税徭役,使之耕织数年之后,大举进兵,报仇雪恨。

庞参是个通晓边事的干练的官吏,他的建议并非出自对羌人的畏惧,而是看到帝国陷入了一场没完没了的疲劳战。大汉的总体态势从立国起就是收缩的，不如因势利导，使力量内敛，不致耗散。但他是个河南人，他不知道的是：人民与其土地是很难分离的，凉州的汉人不仅热爱凉州，而且以自己是大汉的子民而自豪。

但庞参的建议得到了邓骘的赞同。邓骘在班师回朝的路上被拜为大将军，庞参获释，拜为谒者，去三辅督办军屯和移民的准备工作。

永初四年（110）二月，诏令留在边郡总督军事的任尚还兵长安。

同月，大将军召集京师公卿朝会，讨论放弃凉州、移民三辅的计划。他打了一个生动的比喻："两件衣服都坏了，拆一件补另一件，尚能保全一件。不然，两无所保。"公卿们都承认了他的逻辑。

有一个人不同意，他是靠近河南一带的陈国人。会后，太尉张禹的府门被郎中虞翊敲开。

"大将军之策，有三不可。先帝所开疆土，费尽精力。现在害怕一点小小的花费，轻而放弃，此不可一也。凉州一旦放弃，三辅地区则成了边塞，先帝的陵园暴露于外，此不可二也。谚曰：'关西出将，关东出相'，烈士武臣，多出凉州，民风猛壮，便习兵事。今羌胡之所以不敢入据三辅心腹之地，就是因为有凉州在其背后。凉州士民之所以推锋执锐，蒙矢石于行阵，父死于前，子战于后，而无反顾之心，就是因为他们是大汉的臣民。现在朝廷打算推而捐之，割而弃之，民众们安土重迁，一定会引领遥望，相互怨恨道：'中国弃我于夷狄！'倘若他们卒然间起了谋虑，趁着天下饥馑、海内虚弱之际，豪强相聚，量材立帅，驱赶着羌胡作为前锋，席卷而来，即便姜太公在世，也无法抵挡。真的如此，则函谷关以西的土地，连着旧京、园陵将非复为大汉所有，此不可三也。”

虞诩滔滔陈述，太尉大惊失色：“老夫的确没考虑到这一步，没有您的这番话，几乎败了国事，请问有何对策？”

“朝廷可以收罗凉州的豪杰，引其子弟入朝为官，一则作为对他们勤于边事的鼓励，二则作为防止他们谋反的人质。”

公卿们又开了一次会，打算逐步实施虞诩的计划。但大将军有些不高兴，下面的人看出来，便找个借口把虞诩外放到朝歌做县令去了。

大将军仍坚定地实行庞参的计划，次年正月，在连续的军事失利之后，大将军以及边郡的官吏们都主张内徙。三月，朝廷下诏：陇西民众徙襄武，安定徙美阳，北地徙池阳，上郡徙衙。果然，百姓恋土难迁。朝廷只得采取强制手段，将凉州汉民的庄稼割了，房屋毁了，堡垒拆了，粮仓移了。当时凉州正值蝗灾，百姓又遭此折腾，加之官吏军士们的掠夺，流离分散，死于道路，老弱捐弃，妻子被人掳掠为奴婢者，不计其数。移民结束后，清点人口，丧失大半。

终于，虞诩担忧的事情发生了。

这年九月，凉州汉阳郡的汉人杜琦和其弟杜季贡、同乡王信等人与羌人联合反叛，攻占上邽县。杜琦自称安汉将军。

永初六年(112)六月侍御史唐喜击杀王信。汉阳太守赵博招募刺客刺杀杜琦，杜季贡逃入滇零羌部落，被年少的酋长零昌封为将军，率众驻扎丁奚城。

元初二年(115)冬,战事又进行了一年多,行征西将军司马钧、谒者庞参、校尉仲光均被杜季贡击败,仲光战死,司马钧下狱自杀,庞参称病引退。复以任尚为中郎将,进讨羌叛。移民的计划破产。

虞诩又去拜访任尚。

“兵法曰:‘弱不攻强,走不逐飞’,这是自然之势。而今羌虏皆是骑兵,一天行走几百里,来如风雨,去如绝弦,而汉军却以步兵追击,当然不可。因此虽屯兵二十万,只能虚耗粮草,旷日无功。不如罢免诸郡的兵役,让他们出钱数千,二十人合买一匹马,组成万骑之众,用来驱逐数千虏骑,围追堵截,其道自穷:这是便民的利事,大功可立等而取!”

任尚大喜,依法行之,立奏成效。在丁奚城大破杜季贡,斩首四百余级。

捷报至京师,大将军及太后大喜,召见了虞诩,即拜为武都太守。

虞诩的军队刚到陈仓崤谷,数千羌骑遮拦于前。虞诩下令停止前进,一天之内派出许多快马递送请求援兵的书信,信中的言辞十分恐慌,坚持必须见到援军才能进军。这些消息被羌人得知,他们放心大胆地分散了兵力去抄掠郡县了。

虞诩命部队日夜兼程,日行百余里。又命军士每天增加炉灶,于是在行军的过程中,羌人不敢袭击。他的参军问道:“从前孙膑用减灶之法疑惑敌人,而太守您却反其道而用之。兵法规定日行不得超过三十里,以防不测,而今我们却日行二百里,这是何故?"

"羌虏人多,我军人少,走慢了就容易被他们追袭,走快了则出乎他们的意料。他们天天都看到我军炉灶增加,一定认为大汉的援兵前来接应,故而不敢追我。孙膑示弱,我今示强,因为形势不同啊!"

军至赤亭,数万羌骑包围了这座堡垒。

羌人的进攻开始了。汉军的常用战法是先用强弩射杀。可虞太守却下令用小弩射击。羌人见状,以为汉军矢力不足,大为振奋,加紧了进攻。十天以后,虞诩突然命令:每二十张强弩共射一骑。强矢呼啸,发无不中,羌人震动,一哄而溃。汉军鼓噪出击,杀伤甚多。

次日,虞诩大开塞门,布列行阵,摆出一副决战的姿态。羌人也严阵以待,观其动静。他们看到三千多穿着青色号衣的汉军从东门开出,巡行至北门而入;继而又见三千穿着黑色号衣的汉军从北门出,从西门入;又有三千穿红色号衣的汉军从南门出,从东门入;最后,三千穿白色号衣的汉军从西门出来,向羌人阵前挺进。

羌将急忙传令:这是汉人的五行之阵,汉军众多,不可抵挡,速速后退!

数万人的军队一旦退后,行阵立即乱了起来,行至一处浅滩,中了汉军的埋伏,杀声四起,沙尘滚滚,不辨敌我。羌人大败而走。

虞诩大笑,他的伏兵只有五百,而列阵的也只有三千,之所以吓坏了羌人，是因为这三千人不断地更换衣服的结果。

羌人退后，虞翊在有利地形构筑了堡垒一百八十多所，又招抚流亡的汉人，赈济贫民，开通水运。三年以后，武都郡粮食由每石千钱降到八十钱，人口由一万三千户增加到四万多户。

元初四年(117)二月，护羌校尉任尚招募当阗羌酋长榆鬼刺杀了杜季贡，封其为破羌侯。九月，招募效功羌酋长号封刺杀了滇零羌酋长零昌，封其为羌王。此后，护羌校尉马贤又取得了一系列的胜利，至延光元年(122)三月，马贤大破烧当羌麻奴部落；十一月，麻奴降伏。延光三年(124)，麻奴死，其弟犀苦继位。第一次大羌乱结束。

第二次大规模羌乱发生于孝顺皇帝朝永建六年(131)，护羌校尉韩皓在河湟地区大规模地屯田，逼迫羌人西移，并且拒绝了犀苦酋长返回河湟故地的要求，引起了羌人的恐慌，相互解仇交质，加紧战备。朝廷为了不扩大事态，召回韩皓，以马续代之，收缩屯田，解除了羌人的疑虑。阳嘉元年(132)至二年，朝廷又在湟中扩大屯田。次年，钟羌反叛，被马续击破。永和四年(139)，烧当羌酋长那离反叛。五年，新任护羌校尉马贤斩杀那离。六年，朝廷命来机为并州刺史、刘秉为凉州刺史。临行前，大将军梁商召见他俩，面授机宜："戎狄蛮夷，皆处于要服和荒服之中，这是因为他们恍惚无常。统领他们的关键，在于没有常法，临事制宜，随其风俗。你们二位一向疾恶如仇，凡事一定要搞得黑白分明，这不好。孔子说过：对于没有仁义的人，如果不因势利导地改变他，而是一味地痛恨他，只能更加激发他为非作歹。何况，你们面对的是戎狄呢？二位务必安抚羌胡，防其大敌，忍其小过。”

大将军的担心一点都不多余，这两个人都是天生的虐刻，可惜大将军忽略了江山易改、本性难移的道理。他们一到任，就搞得羌人鸡飞狗跳。且冻羌与傅难羌攻打金城郡并与一些杂种羌胡大寇三辅，原来被迁至三辅的羌人由于不堪忍受汉人压迫，纷纷响应，一时边塞大乱，来机、刘秉被朝廷召回下狱。

天子拜马贤为征西将军，以骑都尉耿叔为副，将左右羽林、五校营士和州郡兵十万人进屯汉阳。大将军对这一人选有意见，他认为马贤太老了，可天子不听。马贤果然老而昏聩，迟留不进。这时，卢植将军的老师、关西大儒、时任帝国武都太守的马融上书天子，认为羌人卒然而合，并没有严密的组织，应当快速进军，深入打击，使其党羽离散。可是马贤队伍庞大，处处稽留，使得羌人百里望尘，千里听声，回避前锋，抄袭后路。马融提出：借给自己五千名马贤不可用的关东兵马，配给番号，组成先锋敢死队，臣虽不习武事，三月之内，也能破敌。最后，马融汇报说："臣闻从前吴起为将，暑天不打伞盖，冬天不披裘衣，而马贤行军至野外，垂盖张幕，罗列珍馐，妻妾侍从，事与古反。臣害怕他专守一城，说着打西边而羌人却从东边出来，长此以往，将士不堪，必定奔溃叛变。臣夜观天文，北方并州的分野有兵象，可能北方的乌桓、鲜卑也要有动作，朝廷宜有准备。”

书奏之后，安定郡朝那县的布衣之士皇甫规也上书，报告马贤不恤军事，其势必败。

朝廷均未准奏。次年正月，马贤与且冻羌战于射姑山，贤及二子战没。三辅一带的东羌与金城、陇西的西羌大会合，将战火连成一片，长安的苑马和先帝的园陵都遭到抢掠和焚烧。

三月，新任武都太守赵冲追击巩唐羌，斩首四百余级，降二千多人。朝廷为之一振，诏赵冲总督河西四郡兵马。

皇甫规在这次羌乱中入伍从军，担任功曹，这是一个下级军官，可他却率八百甲士一仗斩首数级，威震羌胡，升为安定县计掾。他奋笔疾书，上奏天子，要求委以重任：

> 臣近年来，屡陈破羌之策，不幸误中，皆可检验。臣每每念及马贤等人拥众四年，未有成功，而悬师之费，以百亿计数。出于平民，回入奸吏。故而江湖之人，群聚为盗；青州徐州，饥荒遍地，人民襁负流散。羌戎溃叛，并非由于国家承平太久，皆是由于边将失于绥御，平常无事则加侵暴，贪图小利则致大害，小胜则虚报斩首数目，兵败则隐匿不言过失。军士劳怨，困于猾吏，进不得速战，为国立功；退不得温饱，以全性命。饿死沟渠，暴骨中原，徒见王师之出，不闻振旅之声。羌酋泣血，惊惧生变，所以和平不能持久，叛乱却是经常。这一切，都使得为臣搏手叩心而长吁短叹！愿天子借给臣两营、二郡五千兵马，出其不意，与赵冲将军首尾相应。这里的土地山谷，臣至为熟悉，兵法战术，臣亦略通，朝廷可不烦方寸之印，尺帛之赐，上可以涤患，下可以纳降。倘若认为臣年少官轻，不足为用，请看那些败将们，哪一个不是资深的高官？臣不胜至诚，冒死自陈。

这封上奏未能奏效，但却显示了皇甫规的雄才大略。

建康元年（144）春天，护羌校尉赵冲的从事马玄随羌人叛变，逃亡出塞，应了马融的预言。赵冲追击叛羌至建威，渡河之际中了埋伏，战死阵前。但此时，由于前些年的残酷争夺，羌人也元气大伤，走向衰落。次年，孝冲皇帝即位元年，左冯翊行政长官梁并以恩信招诱羌人，降伏五万多户，边塞形势又趋平缓。

财政部门上报这次平叛开支达八十多亿。

自孝桓皇帝延熹二年（159）起，爆发了第三次羌人大叛乱。而此际，臣服已久的南匈奴，遗留故地的北匈奴残部，几百年前被匈奴击垮、现在再次崛起的东胡乌桓与鲜卑，纷纷乘机寇掠边境，大汉整个从东到西的北部边境，狼烟突起。

十二月，烧当、烧何、当煎、勒姐四大部落率八个羌人部落攻入金城、陇西郡。护羌校尉第五访恰恰病卒，帝国政府将刚刚击退犯塞鲜卑的辽东属国都尉段颎（字纪明）将军调至此任。段纪明将军更像一个职业军人，不同于那些儒将们，仅仅把武力当作手段，把羌人的臣服当作目的。他只从战争的实际利害出发，认为帝国应当不惜破费，以驱逐和殄灭为目的，大举进攻羌人。他手下的田晏和夏育，都是猛将，带着一万二千汉人和义从羌骑，出湟谷，一路追杀，斩首二千级，生俘万余人。次年，段将军在张掖与烧何羌大酋长相遇，从日出杀到日中，杀得段纪明眼发红，从马上下来与羌人格斗，汉军刀折矢尽，羌人更是吃不消，呼啸而走。段将军咬住不放，且斗且追，昼夜相攻。军中无粮，段将军让大家杀马饮血，继续追击。四十天后，汉军追至塞外两千里的积石山

（今阿尼玛卿山）。羌人大怒，这座大雪山横阻了去路。他们根本没有想到，汉军会穷追到这么远的地方。他们的前辈们曾告诉他们，与汉人作战，只要逃至塞外不毛之地，汉人就不会来了，积蓄几年之后，再去攻打边塞。

段将军和当时的所有汉人一样，认为积石山是黄河之源，他异常激动，勉励将士，不可功亏一篑。最终，汉军斩杀烧何羌大酋长，斩首五千多。回兵之际，段将军又攻击石城羌的部落，斩杀一千六百人。进击白石杂种羌，俘虏三千多人。烧当羌眼见战火将烧至自己的部落，急忙投降。

延熹四年（161）冬天，先零、沈氐二羌进攻并、凉二州。凉州刺史郭闳怕段纪明占了全部的功劳，以种种借口，阻止他进兵。由于军队长时间稽留，军中的义从羌骑兵思念家乡，纷纷叛逃，而郭闳反而归罪于段纪明。段将军退出战事，坐着囚车到了京师，被判处苦役。朝廷以济南相胡闳代其职务。胡闳毫无威略，羌人再次大举进犯。陇西及金城的吏民们纷纷至京师上访，为段喊冤。朝廷只得对他的案子加以复审，可段纪明只是谢罪，不喊一声冤枉，在京师的吏民当中赢得了“长者”的声誉。朝廷只好维持原判。

这时，朝廷起用了皇甫规将军。诏拜中郎将，持节督关西军马。第一仗，斩首八百余级，先零羌降伏达十多万。

延熹五年（162），沈氐羌入寇张掖、酒泉。皇甫规发动先零降羌与汉军共击叛羌。行军途中，发生了瘟疫，死者十有三四，可皇甫将军凭借他的威望，亲巡将士，因而无一人叛逃。军队未至，叛羌遣使乞降。皇甫将军是儒将，因而更懂得：战争不过是一种无可奈何的政治手段，而政治的根本还在大汉本身。他不仅用树立好的政治形象的方法赢得羌人的归降，而且着手惩治贪婪残暴的地方官吏，以平息羌人乃至当地汉族民众的愤怒。因此，当他雷厉风行地查办了凉州刺史郭闳、汉阳太守赵熹、安定太守孙俊、属国都尉李翕、督军御史张禀等人之后，沈氏羌的大酋长阗昌便率领十余万口前来归降。

智者千虑，必有一失。皇甫将军忘了最重要一条：这些官吏的贪暴，只不过是大汉中央和各地政治状况在边郡的翻版，边塞军民的鲜血，并不能让大汉这个老朽的帝国焕发青春。果然，这些被惩处的官吏们潜入京师，四处活动，其中有些人又是中官们的亲朋党羽，于是朝廷下诏责问皇甫规，让他解释：是否曾用财货贿赂羌人，让他们假装投降？

皇甫规上疏自讼，在说明了一切都是诽谤之后，天子为了和稀泥，诏拜皇甫规为议郎，还朝听封。

回到朝中，皇甫将军终于认识到自己所忽略的问题。中常侍们向他暗示：如不向他们行贿，封赏就要泡汤了。皇甫规犯了倔，就是不答应。于是那些诽谤罪忽然又成立了。等到了司法官面前，竟然他也向皇甫规索贿。如果没有一帮太学生在宫外游行示威，他是逃不脱段纪明的下场的。

六年(163)，东北边事吃紧，朝廷又拜皇甫将军为度辽将军。他可能仍沉浸在失望之中，上疏推荐了张奂。朝廷仍没有放过他，诏拜使匈奴中郎将。

皇甫将军吃了官司，西羌又反。天子一急之下，让人去洛阳南郊的劳改农场，将混在苦役犯中的段纪明带到朝堂之上，复拜护羌校尉。

七年十月，八年正月，段纪明大破当煎、罕姐羌。八年五月至七月，段纪明对西羌各部发动了大规模围剿，斩首二万三千级，降万余户。捷报西羌平定。

孝桓皇帝在位的最后一年，鲜卑与东羌先零部落联合寇边，自凉州东至并州、幽州皆被其创。诏张奂为护匈奴中郎将，以九卿的秩位总督三州兵马。

一天，孝桓皇帝见战事尚无大的进展，便叫来班师回朝的段颎：

“先零东羌，既降复叛，而皇甫规、张奂各拥强众，不及时平定。寡人打算让爱卿移兵东讨，请陈策略。”

“臣以为先零虽叛，但降于皇甫规者已有两万多户。张奂按兵不动，是怕刺激他们再次叛乱，而且他考虑到大汉军队长期屯结，人马疲惫，用招降之术，可坐制强敌。不过，臣自有看法：羌人乃狼子野心，难以用恩信招纳，只有长矛挟肩，白刃加颈，方可制服。计算东羌，今只剩下三万多户，又徙居塞内，无险阻地形可依，但三辅、西河、上郡、安定、北地诸郡，皆有降羌内徙，加之匈奴、鲜卑乃至乌桓的呼应，如不采取军事手段，转就滋大，无法收拾。若发动骑兵五千，步兵万人、战车三千辆，经三冬二夏，费钱五十四亿，可以灭尽羌胡，内徙的汉民得还故土。臣算过，永初中羌叛，十有四年，用费二百四十亿；永和之末，七年羌叛，用费八十亿。如此巨耗，尚不能诛尽群羌，今若不疲民破费，则大汉永无宁日。臣愿竭尽驽劣，听候调遣。”

天子认可，但朝廷只能拨出一万多兵马，段将军仍有信心，带着他们出发了。

在彭阳至高平之间的义逢山，汉军突然遇上先零羌的主力，面对黑压压的奔腾羌骑，汉军的战马都吓得腿抖，更不要说人了。段颎不怕，他下令骑兵列于左右两翼，步兵以长矛在外，排成三重，将操持强弩、利刃的军士放在后面。

“现在，我们去家千里，前进则事成，后退则必死。努力吧！大汉的将士们！博取功名，让后人景仰吧！大汉的男儿们！”

段将军第一个策马冲锋，汉军热血沸腾，大喊一声，跟了上去。

这一仗，斩首八千余级。捷报至京师，孝桓皇帝已经听不到了。但这个捷报却为这个生前孱弱荒唐的天子争了个相当好听的谥号。窦太后诏赐钱二十万，调皇家金库金帛，赞助军费，拜段纪明为破羌将军，令尽定东羌。破羌将军是一个新的军衔，朝廷下了决心，不再打算护羌了。

建宁元年(168)六月，段将军轻骑追敌，至七月，羌人离散，四十多个部落窜入汉阳山谷之中。

此际，张奂将军上书，说羌人的余部是难以根除的，而段将军性格轻剽勇猛，可能会吃败仗。宜以恩信招降。

朝廷把张奂的书信转给了段颎，段将军大怒，上书答复说：张奂虽为大汉臣子，又精于军事，却说出此言，实是糊涂。因为当初赵充国、马援等人在对待羌人的问题上都犯过错误，张奂之论证由此来。事实上，降伏羌人，再内徙至大汉的郡县，是引狼入室之举。今臣奉大汉国威，羌人已接近殄灭，望朝廷勿听此言，以重任委以臣下。

朝廷没有驳回段将军的上书，但同时派谒者冯禅说降汉阳散羌。

段将军分遣骑司马田晏与假司马夏育放兵至山谷之中，搜剿羌人。又筑木栅围困羌人，建宁二年(169)五月至七月，斩首一万九千级。冯禅招降了四千羌人，安置于安定、汉阳、陇西三郡。至此，东羌平定。

段前后一百八十战，斩首三万八千余级，获牲畜四十二万七千余头，费用四十四亿，军士死亡四百多名。封新丰县侯。

鹰犬与豺狼

可惜的是，段颎的赫赫战功创立之际，正是整个大汉帝国衰亡之时，因而他在历史上并没有受到像对卫青和霍去病一样的赞誉，而是落了个“专杀为快”“虽克捷有功，君子所不与也”的评价。对于他个人来说，可能是不公道的，但对大汉帝国镇压羌人的战争来说，不无道理，因为这场战争归根到底是由于大汉政治的腐败而造成的毫无意义的战争，同时，这场战争耗尽了大汉的精力，使之走向死亡。卫青、霍去病的战功，促成了一个强盛的大汉，而段纪明的战功，没有能挽救一个垂死的大汉。宋代大史家司马温公，在皇皇巨著《资治通鉴》中，认定大汉长期的羌人叛乱，其根源在于大汉政府对付不当，并且站在超越民族界限的立场上说："如果统治者不得要领，即便是华夏之民，也将蜂起而为寇，难道这也可以用段纪明的方法，全部杀尽吗？"

事实上，司马温公的话说迟了将近九百年，因为在本朝天子御政的第十四个年头，凉州的羌人和汉人已经用他们的生命直截了当地体验了这个道理。从永初羌乱中，就可以看出，大汉的边民在帝国放弃他们的家园时，就参加了羌人的队伍。时至今日，凉州的汉人和羌人终于看到：大汉不仅不能养育他们这些子民，而且日益成为自己的敌人，只有凉州这块土地，才是最值得依赖的。

长期与之厮杀的对手，往往能成为最靠得住的伙伴，正如人类最早的忠实伙伴——狗，却来自最凶残的敌人——狼一样。生存，永远是最高的原则。汉人的文化能影响羌胡，羌胡的文化也能影响汉人，凉州的汉人妇女都是出色的战士，羌胡的部落和汉人的政府军里，分别混杂着汉人和羌胡。

共同的生存地理，酝育出羌汉共同体，酝酿出凉州地方自治运动。

中平二年（185）三月，有关凉州兵马寇掠三辅的御前会议结束之后，谏议大夫刘陶上书天子，指出凉州叛兵之中有不少段纪明的部下，这些人晓习战阵，识知山川，变诈万端。他们可能会攻击三辅，豕突京师。如此，则车骑将军张温的南边道路将被抄袭，帝国的西征军如果孤立无援，关东将闻风破胆。现在京畿民众有百走退死之心，无一前斗生存之计。张温天性精勇，而朝廷却旦夕催促。他又建议急停天下郡县的赋税徭役，以安民心，惩治中官，以塞民望。

可这份上书又被天子拿给了中官们看。他们提醒天子：上书中说的这些事情，下面州郡都没有上报朝廷，他如何得知呢？一定是与贼通情。国家正在多事之秋，陛下可要小心。

天子没了主张，让北寺狱审查刘陶。刘陶在第一场审讯中便悲愤交加，闭气而亡。

京师一带的百姓在他的葬礼上唱起了挽歌："悒然不乐，思我刘君。何时复来，安此下民！"

中平元年十一月凉州叛乱的起因，还是郡守贪暴。这一点，汉阳郡长史、敦煌人盖勋最清楚不过。当时，武威郡太守恣行贪婪，凉州从事苏正和调查他的罪行。一天，凉州刺史梁鹄来找盖勋，说苏正和不是盖长史的仇人吗？盖勋说有这回事。梁鹄说：那我就直说了罢。武威太守贪污的事如果查出来，我作为刺史，是朝廷派来的监察官员，当引咎辞职。所以我打算请您想个办法，杀掉苏正和。

梁鹄走后，盖勋的部下劝他借此机会报了私仇，盖勋说："谋事杀良，非忠也；乘人之危，非仁也。"

他去劝告梁鹄：

系食鹰隼，是因为它能执服众鸟，大人却想烹杀之，将有何用？大人身为大汉重臣，辞职事小，有关大人的清名，事情可就不小了。

事后，苏正和亲自到盖勋的门前求谢，盖勋不见，让人传了句话出来："吾为梁使君谋，不为苏正和也。"

盖勋虽然怨苏正和如初，可这件事在凉州地区引起舆论大哗。接着，新上任的刺史左昌盗窃军粮的事情泄露，军中及民间议论纷纷。盖勋劝谏左昌，还粮入库。左昌大怒，下令盖勋与从事辛曾、孔常率兵外屯阿阳。

先零羌和北宫伯玉的军队攻打金城的战报传来，盖勋急忙劝左昌救援金城，左昌不从，致使太守陈懿阵亡。直到左刺史一觉醒来，看到城外神速而来的羌骑，这才害怕起来，派了快马突出，召盖勋带兵来救。

"长史大人，我们为什么要去救那厮？"从事辛曾和孔常说道。

"诸位，无论那厮如何不堪言语，但军法无情，大汉国法仍在。战国之际，齐景公以司马穰苴为将，以庄贾为监军。演兵之际，庄贾迟到，死于军法。诸位身为从事，与监军相比，孰轻孰重？"

围城的羌兵发觉后面有汉军人马杀来，忙派出一队前去阻挡。叛军将领边章一听是盖勋，下令让开通道，让盖长史的人马直抵城下。

"长史大人，边某戎机在身，不得下马揖礼了，大人近来无恙？"

"边章，你身为大汉子民，却拥羌胡之众，反叛边郡，实在让盖某为你感到遗憾。你我相识多年，为身前身后的名分计算，你还是慎重考虑一下吧！"

“长史大人，我等叛离大汉，实是大汉弃我等如同草芥。像大人这样的长官，大汉又有几人？倘若左使君早早听从您的话，停止侵夺，或让您率兵责讨我等，庶几可以改过自新。现在，我等攻杀大汉州郡长吏，自知罪在不赦，故而无法投降。大汉已为上天所弃，长史大人好自珍重！”

说完，边章用一个十分潇洒的动作挥动马鞭，围兵如飓风一般离去，将一股巨尘，带进了遥远的大漠。

叛军虽然给了盖长史天大的面子，可盖长史还得为大汉尽忠。十二月，原护乌桓校尉夏育赴护羌校尉任上，军至畜官，被叛军包围。盖勋与诸州郡兵马前往救援。走到狐槃，羌人伏兵大起，汉军大溃。盖勋手下经此一击，不满百人。他本人身被三创，战马死了，伤口在流血，他对部下说：“盖某今日在此殉国。”

他指着阵前的旗杆说：“死后，将我的尸体放在那里！”

身边的将士们保护着他，纷纷倒下。终于，他面对着叛军的重重刀剑。

“住手！”一个酋长模样的人用马鞭拨开叛军。盖勋认出来，这是句就种羌酋长滇吾。

“盖长史是大贤人，尔等敢杀他，就是冒犯了上苍！”

盖长史不领情，大声呵叱道：“该死的反虏！你知道什么？快来杀我！”

羌人面面相觑，惊恐疑虑。

滇吾下马：“请大人骑上小人的坐骑，回大汉军中去吧！”

盖大人仍旧不动身。最后，滇吾下令强行将盖大人架上马，派了几名精干的骑兵送他至汉军阵前。大汉任命盖勋为汉阳太守。

刺史左昌被召回京师问罪。新任刺史宋因,是个十足的书生。他认为凉州之所以老是叛乱,是因为此地的教育和学术没有搞好,人心之中,没有忠孝节义。他一到任,就对盖勋说:“我打算让人多抄些《孝经》,分发到每家每户,令人人诵习,庶几可让人知道大义,平息寇乱之心。”

盖勋长叹一声,心想宋大人说得在理,可现在晚了,大汉只知向凉州民众征收赋税,可从来就不知恩育教化。

“使君大人,从前姜太公封于齐国,可齐国照样出了弑君的崔杼;周公封于鲁国,可鲁国照样也出了篡位的庆父。齐、鲁二国,难道还缺乏教化和学术吗?现在大人不急着做靖难之事,反而做些超出常理的举动,既足以招致凉州百姓的怨恨,又足以被朝廷取笑。盖某知其不可也!”

宋使君太迂了,仍然上书朝廷,要求批准这项计划。朝廷不仅没有批准,反而一纸诏书,免了他的职。

次年八月,左车骑将军张温出兵之时,朝廷诏拜盖勋为讨虏校尉。

中平二年(185)十月,左车骑将军率州郡马步兵十万抵达右扶风美阳县,被边章和韩遂击败。十一月,破虏将军董卓与右扶风守军将领鲍鸿合兵反击,大败叛军。边章、韩遂率军从三辅地区向金城郡榆中县退却。

张温将兵马分为两路,各三万。一路由荡寇将军周慎率领,追击边章和韩遂；另一路由破虏将军董卓率领，进讨羌人主力——先零部落。

孙坚，此时在张温军中任参谋。周慎临行前，孙坚去他的大帐，对他说："据我探知，贼兵据点之中已无粮草，他们一定要外出运粮。在下愿率万人断其粮道，将军自率大军压境，贼兵必不敢出战。粮草一断，贼兵困乏，则凉州可定。"

周慎没有听从，他径率大军包围了榆中城。攻打数日，无大进展。军队马上面临粮草问题。周慎派出的运粮队在葵园峡遭到叛军的伏击，周慎大恐，弃辎重而退。

董卓一路刚到坦北，就被羌胡团团围住。坚持了好多天，派出的求救使者皆无生还，军队无粮可食。董卓灵机一动，下令军士在营外河中筑堤，拦住上游的水流，然后在堤下捕鱼。羌人以为汉军打算坚持固守，放松了警戒。董卓又命汉军陆续从堤下偷偷行进，几天后，羌人发觉了汉军的计谋，可是为时已晚，当羌胡兵蜂拥而至，最后一名汉军已渡过河去。董卓哈哈大笑，下令破堤，河水汹涌奔腾，羌人只得勒马河边，望洋兴叹。

张温的军队退守扶风。可董卓的军队迟迟不至大营报到。张温让人拿着诏书将董卓带来，问他兵败之状，董卓陈述之际，面呈不服之色，语气桀骜不驯。

孙坚对左车骑将军说道："此人今后必为大患，明公可借此以军法处斩！"

"文台，董卓平素在河、陇一带甚有威名，今日如果杀之，恐怕大军西行征讨，无所依靠啊！"

孙坚是南方人，他不太知道西北边郡的复杂情形，所以他仍进谏道："明公亲率王师，威震天下，为何反依赖董卓！观他刚才所言，犯上无礼，其罪一也；边章、韩遂跋扈多年，当及时进讨，可董卓却说不可，分明是沮军疑众，其罪二也；他受朝廷大任，劳军无功，应对之际，反而轩昂自高，其罪三也。古之名将仗钺临众，将发大军之际，没有不断杀败将以激励士气的。今明公却看重董卓，不加诛杀，亏损威刑，必有后患！"

"文台！"左车骑将军用手势示意孙坚不要再说下去了。"你暂且回营，董卓刚走，见你在我营中久留，必起疑心。"

孙坚叹息而出。

次年春天，天子派出使节至扶风，拜张温为太尉，节度关西兵马。本朝诏拜三公，皆在京师朝堂之上，张温开了三公在外诏拜的先例，多事之秋，不得不便宜行事了。

同时，拜大长秋赵忠为车骑将军，节度关东兵马。赵忠是个中官，他只会宫里的一套，出掌兵马，他还着实有些紧张。他问禁军统领、执金吾甄举，有什么法子收买军队的人心。甄举说："上次天子让您定讨黄巾之功，当时的护军司马傅燮因上书弹劾中官，得罪了您，未能封侯，这件事，天下皆知。此人在军中甚有威望，您只要给他封侯，便可收回人心。"

赵忠无奈，只得答应，就让弟弟城门校尉赵延去傅燮家中致以问候。赵延说："南容（傅燮字），您只要对我家兄稍加答谢，万户侯也不在话下。"

赵延的热脸贴到了冷屁股上，傅燮一脸的严肃："有功不赏，这是命。我傅燮岂能去求私赏?”

没几天,诏书到门,傅燮跪下接诏,拜为汉阳太守,即刻离京赴任。

傅太守未到郡,就有叛羌闻风而降。郡将范津是南阳人,当年傅太守举孝廉,即出自范津的推荐。傅太守到任,与这位知己合对了兵符。几天以后,范津离任,返京述职,汉阳百姓送了很远。傅燮与之洒泪而别。

这年十月,南方武陵蛮夷反叛。十二月,鲜卑寇掠幽、并二州。天下大扰。

中平四年(187)的正月,朝廷就大赦天下,希望安抚人心,但刚到二月,京师附近的荥阳发生民众暴动,杀中牟县令。次月,河南尹、大将军何进之弟何苗率军出讨,奏凯还朝,拜为车骑将军。

这时,边塞又传警报:韩遂杀了同伙边章、北宫伯玉、李文侯,拥兵十万进围陇西。陇西太守李相如叛变投敌。

诏拜耿鄙为凉州刺史,率六郡兵马进讨韩遂。

耿鄙初来乍到,一切听从他的副手、治中从事程球。可他并不知道,此人在边塞多年,是出了名的奸吏,民怨沸腾。

耿鄙在任上接受的军队中,还有一位军司马叫作马腾。耿鄙在第一天到军中训话时就注意上他了,因为马腾的身长八尺有余,大脸、宽鼻。当询问其出身时,更让耿鄙大吃一惊,他竟是本朝初期平定羌乱的伏波将军、新息侯马援之后。其父马硕,孝桓皇帝时为凉州天水郡兰干县尉,因失官,留居陇西。又因家贫,遂娶羌女,生下如此伟岸的儿子。前年,狄道县汉人王国联合羌、氐叛乱，响应北宫伯玉。郡县募兵讨击，身为樵夫的马腾应招立功，升为军司马。

“伏波将军大概不会想到，他的后人仍在破羌阵中；更不会想到，他的后人竟是汉羌杂种。”耿鄙心里想着，觉得有趣。

汉阳太守傅燮来见耿鄙。

“使君大人来此不久，统政日浅，民未知教。贼闻大军将至，一定会万众一心。边兵多勇，其锋难当，王师新合，上下未和，万一内变，虽悔无及。不如息军养德，明赏必罚，操练兵马。贼得缓解，必谓我胆怯，必然争势恶斗，内讧不断。大人可趁机率已教之民，讨离心之贼，其功可坐而得之。”

傅燮已经认识到，这次讨伐边叛，已非一蹴而就的事了。他认为还得从吏治入手，以作长久之图。可刺史大人新官上任，贪功冒进，又嫌傅南容小瞧自己。于是大军继进不停。

四月，汉军至狄道县，凉州刺史的别驾做了叛军的内应，杀程球，又害耿鄙，汉军大溃。

贼兵进围汉阳，傅太守坚守城池。

一天，傅燮在城楼上听到贼军之中，有人用自己的家乡话喊叫。当他走到城墙边上，看见一大片胡人骑兵下马跪在城下，向自己叩头。他一下子明白过来，这是家乡北地郡的胡人。

胡人对他喊道：“我等皆怀太守恩德，不忍加害，愿太守出城，我等愿随太守还乡！”

傅燮之子傅干，年仅十三，此时对父亲说：“国家昏乱，遂使父亲大人不能容于朝堂。现在大人的兵马不足以自守，不如听从羌胡之言，还归乡里，等天下有道，再出而辅政。”

傅燮止住儿子继续往下讲。

“你知道，我是一定要死于国事的。只有圣人才能通达地处理节操问题，其次只能守住自己的节操罢了。当初殷纣王暴虐天下，周武王兴师为民除害，而伯夷却以为以下犯上，为不义之举，故而不食周粟而死。我遭乱世，不能养浩然之气，却又食了朝廷的俸禄，又怎能逃避国难？我还能去哪儿？必死于此！你有才智，勉之勉之！我的主簿杨会，乃是我家的程婴，可以托孤，今后，你可依靠于他。”

第二天，叛军做好了一切攻城的准备，摆开了阵势。临下达攻城命令之前，叛将王国让已经投降的酒泉太守黄衍到城下喊话：“南容君！天下已非复为大汉所有，南容君是否有意担任我等的统帅？”

城上的傅燮拔出佩剑，大声喝道：“你是大汉的剖符之臣，反而为叛贼充当说客吗？”

王国挥动马鞭，羌胡兵马如旋风一般，将汉阳郡城扫荡一空，傅燮阵亡。朝廷下谥号，曰：“壮节侯”。

汉阳陷没之际，汉军司马马腾率部反水，投靠韩遂，他俩结为异姓兄弟，共推王国为主，进而抄掠三辅。

九月，幽州辽西发生了乌桓与汉人的联合叛乱。

张温进讨凉州时，朝廷调发幽州乌桓突骑三千人，中山相、幽州渔阳人张纯要求担任将领，张温却任命涿郡人公孙瓒为将。乌桓的酋长丘力居根本不想给大汉卖命，军队刚刚开到蓟县，就谣传军粮没有运出。于是一夜之间，军队纷纷叛回乌桓部落。丘力居知道大汉政府饶不了他，于是联合张纯以及故泰山太守张举，举兵叛汉。杀护乌桓校尉公綦稠、右北平太守刘政、辽东太守阳终等官吏。叛军拥众十余万，屯驻辽西郡肥如县。张举自称天子，张纯自称弥天将军、安定王，移檄天下，历数当今天子的罪过，称张举当代汉；并命天子退位，京师公卿速来幽州奉迎新天子。

这是大汉的朝廷命官联合异族叛乱的开始。

本月，诏：张温平寇无策，免去太尉之职，以崔烈代之。

十月，南方长沙郡人区星率万人暴动，自称将军。诏议郎孙坚为长沙太守。当月，孙坚平定民变，封乌程侯。

十一月，王国包围陈仓。

皇甫嵩将军退居在家，除了阅读王符的《潜夫论》和历朝平羌史料之外，家中日日宾客盈门，驿马不断，将军仍在规划戎机。陈仓被围的消息传出，他说："该我出马了！"

果然，诏书下达，拜皇甫嵩为左将军，督前将军董卓，合兵四万讨贼。

董卓虽然瞧不起张温，但对皇甫嵩却佩服得很，因为皇甫规和张奂都是他的上司。皇甫氏又是凉州人，与自己同乡。可这一次出征，在战略上，董卓与皇甫嵩发生了分歧。

董卓认为：陈仓危急，宜速往营救。而皇甫嵩却认为百战百胜，不如不战而屈人之兵。陈仓虽小，但历朝历代均为军事要塞，城守坚固。王国兵马虽强，但久攻不下，其众必疲。疲而击之，全胜之道。

皇甫将军按兵不动。八十多天之后，时已中平六年（189）二月，陈仓来报，贼众解围而走。

皇甫将军下令追击。可董卓却进帐谏道："兵法云：穷寇勿迫，归众勿追。"很显然，他这是有意与主帅唱反调。皇甫将军看得出来，但没有动怒。

"董将军，以前，我不进击，是避其锐气。现在追击，是由于贼军已衰。我军所击，乃是疲师，并非归众。王国的兵马正在撤退，没有斗志，我军以整击乱，并非追击穷寇。"

皇甫将军又命董卓担任后援，自将主力追击叛军，连战大胜，斩首万余级。皇甫将军并未独占功劳，他太有修养，可董卓却以为这是对他更大的羞辱，心怀怨恨。

王国兵败，其部将韩遂、马腾等谋划之后，废了这个不中用的主子，用兵马劫持了一个凉州名士做主子。

这个人，就是劝说皇甫嵩将军反叛大汉，自做天子的阎忠。

不久，阎忠病死，贼军开始了自相残杀，走向衰微。朝廷暂时得以息兵。

中平五年（188）三月，诏发南匈奴讨张纯，单于羌渠遣左贤王率骑兵至幽州报到。匈奴虽然归附已久，但常常苦于大汉的征用，时下天下动乱不已，匈奴各部皆惧怕汉廷的调发没有个尽头。在骑兵刚刚上路之际，一个大部落联合屠各胡，合兵十余万攻杀单于，立其子右贤王于扶罗为持至尸逐侯单于。南匈奴从此叛汉。

六年，幽州牧刘虞到任，遣使去鲜卑、乌桓等部陈述利害，责令送张纯、张举二人首级于京师。鲜卑、乌桓被使者的利口和大汉的重贿打动，派遣译使来京师归降。

张纯、张举见势不妙，逃出塞外。刘虞罢兵，留降虏校尉公孙瓒将步骑万人屯于右北平。

三月，张纯的门客王政杀张纯，送首级于刘虞。诏拜刘虞为太尉，封容丘侯。

但此时刘虞与部将公孙瓒发生了矛盾。公孙瓒主张扫平乌桓，而刘虞却主张以恩信招降。公孙瓒的主张，看似忠勇可嘉，其实像很多在平定民众和边塞叛乱中积极主张进讨的将领一样，他是想借平寇为名，来充实自己的实力。

中平五年(188)冬天，盖勋被召回京师，天子亲自接见了他。第一句话就问："天下何苦，而反乱如此?"

盖勋回答："中官宠臣及其子弟，扰乱天下，事至于此。"

此时，京师有个望气的卜师，逢人便道："京师当有大兵，两宫流血。"

一时间，人心惶惶，谣言四起。

第六章 北邙山

枯鱼过河泣，何时悔复及。
作书与鲂鱮，相教慎出入。
——汉乐府歌辞

天子的发明

中平五年(188),盖勋在回答天子的问话时,话刚出口,便觉大悔。因为他忘了身边还有一个人,此人便是小黄门蹇硕。天子回头对蹇硕说:"你说,是这样吗?"

蹇硕是个很有力气的中官,但资格却比张让、赵忠之辈浅得多,可近来天子倒是相当看重他。他听到问话,一时不知所云,面呈惧色。

天子看了觉得好笑,便挥了挥手,表示这个话题到此为止。他一生都在观看中官与士大夫的角斗戏,现在边将又与中官们过不去,实在是烦恼无边。像这样简短的谈话,他也感到相当的吃力。不仅国事如此,家事也一样令人苦恼,出身于屠夫家中的皇后越来越不像话,在宫里飞扬跋扈,老是和自己的母亲永乐太后顶顶撞撞,恶语相加。婆媳关系又扩大到干预政事上来,拜了何皇后的同父异母的哥哥何进为大将军,又要拜她的同母异父的哥哥何苗为车骑将军。这下子太后又闹了起来，可她没有哥哥了，她的哥哥执金吾董宠被中官不明不白地干掉了，只得拜她的娘家侄子、五官中郎将董重为骠骑将军，搞了个平衡。

想到这些事，天子心乱如麻，便令步辇幸南宫玉堂。

天子近年对建筑学的兴趣越发浓厚。玉堂，是他与钩盾令宋典合作的一项古建筑修复工程。与此同时，他又与掖庭令毕岚合作，在南宫东门搞了四个铜塑仙人，在玉堂中铸了四口铜钟。接着，他又迷上了给排水工程。他将几条输水管道铺设在洛阳城南至南宫之间，利用地势，使得水流进入宫内。他的水龙头相当考究，一个做成神兽天禄的模样，一个做成月中蟾蜍的模样。不过天子是个相当仁义的人，他在用上自来水的时候，并没有忘记洛阳城的广大居民们。于是他又与宫中的能工巧匠设计了两种抽水工具，一是翻车，即千年之后尚未绝迹的农业灌溉水车；一是渴乌，即一种曲形汲筒，可用活塞抽吸引水。这两样东西放在洛阳城南的平门桥西，抽出的洛水从喷口中射出，像春雨一样，洒在贯穿洛阳城的南北主干道上。工巧之士对天子的这几项工程赞不绝口，小民百姓刚看到人工降雨的场景时，也欢呼万岁，只有财政大臣叫苦不迭。

当然，天子也不是完全忘情于其中而不问国事的君主，他知道自己的这些行为都会受到臣下的批评，甚至会被不讲情面的史臣写进帝国的史册。可你们这些臣下们可曾为我想想，国事日益衰敝，你们无甚好的对策，还成天在朝堂上钩心斗角，争权夺利，总不能让寡人成天价陪着你们玩这种枯燥无味的把戏？更何况，天子总是觉得浑身无力，他朦朦胧胧之中有些预感，自己的寿命可能会和叔父孝桓皇帝差不多，因而天子更在抓紧时间，去享受那些应该属于自己的东西。

州牧与校尉

面对目前的国家形势，天子批准了两大措施。

第一是改州刺史为州牧。这个建议来自帝国的宗室成员、太常刘焉。大汉自孝武皇帝起设立刺史部十三州，每州设刺史一人，每个州部下辖若干郡县。但有一点必须明白，即州部不是行政区域，帝国的地方行政是郡县两级。那么，州部是什么呢？州部是帝国的地方监察机构。在中央，军政大权由丞相、三公、太尉等掌管，而对中央官吏的监察，则由御史大夫掌管。监察功能延伸到地方，就是刺史了，这是大汉对今后千秋万代树立的一项典范制度。孝武皇帝初立刺史时，故意将刺史的秩位搞得比他的监察对象——郡守低一百四十石，因为嫉妒心理会促使刺史们穷凶极恶地整倒比他大的官僚。可是后来，刺史的权力越来越大，朝廷也只好将其秩位增加至二千石。事实上，至本朝，刺史已经成了地方的最高行政长官，只是没有名分罢了。

刘焉干脆让刺史名副其实。他对天子说："目前四方兵寇不止，地方上由于刺史的名分和威重都不足以征调粮食兵马加以镇压，而且朝廷的刺史们大都不称职，贪暴扰民，以至天下离叛。宜改置牧伯，选拔有清名的重臣居此大任。”他说的话得到公卿们的赞同。事实上，平定黄巾以及羌乱的事实，已经告诉大汉的君臣，帝国中央已无力控制局面，形势比较好的地方，都依仗着地方长官个人的威望和势力。

不过，刘焉的建议并非从大汉的利益考虑，而是有他自己的小算盘。他觉得大汉的死期快到了，一家人的性命寄在洛阳城中，迟早要遭祸殃。事后，他去朝中活动，要求委派自己做交趾牧。那是帝国最南端的半开化地区，没有人肯去但却是个避祸的好去处。在没有得到答复之前，他遇上了那个在洛阳城里逢人便说京师当有大兵、两宫流血的望气者。

此人名叫董扶，是个卜师和谶纬专家，他的家乡益州处在四川盆地之中，不仅雾气很重、难见天日，而且迷信流行、神学昌盛，还诞生了中国的本土宗教，直到一千八百多年之后，这里的工商管理部门竟然仍给卜师们创办的预测公司颁发营业执照。和预测大师们往往首先受到无知粗鲁的武将们的知遇一样，董扶的伶牙俐齿博得了大将军何进的称赞，并被授予侍中这样的高级顾问职务。但这种人，对神灵的兴趣远逊于对阴谋和权力的兴趣，他神秘兮兮地将一个天机泄露给刘焉：

“京师将乱，益州分野有天子气。”

一句话把个胆小的刘焉说得有几分野心了，他又去活动，要求做益州牧。恰巧益州刺史郤俭在任上横征暴敛，加之并州刺史张懿、凉州刺史耿鄙皆被叛乱的羌胡击杀，朝议许可。同时任命宗室成员刘虞为幽州牧，太仆黄琬为豫州牧。

董扶随刘焉上任，拜蜀郡西部属国都尉、太仓令。一做了官，他就把老本行抛到了九霄云外。

州牧可以行使地方的军政大权，因此，他如果还愿意忠于大汉，则为汉臣；否则，就成了割据一方的军阀。事实上，不到几年工夫，大汉的州牧都成了军阀；不想当军阀的州牧，也被想当军阀的州牧打垮了。后来，当了军阀的州牧们又想当皇帝，可皇帝只能有一个，于是，只得相互开战。最后剩下一两个，谁也吃不动谁了，就各自在占领的地盘上做了皇帝。这样一折腾，秦汉以来四百多年的大一统，中断了将近四百年。

第二大措施，加强帝国中央军队的建设。这一点，天子自从黄巾之乱就开始留意了。中平五年(188)八月，天子组建了一支西园军，下设八个校尉。天子命小黄门蹇硕为上军校尉，虎贲中郎将袁绍为中军校尉，屯骑校尉鲍鸿为下军校尉，议郎曹操为典军校尉，议郎赵融为助军左校尉，议郎冯芳为助军右校尉，谏议大夫夏牟为左校尉，谏议大夫淳于琼为右校尉。西园军的指挥权，归上军校尉所有，即连帝国最高军事统帅大将军，也归上军校尉统领，因为天子总是觉得中官可靠，这个魁梧有力、计谋又多的小黄门更是可靠。可天子又相当糊涂，给蹇硕配备的下属尽是些士大夫、士族子弟，这些人都有自己的打算，手上有了兵岂不更好？蹇硕是天子的一条狗，可天子却让他和一群狼在一起。

天子的两大措施，对大汉帝国来说，皆是送终之举，前者开启了地方割据；后者开启了宫廷政变。

这年十月，奏报青州和徐州又闹起了黄巾，来势很大，一时无法对付。这时天子听到了京师当有大兵、两宫流血的谣言。天子要振作精神，压压邪气，他打算搞一个规模相当大的阅兵式。

参加阅兵的军队有京师的禁卫军、西园军和地方选送的军队，计步骑十万。天子让人在洛阳西北的上西门外平乐观筑了个大坛，上建十二重华盖，盖高十丈。大坛的东北又筑一小坛，上建九重华盖，盖高九丈。命参加检阅的军队日日加紧操练。十月十五甲子日，阅兵式开始。天子立于大坛上十二重华盖之下，大将军何进立于小坛九重华盖之下。天子在鸦雀无声的将士面前亲自穿上甲胄，给战马挂上甲片。赞礼官高声喊道："吾皇万岁，亲临戎阵，称为'无上将军'！"接着，无上将军由大将军陪同，巡视军阵，将士们山呼万岁，喊声震天。天子苍白的脸上有了些血色，像喝醉了酒似的。回到坛下，天子将一柄宝剑授予大将军。

然后，各军兵种开始表演战术技巧，变换行阵。这时，陪同天子观看表演的将领之中，有讨虏校尉盖勋。天子探下身子问他："寡人像这样演练行阵，爱卿看了有何感想？"

"臣闻先王炫耀道德而不展示兵马，现在盗寇皆在边远地区，而陛下却在京师阅兵，还不足以昭示陛下的威严与果毅，最多算得上是穷兵黩武罢了！"

盖勋穿着甲胄，按礼不用下跪，站在天子面前说了这番硬邦邦的话。他知道，天子骨子里面，是把这次阅兵当成大型游戏来玩的，大汉的威风早已扫尽，阅兵又能挽回几何？钱倒是花了不少。

谁知，天子的回话也让盖校尉吃惊不小："说得好啊！寡人恨见君晚，朝中群臣，当初皆没有说过这样的话。"

阅兵完毕，盖勋见到袁绍，悄悄地说："本初（袁绍字），天子甚聪明，一点也不是想象中的那样，只是为左右群小所蒙蔽罢了！"

盖勋还是错估了天子，天子说这种话，其实是人之将死，其言也善。他积重难返，大限快至，糊涂了一世却说了几句聪明一时的漂亮话，虽说可嘉，却于事无补了。

袁绍听了也很高兴，他让盖勋这些天来自己家中叙谈。盖勋心照不宣，他知道，袁绍要和他谈的事，就是整整二十年前大将军窦武和太傅陈蕃谈的事情。等到了袁绍府上，盖勋才发现，西园军的八个校尉，除了上军校尉，其余皆在座中，主持会议的正是现任大将军何进。

大行皇帝

和二十年前一样，中官们也没有蒙在鼓里，他们更知道天子目前的身体状况，加紧了一切防备工作。上军校尉蹇硕采取的第一个措施，就是将盖勋外放到长安担任京兆尹。然后，他又劝天子派遣何进西击韩遂。

天子诏可。大将军也有对策，他面奏天子，说精锐皆在青、徐二州击讨黄巾，须先遣袁绍东去二州，调还一些兵马才能西进。天子又诏可。袁绍这一去，天子就没有见他回来过。

蹇硕忘了一条，中官集团现在的对手，不再是纯粹的士大夫。这些少壮派家中有势力，手上有重兵，心怀异志，都是乱世英雄。他们只以利害行事，不会像陈太傅那样，满口春秋大义、道德文章。大将军何进，也非窦武可比。窦武是个标准的贵族，总是相信朝廷的章法，而这个大将军是个卖肉的小刀手，什么都干得出来。

中平六年(189)四月，京师发生了一次持续时间相当长的日蚀。照例，将太尉马日免了，诏拜幽州牧刘虞为太尉。可是，这次因日蚀而罢免三公之一的举措，并没有消除人们心理上的阴影。京师的谣言像大雾一样，笼罩不散。

宫中的气氛比民间还要紧张，因为天子的病越来越重。大臣们看看不行，请天子速立太子。

本来，本朝储君的选定应该毫无麻烦。天子一共两个儿子，当然他命中可能不止两子，因为近年来，天子的嫔妃们经过宠幸之后，怀孕的不少。可这些皇家骨血生下后数月即亡，或者尚未出生，就和母亲一道死于非命。这事，只有何皇后清楚。何皇后之子刘辩，今年十四岁，既是长子，又是嫡出，是理所当然的太子。次子刘协，王美人所生，今年九岁。但问题是，天子不喜欢嫡长子，他嫌刘辩轻佻无威仪。天子的评价过于苛刻，十四岁的小孩子，加之从小养成的优越感，可能过于任性胡闹，还谈不上威仪风度。不过，相比之下，刘协作为弟弟，在谈吐行为等方面，确实比哥哥成熟许多。刚生下来的时候，天子就说他长得像自己。其实他仅是相貌与父亲接近，性情却不相同，因为他的养护人、祖母董太后毕竟是王妃出身，来自民间有身份的人家，而哥哥却是由出自屠户的何皇后带大的。

天子就是不下诏立太子，这可急坏了何皇后。

一天，天子在病榻上把上军校尉蹇硕叫到跟前，又将立在帐后的刘协叫出来，让他对蹇校尉作个揖。天子说："爱卿，皇子就托付给你了！"

蹇硕跪下，连连叩头，涕泣不止。

四月丙辰日，南宫九龙门内的嘉德殿传来了哀乐，天子驾崩。

大行皇帝年仅三十四岁。他是一个不称职的天子，因为他耽于享乐，宠幸中官，昧于朝政。其实天子虽然糊涂，可有一点最清楚：就是高皇帝、世祖光武皇帝在这十几年中再掌国政，也只有无可奈何的下场。命运既然安排自己来做大汉的末代天子，本来就要求一个不称职的天子，自己的一生倒是不辱使命。他比叔父孝桓皇帝强的地方是，他为大汉留下了最后的天子，好歹在名义上，又将大汉的国祚延续了三十一年。他比叔父不幸的地方是，此时大汉再没有什么战功捷报可以作为他死后的荣耀了，他的谥号"灵"，比孝桓皇帝差了一大截。"灵"，是放任本性、不见贤思齐、没有政绩的代称。

天子驾崩后，大将军何进接到妹妹、现在应该称为何太后的诏书，命他即刻进宫议事。大将军刚走到嘉德殿的阶下，上军校尉的司马、自己的老朋友潘隐就迎了出来。潘隐一边大声喊道："恭迎大将军！大将军驾到！"一边对大将军直挤眼睛。

大将军先是一愣，然后环顾空旷森然的宫院，觉得嘉德殿的大屋顶一下子向自己压来。大将军恍然大悟，立即转身向外跑去。潘隐装着不解，跟在后面叫："大将军何故返回？"

蹇硕急忙出来，拔出佩剑，命人关闭各重宫门，可他的命令传得没有大将军的腿快。

大将军出宫即上马，上马即驰至西园军中，他让袁绍、曹操把手下的军士们带至百郡邸驻扎，自己又去五校营，把禁军也带至这里。百郡邸，是帝国各地方政府的驻京办事处。

第二天，大将军又接到入宫议事的诏旨，他推辞说身患大病。

公卿朝臣们叫嚷着立新君，蹇硕也知道立嫡长子是不可违背的法度，他原打算杀了大将军之后，立刘协为帝，可现在不行了。

第三天，四月戊午日，刘辩即皇帝位。何太后临朝听政，赦天下，改元光熹。封皇弟刘协为勃海王。以后将军、袁绍的叔父袁隗为太傅，与大将军参录尚书事，共主朝政。

大将军

时间仿佛又回到了二十年前，大将军的府邸彻夜灯火，人进人出。这次会议是一次扩大会议，除了原先的骨干分子之外，袁绍又带来了二十多位江湖豪杰和党人名士。其中有：何颙，党人兼江湖豪杰。荀攸，字公达，颍川名士，荀爽的侄孙，其叔父荀彧，字文若，也是名士，一向为何颙所赏识。郑泰，字公业，河南开封名士，经学和高官世家，他知道天下将乱，所以政府举他为孝廉时，坚决不去。家中有良田四百顷，可钱却不够用，都被他拿来结交豪杰名士了。王允，孝灵皇帝驾崩之际，他从流亡地跑到京师奔丧嚎哭。此外还有一人，此人是袁绍的同父异母弟弟、帝国虎贲中郎将袁术（字公路）。

袁术和袁绍在名分上却是堂兄弟，因为袁绍虽是长子，但是庶出。故而他们的父亲司空袁逢便将袁绍过继给了二哥、左中郎将袁成，成了袁成的嫡长子。这兄弟两个都有豪侠之气，好养宾客，是京师出了名的贵公子。不过因为嫡庶的关系，袁术有些瞧不起袁绍，但袁绍的名气比他更大。有一次大长秋赵忠都注意到了袁绍，那是因为袁绍母丧之后，闭门隐居，不应朝廷征辟。大长秋说："袁本初这样做，是故意抬高自己的身价。他不应朝廷的召命，却在家中收养亡命之徒，不知此儿想干什么？"叔父袁隗听了，回来便对袁绍骂道："你迟早要毁了袁家！"

没几天，大将军任命何颙为北军中侯，荀攸为黄门侍郎，郑泰为尚书，王允为从事中郎。

上军校尉蹇硕写了一封信给大长秋赵忠和中常侍宋典，要求他们鼓动皇后下诏由自己掌握禁军，并关闭北宫的台省办公机构，诛杀大将军和他的兄弟何苗及其党羽。赵忠、宋典等接到书信，立即召集中官骨干们商议，他们同意了上军校尉的意见。

有一个人不同意，他就是当年去民间选妃子时，受了何进的贿赂，将何太后这个低贱人家的女儿送进宫中的中常侍郭进。他把上军校尉的书信拿给大将军看了。

新帝即位的第十三天，几个黄门剑士劫持了上军校尉，就地诛杀。同时，大将军快马驰至西园，向上军校尉的部下出示了蹇硕的人头，上军也被接管了。

宫里的中官们乱成一团。他们知道，只要一出宫门，大将军就会把他们杀得一个不剩，于是他们把希望寄托在大将军的对手董太后和骠骑将军董重身上。老太后得了中官的钱财，本来就积郁于心中的怒火一下子迸发了出来。她跑到何太后房里，指着她的鼻子骂道："你现在气焰嚣张，不就仗着你的哥哥吗？我一道诏书，敕骠骑将军断了何进的头，易如反掌！"

何太后听了，冷笑了一声，未作反驳。老太后走了，何太后让人去大将军府报信。

五月，大将军与三公共同上奏天子，说董太后派故中常侍夏恽在地方搜刮财物，悉入永乐宫中。并提出：按汉家故事，孝仁皇后作为藩王之后，不得留住京师，请下诏迁回本国居住。天子奏可。次日，大将军的兵马包围了骠骑将军的府第，在交出了骠骑将军的印绶之后，董重自杀。

六月的一天夜里，董太后暴崩，说法是忧怖而死。但京师民间的舆论却谴责起何氏兄妹。

六月十九辛酉日，葬孝灵皇帝于距京师西北二十里的文陵。大将军又称疾不至，他害怕中官们在葬礼上下手。

七月，新天子下诏，徙勃海王刘协为陈留王。勃海郡距京师太远，陈留接近京畿，这一改封，事实上是便于监控。当然，这又是大将军的主张。至于十四岁的天子，却和这个异母弟弟情谊深厚。

从内心里，何进还是有些惧怕中官。他和窦武不同，窦武是太自信，没把中官放在眼里，他身为贵胄，觉得用朝廷的法度就可以收拾中官。而何进来自民间，一向认为中官们相当厉害。如果不是贿赂中官选妹入宫，如果中官们也像对待董太后的哥哥执金吾董宠那样对待自己，不要说做到大将军，就是性命也不知在何处了。但是袁绍一直在给何进打气：

“从前窦武想诛杀中官反被他们加害，原因在于言语泄漏。五校营士生长于京师，皆畏惧中官，可窦氏反而依仗他们，可谓自取祸灭。当今将军兄弟二人都掌握着劲兵，部曲将士皆为天下豪俊，乐于效命，此天赞之时也。将军当下决心，为天下除害，垂名后世，不可失也！”

大将军上书何太后，要求将中官们全部免职，由中枢机构的郎官代行其职。可太后是个女人家，她回话说：“中官统领禁省，自古及今。此乃汉家故事，不可废除。况且先帝新弃天下，我怎能抛头露面，与士大夫共议朝政？”

何进又与袁绍商议，是否可以杀一些过于放纵的中官？袁绍说斩草不除根不行。

这时，中官们开始分化何氏家族。这一点是大将军始料未及的。他的后母舞阳君和她改嫁到何家时带来的儿子何苗都喜欢钱，中官们就给他们钱。于是他们对太后说：“现在天下都在太后您的手中，大将军却一个劲地要杀中官，不就是想削弱太后的权力，而由他一人专政吗？”太后想想也在理。

诛杀中官的事情，就这样拖下来了。

袁绍更加着急，他知道大将军心存畏惧，故打算给大将军吃一颗定心丸。他对大将军说，不如让各地的豪杰猛将带兵进京，以清君侧为名，威胁太后。果然，大将军欣然赞同。

大将军召开会议，定夺此事。

他的主簿、广陵人陈琳（字孔璋）发言反对：“《易》曰：‘即鹿无虞’；谚有‘掩目捕雀’，微小之物尚不可欺而得之，何况国之大事，如何能以诈术行之？今将军总皇威，握兵要，龙骧虎步，高下在心，这就像鼓洪炉以燎毛发一般。只要速发雷霆，行权立断，那么，天人顺之。可现在反而委释利器，征召外助。等到大兵聚会之时，则强者为雄，无法控制。这就犹如倒持干戈，授人以柄。功必不成，反为乱阶罢了！”

陈琳是当代大作家，出语也不凡。可大将军听不进去。

典军校尉曹操事后听说，哈哈大笑：“宦官这个东西，古今宜有。只有天子不当使之专权罢了。既然要治他们的罪过，也当诛杀元凶。这样的事情，让一个狱吏去办就行了，哪有纷纷召来外兵的必要？如果想把中官杀光，计划一定会泄露出去，我已经预见到大将军必败了！”

不过，此事使曹操记住了陈琳。

引狼入室

董卓的兵马驻扎在河东，帝国野战军的精华皆为西北军，屯驻西京扶风一带。董卓的军队是其中一支位于黄河东岸、距京师最近的兵马。大将军打算从东西两地一起召集军队。他派出府掾王匡和骑都尉鲍信去他们的故乡兖州泰山招募军队，又召东郡太守桥瑁、武猛都尉丁原将兵进发京师。最后，大将军召董卓率军入京。

大将军的意见立刻遭到郑泰和卢植的反对，因为时下的董卓，实际上已是大汉的叛臣。

今年年初，孝灵皇帝未崩之时，朝廷征召董卓入朝为少府卿。他居然敢抗旨不赴，上疏说："下臣军中有归降的义从羌胡兵将，他们都来对臣说：'朝廷军饷不发，家中妻小冻饿不堪。'并且拉住臣的马车，不得通行。羌胡之人心肠憋恶，情态如狗，臣不能禁止，只得顺其情而行安慰之事。如事态有变，臣当上疏奏闻陛下。"

天子驾崩之后，朝中公卿即恐他有变故，诏拜他为并州牧，促其速速上任，将兵马交付皇甫嵩将军。董卓又一次暴露了野心，他的上疏中写道："臣误蒙天恩，掌戎十年，士卒大小，相狎既久。他们怀恋臣下对他们的养育之恩，愿为臣奋一旦之命。乞朝廷批准臣率众去并州，效力边陲。"

皇甫将军的侄子皇甫郦见状，马上去找叔父。

"天下兵柄，在大人和董卓手中。现在大人与董卓已结仇怨，势不两存。董卓不奉诏命，揣度京师形势，踌躇不进，心怀奸谋。此人平素凶戾无亲，将士不附。大人今为元帅，可杖国威而讨董卓，上显忠义，下除凶害，无所不成。"

皇甫将军摇了摇头："董卓违命，虽已构成罪名，但我不得诏书，擅自讨伐，也要负担专诛之责。不如上报朝廷裁决吧！"

皇甫将军不是军阀，也不是野心家，他是个真正的军人，只能安天下，不能乱天下。

朝廷很快下诏，责让董卓，董卓干脆不予理睬，把军队开过黄河，观察动静。

大将军还是向董卓发出了命令。郑泰对荀攸说："何公不值得辅佐！"弃官而走。

董卓读罢大将军的命令，大喜过望。本来想当叛臣，现在却从天上掉下一个正当的名分。他下令军士即时就道，在出发之前，向朝廷飞报了一封上书："中常侍张让等，窃幸承宠，浊乱海内。臣闻扬汤止沸，莫若抽去薪柴，溃痈虽痛，胜于侵蚀肌体。从前赵鞅兴晋阳之甲以逐君侧之恶，今臣辄鸣钟鼓以向洛阳，请收张让等以清奸秽。"

大将军把董卓的上书拿给太后看，太后脾气很大，女人家不晓军戎的厉害所在，就是不答应诛杀全部中官。车骑将军何苗提醒哥哥："当初和大哥一道从南阳进京，俱以贫贱之人而赖中官得到富贵。国家的大事，谈何容易，一旦变故，覆水难收，请大哥哥深思。还是和中官们和好吧！"

何进听了，有些狐疑。这时部下报告董卓的西北军已开至渑池，距京师两百多里。大将军让谏议大夫种邵带诏去见董卓，让他暂且驻扎，听候调遣。

种邵，帝国度辽将军种暠之孙，新任司空种拂之子，回报说董卓悍然不奉诏。

继而，西北军开至河南城内。大将军无奈，又让种邵带诏，前去慰劳军队，相机劝董卓退军。

种邵刚刚读毕诏书，董卓的几个将士就拔出刀剑顶住种大夫。种大夫大怒，将诏书举过头顶，大叫："天子明诏在此，谁敢抗拒？"

兵士们吓了一跳，纷纷避让。种邵几步走到董卓跟前："董将军既是奉诏前来，为何不愿奉诏退军？"

"种大夫息怒，在下即刻退军。"董卓只得将兵马退出至城西。种邵见西北军总算停止了前进，便回朝复命。

还是那个袁绍，唯恐天下不乱，又来提醒大将军："目前已成交锋之势，对垒已成。将军又在等待什么？还不早作决断？事久则生变，您又要成为第二个窦武了啊！"

何进又倒向袁绍。他干脆让袁绍担任总指挥，命他为司隶校尉，假节，可专命令。命从事中郎王允为河南尹。接着，大将军又让洛阳的司法部门指控中官，让董卓继续进兵，并让他速派快马从驿道驰奏太后，声称将进兵平乐观。

何太后终于害怕了。她下了懿旨，辞退了所有的中官，命他们各自回宫外家中，只留了大将军的亲随在宫里办公。

第二天，大将军的府第外面跪满了中官们，他们叩头谢罪，请大将军从宽发落。袁绍见状大喜，示意大将军下手处决。可何进却对中官们说："天下汹汹不安，正是由于诸君。董卓马上就到，诸君还不早早回乡避难？"

袁绍无奈，只得让人通知各地州郡，说大将军命地方长官收杀中官，逮捕其亲属。

一头白发的张让跑去见自家的儿媳、何太后的胞妹，跪下便叩头："老臣得罪，你也得和我一道遣回故乡。惟累世受恩，今当远离宫殿，情怀恋恋，愿再能进宫服侍皇太后和陛下一次，然后退就沟壑，死不恨矣！"

张家儿媳去找母亲和姐姐哭闹，于是诏中官可以回宫入值。

黑夜暗流

九月一日戊辰，大将军自上次嘉德殿逃命之后，第二次独自进入南宫面见太后。他也带了两个心腹将佐吴匡和张璋同来，到了宫门口，大将军让他俩按朝例在外等候。他对妹妹说，这样不行，必须将诸常侍杀了，告谢天下，大汉方可安宁。

大将军一进宫，张让就找到中常侍段珪："大将军一直声称有病，先帝驾崩，他不临丧，不送葬。现在突然入宫，意欲何为？难道窦氏之事又要发生了吗？"

"我先去太后窗下听个明白，张大人可速去召人。"段珪说。

大将军谈完话，尚未走出南宫，一个小黄门叫住了他，说太后与天子请大将军留步，去嘉德殿说话。

大将军很高兴，妹妹终于回心转意了，让天子也到场，而且是去嘉德殿这样的正式议事朝堂，一定是要颁诏了。

刚进殿，大将军就发觉不妙，因为御座上没有天子和太后。回身一看，几十个中官手持刀剑拦住了去路。

张让站了出来："大将军阁下，天下溃乱，也非全是我等的过错。当初先帝因太后杀了王美人而要废后，我等涕泣救解，又各出家财千万作为礼物，和悦天子之意。我等之所以如此，就是想日后依托阁下的门户啊！可你现在却要诛灭我等，岂不是太过分了吗！"

没等大将军有所辩解，气愤到极点的尚方监渠穆，拔剑猛刺，何进惨叫倒地。

不一会儿，正在尚书台值班的官吏们接到诏书：拜故太尉樊陵为司隶校尉，少府卿许相为河南尹。尚书台的官吏见这一人事安排相当突然，便对送诏的中官说："请大将军出来共同议定！"

"可以！"说着，中官把一颗血淋淋的人头掷向办公桌："何进谋反，已伏诛矣！"

等了很长时间仍不见大将军，吴匡和张璋显然焦急万分。这时，宫门紧闭，他俩知道事变，立即派人去大将军府报信，同时开始攻打南宫的大门。

不一会儿，虎贲中郎将袁术率兵赶到。袁术下令包围南宫，进而火烧南宫青琐门。青琐门，以门上有工艺精巧的青色雕镂而得名，大火一起，化为乌有。

张让、段珪一边命中黄门卫士坚守南宫，一边去见太后，报称大将军率兵反叛，烧毁宫殿，攻打尚书台。也顾不上太后有什么反应，张常侍和段常侍命卫士簇拥着太后、天子以及陈留王，劫持一部分官吏，从南、北宫之间的复道向北宫奔去。

复道有两层，这伙人从上层阁道逃跑，跑了一半，段常侍从一扇窗户看见尚书卢植持戈站在下面。卢植也看见了他，用戈指着段常侍大喊："尔等中官，竟敢劫持陛下和太后，快快下阁伏罪！"

段常侍情急之下，把何太后拖出来，从窗口猛推下去。卢尚书的手下忙接住了太后，可阁道上的人却跑了。

宫外，袁绍行使起了总指挥的权力。他让叔父、太傅袁隗矫诏召樊陵、许相入朝，两人一到，即被斩首。他和何苗带着一队人马刚到朱雀阙下，就遇上一群从宫中跑出的人。袁、何二人麾兵上前，竟捕得大长秋赵忠，就地诛杀。

吴匡见到何苗，他知道何苗与大将军不同心，恨其入骨，又怀疑何苗与中官共谋。于是他对部下说："杀大将军的就是车骑将军，吏士们能为大将军报仇吗？"

吴匡是大将军的卫士长，他的部下和他一样，对大将军死心塌地。听了吴匡的话，都哭着喊道："愿致死！"这时正好董卓的弟弟、奉车都尉董旻带着西北军的先头部队赶到，吴匡便领着他们攻杀何苗，把他的尸体抛在御花园中。

晚上，袁绍命将北宫的大门封上，搜杀南、北两宫的中官。

从早至晚，大搜捕一直在进行着，两宫大乱。许多士兵不认识谁是中官，将官们说，见到不长胡子的就杀。

可是，并非不长胡子的就是中官。许多办公机构里的官吏不长胡子，有些在宫中干活的工匠也不长胡子，可大兵们不管，杀人杀得性起，恨不得见人就杀。于是许多不长胡子的正常人做了刀下冤鬼。有几个聪明的急中生智，赶忙脱下裤子，露出命根子，才保住性命。

九月三日庚午，张常侍和段常侍见无法支撑局势，便和几十个常侍及中黄门卫士，带着天子和陈留王打洛阳城东北的谷门步行出逃。他们翻过京师城北的北邙山，向黄河渡口方向奔走。袁绍的兵马只顾在城里搜杀，他根本就没有留意在此危急关头，必须首先保护天子。所以袁绍不知道他们的出走。

只有两个人，始终在寻找天子，他们是尚书卢植和河南尹王允。王允让自己的部下、河南郡中区的警备长官贡闵带兵跟随卢大人前去。

天黑的时候，他们在黄河岸边小平津渡口追上了天子一行。

卢尚书向天子跪行大礼之后，贡闵便上前对张、段两位常侍喝道："今不速死，吾将杀灭尔等！"说完，他手起剑落，一个中官倒下了，就这样，他一连杀了四五个。

张让、段珪等人吓得面无人色。最后，张让镇静了下来，这个老宦官颤巍巍地走到天子面前，叉手再拜，叩头不止。然后，他对天子说："臣等就此辞别陛下了，望陛下自爱珍重！"

他们跳进了黄河。黑夜的暗流把他们带向深处。

张让最后的告辞，是值得玩味的，因为这句话说出了大汉帝国的天子和中官的关系。本朝自光武皇帝光复以来，共计十三帝。从第四位天子孝和皇帝起，凡是在位期间能主持朝政的，无不出于中官的忠心扶持。近者如孝灵皇帝自不待言。远者如孝和皇帝，外戚窦氏立他为帝时，他才十岁。永元三年(91)正月，帝加元服之际，中常侍郑众经过周密策划，一举翦灭大将军窦宪的势力，孝和皇帝得以亲政十五年。孝殇皇帝为孝和皇帝少子，百日即位，两岁即亡。邓太后又立其十三岁的堂兄孝安皇帝。如果不是老太后于建光元年(121)去世的话，年寿仅三十二岁的天子，恐怕连最后五年的亲政机会都捞不到。孝顺皇帝作为孝安皇帝的独生子和钦定的太子，却因为皇后阎氏的反对而被父亲废为济阴王。当孝安皇帝驾崩，阎太后的家族又想在皇室之中选择一个便于操纵的幼主时，中黄门孙程等人在一个黑夜割袍起誓，发动了崇德殿政变，迎立了十一岁的济阴王。孝顺皇帝亲政达十九年，年三十驾崩。此后，梁氏外戚拥立了孝冲、孝质两位相继夭折的幼童天子，随后他们又立了十五岁的孝桓皇帝，十二年后，孝桓皇帝才得以在厕所之中与小黄门唐衡、中常侍单超等人密谋，打倒了大将军梁冀。

一个偌大的帝国，君主不能没有权威。在大汉的君主废立被外戚们玩弄于掌中之际，士大夫们往往没有坚决拥戴皇权的信念，因为他们是官僚，在他们眼中，君主只是帝国的象征物，而庞大的帝国机器的运转，靠的是官僚行政机制。所以当外戚们玩弄幼主时，士大夫们总以为这是皇室的家事，因而以消极的态度处之。可是中官们一开始却有着义愤之心，中常侍郑众就是一个名声相当好的中官，他的同事蔡伦的名声也很好，在当时，这一点要比他发明了造纸术更为人所知。但这个集团的成员与外戚一样，都是不忠实于或者不知道忠实于帝国法律的人，他们拥护了君权，却不知道君权到底是什么，因而常常做出维护了君权却破坏了帝国正常行政的事情，故而也就从根本上破坏了君权。随着他们私欲的膨胀，他们的拥君与外戚的行为又有什么区别？所以，他们拥戴的君主中，没有一位称得上是明君的。

董卓进京

且说张让等人跳了黄河，卢尚书让贡闵护驾还宫，自己先行回京，召集公卿百官迎驾。

夜深了，难辨道路。贡闵保护着天子和陈留王借着萤火虫的微光向南行走。走了几里之后，兵士们发现了一辆老百姓用的板车。他们把受了惊吓又困得要命的天子和陈留王放上车，推行到洛舍，贡闵下令休息。天子哭闹着要找母后，贡闵束手无策，倒是陈留王安慰了哥哥几句，天子这才睡去。

次日天明，贡闵找来两匹马，让天子独乘一匹，自己抱着陈留王共乘一匹。到了北邙山南面的山坡下，终于见到前来迎驾的公卿大臣们。第一个上前参见的是故太尉崔烈。

突然，西边传来军号和马蹄声，滚滚尘土中，不知来了多少兵马。天子又吓得啼哭起来。公卿及兵士们也很紧张。

旌旗开处，董卓高大肥硕的身影出现了。他驰至近前，滚鞍下马，朝着天子走来。

天子哭得更凶。一个大臣上前拦住董卓，喊道："有诏却兵！"

董卓将他拨到一边："诸公身为国之大臣，不能匡正王室，致使国家播荡，却什么兵？”

崔烈上前呵叱道：“董卓回避！”

董卓大怒，指着崔烈的鼻子吼叫：“我等昼夜兼程，行三百里而来，你竟敢说什么回避？看我不能断你们的头！”

董卓凶神恶煞的样子和他身后的刀光剑影，把众人都吓住了。

董卓走到天子面前，天子见他一脸横肉和虬髯，脸都白了。董卓说：“下臣甲胄在身，不行大礼了。陛下到了这一步，都是因为您让诸常侍和小黄门胡作非为，以取祸败。陛下责任不小啊！”他又问天子出城的经过，天子面色迷惘，语无伦次。

董卓又走到陈留王面前，脸色和悦了许多，他张开手臂：“在下便是董卓，让我来抱你上马。”

陈留王比天子要镇静得多，他也不回答，任凭董卓将他抱上马。一路上，董卓问他这两天的经历，陈留王一一为之叙述，董卓笑着说：“王爷幼而聪慧，令下臣钦佩。下臣听说，王爷是董太后带大的，下臣也姓董，论起来，也可以算是太后的同族吧！”

大队人马开进了京师。天子一回宫，朝廷下了大赦令，改元昭宁。命武猛都尉丁原为执金吾，掌典禁军。拜董卓为司空。在检点皇家法物时，发觉传国玉玺丢失了。

这时，鲍信招募的兖州兵马也开至京师，他见董卓带来了兵马，便去对袁绍说：“董卓拥强兵，必有异志。今不早图，必为所制。可趁其新至疲惫，突然袭击，一举可擒！”

袁绍沉吟不决。鲍信见势不妙，带着兵马回兖州去了。

董卓虽然粗野，但不乏智谋。他带进京师的步骑不过三千，一入城，他就收编了何进、何苗的部曲。为了让京师的公卿乃至禁军们慑服，他密令部下在夜里悄悄出城，第二天大张旗鼓地入城，就这样连搞了好几天，京师的人不知道来了多少西北军。

西北军的军纪让京师的百姓们心惊胆战，无论是汉人军士还是羌胡军士，都喜欢抢劫、杀人、奸淫。

九月五日癸酉，董卓大会公卿。他昂着头说道："皇帝暗弱，不可以奉宗庙，为天下主。今欲依伊尹、霍光故事，更立陈留王，众卿以为如何？"

大殿上鸦雀无声，无人敢出来言语。

"当初霍光定策，延年按剑，有敢违抗大议者，皆以军法从事！"

大殿上又回响起董卓恐怖的声音。

可是，卢尚书站了起来："从前太甲既立，昏昧不明；昌邑王罪名过千百，故而有伊尹、霍光废立之事。当今天子富于春秋，行无失德，不可与前事相比！"

董卓的脸上显出怒容："罢了他的座，拉出去斩了！"

兵士们进来，将卢植拖了出去。

侍中蔡邕进前："将军息怒。卢尚书和将军一样，皆是为匡正汉室。如将军一怒而诛之，天下人岂不误会将军的一片忠心？"

蔡邕怎么会出现在这里呢？原来董卓在进军京师之际，就打算组织一个新的朝廷。他也知道必须找一些名士来作点缀。他派人去找亡命在南方的蔡邕，蔡邕说："我老而且病，就不去领董公的情了。”

董卓让人传话给蔡邕:“我喜欢灭人九族!”

蔡邕怕了,他在董卓进京前就赶到了京师。董卓见到他,大喜过望,三日之内将蔡邕从御史升至尚书,又从尚书升到侍中。蔡邕这次回到阔别已久的京师,还带来了爱女文姬,她现在已不再待字闺中,而是一个回到老父亲身边的寡妇了。

继蔡侍中之后,议郎彭伯也对董卓说:“卢尚书海内大儒,人之望也。将军今天杀了他,可能会引起天下震怖。”

董卓听明白了,他马上让人放了卢植,但免去官职。

次日,卢植上书请求退休回乡。到了家乡涿郡,他让家人继续北上,直至外长城脚下的上谷。董卓果然派出了人马追至涿郡。三年后,卢植病故于上谷,临终前,遗令以单帛裹身,埋入土穴,不用棺椁。

会后,董卓将会议记录送给太傅袁隗审阅,太傅批道:依将军所议。

当天,董卓又请袁绍来府中议事。董卓说:“天下之主,应该是贤明之君。每每想起灵帝,令人气愤!陈留王看起来似乎比天子强些,我想立他,您看如何?人总有小智大痴之处,也不知陈留王到底怎样,姑且就先立他为帝吧,刘氏的种,不值得再留存了!”

袁绍回道:“汉家君临天下四百多年,恩泽深厚,兆民拥戴。天子富于春秋,未有不善之举宣于天下,公今欲废嫡立庶,恐众臣不从公之议也。”

董卓听了,按剑而起:“竖子竟敢如此?天下之事,岂不在我?

我欲为之，谁敢不从！你是不是觉得，我董卓的刀不够快？”

袁绍不愧是条汉子，他也勃然大怒：“天下的豪杰，难道只有董公一人？”说罢，袁绍拔出佩刀，横在前胸。董卓的卫兵不敢贸然上前，袁绍大步而出。

袁绍知道董卓新至京师，自己又是大家之子，一时不敢加害，但时间久了也不是个办法。他将自己的司隶校尉印绶挂到京师的上东门，逃奔冀州而去。

前天，董卓就觉得，京师之中唯一还握有重兵的公卿，就是执金吾丁原。他得想个办法。

丁原手下有个出名的猛士叫吕布，此人字奉先，出身寒门。丁原在并州刺史任上时，提拔他做了骑都尉。吕布为人粗疏，识字又不多，但膂力过人，骑射出色，人称飞将，加之他有一匹少有的良马，名曰赤兔，民间顺口溜都说：“马中赤兔，人中吕布。”丁原对他信任异常，他成了丁原军队事实上的统帅。董卓决定从他下手，因为他认定这样的粗人没有政治远见，稍以荣华富贵引诱，即可上钩。

没有想到如此之快，袁绍刚走，吕布就带着丁原的人头来见董卓了。董卓和他拉着手，认了义父义子，拜为中郎将，封都亭侯。吕布从此执了他的长戟，跟随董卓左右，成了他的卫士长。

董卓的胆子更壮了。第二天，九月六日甲戌，董卓会群臣于崇德前殿。公卿们进宫之际，发现宫中各门，均由董卓的人马把守，心中怦怦直跳。进了崇德殿，看见太后、天子、陈留王都在，大家知道，今天必有大的不幸。

董卓站到御座前，大声宣布："皇帝在先帝丧服期间，无人子之心，威仪不类人君。今废为弘农王，立陈留王协为帝！"

说罢，太傅袁隗将陈留王扶上御座，亲自解下天子的印绶，奉于陈留王。又扶弘农王下殿，北面称臣。

两个同父异母的兄弟，在这上下易位之际，都成了懂得世事的成人。

何太后哽咽不止。公卿们目视袁隗。袁隗不敢抬头，袁氏累受皇恩，世代公卿，却做出这种丧失气节之事，太没有面目了。

董卓又宣布："太后逼迫永乐太后，违背妇姑（婆媳）之礼，迁永安宫居住。"

新天子下诏："赦天下，改元永汉。"

九月八日丙子，何太后被迫喝下一杯毒酒身亡。董卓言太后暴病，会葬之时，又令公卿不得穿丧服。接着，杀太后之母舞阳君，发何苗棺椁，弃尸道边。

九月十七日乙酉，诏发幽州，以太尉刘虞为大司马，封襄贲侯。诏出，即拜董卓为太尉，封郿侯，加节传、斧钺、虎贲，这是一个规格相当高的仪仗。

尚书、武威人周毖和城门校尉、汝南人伍琼进见董卓，劝他矫正桓、灵之政，擢用天下名士，以收众望。这很合董卓的意思，他一直在准备做新的天子，知道收拢人心的作用。

二十六日甲午，董卓率诸公卿上书，为陈蕃、窦武及死难的党人平反，复其爵位，遣使吊祠，擢用其子孙和门生。

十一月，以董卓为相国，这是大汉初年的重爵，是一个终身职位。天子又下诏：董相国赞拜不名，入朝不趋，剑履上殿。诏除光熹、昭宁、永汉三个年号，仍称中平六年。

十二月，任命司徒黄琬为太尉，司空杨彪为司徒，光禄勋荀爽为司空。杨彪字文先，杨震的曾孙。黄琬字子琰，其祖父黄琼为孝桓皇帝朝的司空，也是大汉的名臣。其他被董卓擢用的名士还有：郑泰，任尚书。何颙，任长史。陈纪，此人是陈寔之子，拜五官中郎将。韩融，拜大鸿胪卿。韩馥，原尚书，拜冀州牧。刘岱，原侍中，拜兖州刺史。孔伷，拜豫州刺史。张邈，拜陈留太守。张咨，拜南阳太守。只有一个申屠蟠见诏大笑，就是不来京师。

董卓进京后，公卿大臣的委任都从旧官僚或名士当中选拔，西北军的将校们和他的亲信并没有大加重用。董卓也知道，这些人只能用作犬马驱使，不可委以治国大任。

曹操接到了董卓的任命，让他做骁骑都尉。曹操马上变易姓名，逃向东方。可董卓的追杀令更快，到了中牟，曹操被小吏逮捕。他咬紧牙关，不承认自己是曹操。中牟的功曹认识他，便对中牟令说："曹操我见过，不是此人。"

曹操回到家乡，散财募兵，以图大事。

天子别姬

次年正月，改元初平。一天，郎中令李儒来到弘农王的府中，将一杯酒递上前来："王爷请喝了此药，可以辟邪。"

弘农王一下子明白过来，一边避让，一边喊道："我没病，这是要杀我！"

李儒沉下脸："王爷，今天不喝了它，董相国那里也不会罢休！"

僵持了一会儿，弘农王说："请让我与唐姬和宫人作别吧！"

弘农王让下人摆了一桌酒，几杯下肚，弘农王对他心爱的唐姬起舞悲歌："天道易兮我何艰，弃万乘兮退守藩！逆臣见迫兮命不延，逝将去汝兮适幽玄。"

唐姬涕泣不止，亦起身而歌：

皇天崩兮后土颓，身为帝兮命夭摧！死生路异兮从此乖，奈我茕独兮心中哀！

弘农王执着唐姬的手说："爱姬，王侯姬妾，不如吏民之妻，自爱！自爱！"

起舞而歌，是楚地风俗，大汉的高皇帝是楚地人，因而将这种风气带进宫廷。大汉天子所作的楚歌，第一首是高皇帝的《大风歌》，那是一个功成名就的英雄回到故乡时的慷慨抒情之歌。弘农王的这首歌，则成了大汉帝国长歌当哭的挽歌。

第七章 东京西京

流离成鄙贱，常恐复捐废。

人生几何时，怀忧终年岁。

——蔡文姬《悲愤诗》

军　阀

新天子还不习惯称自己是寡人，其实他心里明白，自己是天下最名副其实的寡人。没有了父皇、母亲、祖母和唯一的兄长，以九岁的年龄而言，还是一个孤儿。每次上朝，都是董卓在说话。董卓自称孤，叫得相当自然。他很怕董卓。宦官又被杀光了，他可能是中国历史上唯一的一位宫中没有宦官的帝王。董卓让每位上至公卿、下至黄门侍郎级的官僚家中，出一子为郎，补充中官的职位。

董卓也明白，对于大汉的朝臣们来说，自己和西北军是一股外来的异己力量，因而他不得不顾及朝野的愿望。可是，他的努力没多久就失败了，因为他自己的骄横使得士大夫们失望，他带来的西北军的残暴，使得京师的民众失望。

董卓是中国历史上第一个真正的军阀，从中平六年他抗诏上疏中可以看出，他把国家的军队解释成自己的部曲。事实上，在他的军队当中，各个部分又是其将领的私人部曲。用各种大小私欲构建起来的军队，只能是没有理想的军队，他们的统帅也不可能有一个在道德上说得过去的政治理想，即便有，也不可能指望靠这些军人实现。大汉是一个成功的道德国家，董卓的专权，很快使之不堪忍受。

董卓放纵部下抢劫，在这种情形下遭了大殃的，不仅是小民百姓，而且有富贵人家。不少贵戚公卿之家也遭了抢掠，妻女也遭了强占。至于董卓，更是加紧把皇宫里的金银、珠宝、布帛往府里搬。就在他被拜为相国的第二天，他开了杀戒。

他在府中大会宾客，吃得杯盘狼藉。有些京师的大臣都能认出来，董相国怀里搂着的美人们，都是先帝宫中的嫔妃。董卓最喜欢女人，这与他的西北军将士一样。喜欢女人不打紧，关键是这些人喜欢女人的方式让文雅的京师人看不下去。他们只得私下里骂道："羌胡杂种！禽兽不如！"

董卓喝得面色红紫，脸上每块肌肉都膨胀起来。不过董卓很欣赏自己的长相，他感到脸上有些胀了，让人拿了一面铜镜，照了半天，他对大家说："我的面相，富贵无上！"座中传来一片嗡嗡的附和，人们心中都在说："酒后吐真言。"

这时，侍御史扰龙宗进来，趋至董卓跟前，说有事要汇报相国。董卓醉眼蒙眬地看着扰御史，忽然，他大叫起来："快把他拿下！"

"下臣有事欲陈，相国何故拿我？"

董卓的酒醒了，他心里不断地责备自己大意了。军中的生活，养成了董卓特殊的戒心，加之进了京师后，他感到这里人情复杂，虽以强权震慑，但总会有人像袁绍那样心怀异志。因而他规定，所有的人进见，都必须解剑。他刚才就是看到了扰龙宗身上的佩剑。

当着众人的面，扰龙宗被拖到堂下用铁锤击死。董卓像吃了最后一道大菜一样满足，而不少宾客们，喝下去的酒变成了尿。

董卓想起了袁绍、曹操等人，他叫来周毖和伍琼，要他们速速派人去冀州等地捕拿。他又说："听说袁公路去了南阳？此人也要拿来。"

周、伍二人面面相觑，伍琼回道："相国这次进京，行的是废立大事，这种事，非常人所及。袁本初不识大体，所以恐惧出奔。此人为京师贵少，实无大志。但相国如购求过急，倒可能激起事变。袁氏树恩四世，门生故吏遍于天下，如果他们收豪杰聚徒众，英雄因此而起，则关东非相国所有。下臣以为，相国不妨赦之，拜一郡守。袁本初喜于免罪，必不为患。"

"那就拜袁本初为勃海太守，封亢乡侯。拜袁公路为后将军。"

很快，董卓就发觉上了周、伍二人的当。

关东联军

初平元年(190)正月，关东州郡联兵讨伐董卓。联军的盟主和军事统帅正是袁绍。

由于无法得到天子的正式任命，袁绍以及关东军诸将帅没有朝廷颁授的册命和印绶。袁绍说："今天权且用木板授予称号，灭了董贼再请天子封许。"

袁绍自号车骑将军，他作了如下的战略部署：

袁绍本人与河内太守王匡进屯河内，冀州牧韩馥留屯冀州邺城，负责督办粮草，豫州刺史孔进屯颍川，兖州刺史刘岱、陈留太守张邈、张邈弟广陵太守张超、东郡太守桥瑁、山阳太守袁遗、济北相鲍信及曹操俱进屯陈留郡酸枣，袁术进屯南阳郡鲁阳。每部各数万人马。

对于京师洛阳来说，这是一个从东北到东部，再到西南的弧形半包围圈。

袁绍手下有陈琳，写得一手好檄文，鼓动天下。东郡太守桥瑁还假造了京师三公发给各州郡的公开信，说天子及朝廷见迫，无以自救，企望义兵，解国家于患难之中。一时群起响应，声势颇大。

董相国愤怒了好些天，关东联军从统帅到诸位太守将领，他皆委以重任，使之镇守关东，没想到没有一个向着自家，他开始对整个京畿和关东地区疑虑重重。

到处是阴谋。

董卓觉得，要寻求对付关东联军的方略，还得向周毖和伍琼询问。

他先召伍琼来内厅商量。伍琼穿着朝服来了。他安慰了董相国几句，说这些人不过是乌合之众，相国兵马乃天下劲旅，击之如摧枯拉朽。董卓见他忠心耿耿，大为高兴，亲自送他至内厅门口。伍琼拱起双手向董卓行礼辞别，董卓也抬手致意。这时，他见一道寒光直穿胁下。董卓身体虽肥，但一点都不笨拙，微微往旁边一闪，然后一把拿住伍琼的手臂。

伍琼心里暗暗叫苦，没想到董卓的膂力如此之大。董卓叫来卫士将刺客缚了，他也吓得汗透内衣。

“卿想造反吗？”

“你不是我的君王，我也不是你的臣子，何反之有？你乱国篡主，罪盈恶大。今天是我的死期，故来诛杀奸贼。恨不能车裂你于市朝之上，以谢天下！”

伍琼死后，周毖也被捕杀。此后，董卓让吕布不离左右，因而无人下得了手。

董卓大会朝臣，请大家议论大发兵马、讨伐关东联军之事。尚书郑泰出来唱了反调：“夫政在仁德，不在兵众。”话没说完，董卓就打断了他：“如卿之言，兵马皆是无用之物？”

董卓对这帮人怀疑到了极点。

郑泰马上就打消了董卓的疑虑：“臣的话并非如此。臣只是以为关东军不值得如此大动干戈。明公您出自西州，少为将帅，娴习军事。而袁本初公卿子弟，生长京师；张孟卓（张邈字）乃东平长者，平素坐不窥堂；孔公绪（孔伷字）清谈高论，嘘枯吹生。他们皆无军旅之才，临锋决敌，非能与公匹敌。何况，他们起兵皆没有天子的委命，师出无名，尊卑无序，因而不可能同心协力，齐进齐退。且关东承平日久，民不习战，而关西屡遭羌寇，妇女都能挟弓而战。天下人所畏惧的，无过于并、凉之人与羌胡义从，而明公拥之为爪牙，好像驱虎狼以赴犬羊、鼓裂风而扫枯叶，谁敢御之？明公现今秉国公正，讨灭中官，树立忠义，奉辞伐罪，又谁敢御之？然而，无事征兵以惊天下，使患役之民相聚为盗，放弃仁德，自亏威重啊！”

郑泰的话，让董卓放了心，更让朝臣们放了心。董卓即拜郑泰为将军，命他负责讨伐关东联军。第二天，董卓又起了疑心，收了昨天的成命，拜郑泰为议郎。

天子西迁

正月里，关东联军还是同西北军交锋了。

由河内太守王匡率领的关东联军先头部队，到达洛阳东北的河阳津渡口，打算渡黄河南进。董卓派出两支人马迎敌。一支向平阴渡进发，做出从这里渡河进击的态势；另一支则悄悄地从小平津渡河，向北行进了一段，再向东绕至敌后。王匡的人马遭受惨败，几乎全军覆没。关东联军锐气大挫。

很快，董卓作出了一个具有长久战略意义的选择：迁都长安。

进军京师的期间，董卓明白了一个道理，大汉确实如袁本初所言：恩泽深厚，兆民戴之。今天下大乱，但大汉天子这个名称，可以成为一切举措的最正当的借口。京师是大汉二百多年的首都，这里根基牢固，难以动摇，要控制天子，进而自己称帝，必须把天子挟持到自己的根据地——关西。

他准备迅速行动，先将天子迁出京师，自己率部分西北军击垮关东联军。这一方面是考虑到关东联军的威胁；另一方面，董卓得到了一个情报：南匈奴单于于扶罗率数千骑兵与河北诸山谷黄巾的一支——郭太所率白波谷黄巾合兵一处，寇掠郡县，兵马已至河东平阳。如果他们渡过黄河，从东京洛阳去西京长安的通道将被切断。

董卓在正式召集公卿商议迁都之前，上表奏请拜河南尹朱俊为太仆，作为自己的副手，他对朱俊在军事上的才干十分欣赏。先帝驾崩之际，河北诸山谷的黄巾曾经寇掠河内，逼近京师，朱俊就任河内太守，带着家兵将黄巾击退。董卓想让他谋划洛阳一带的军事。可朱俊将军对董相国派来的使者说："国家西迁，必负天下之望，以成山东之衅，臣不知其可也。"

使者说："相国召君受拜而君拒之，没有问君迁都之事而君却言之，这是何故？"

"做相国之副，非臣所能胜任；迁都不是个好办法，这是国事之所急。臣辞所不堪，言其所急，正是做臣子应该做的。"

董相国还是议论迁都了，他打算先耐着性子和这班文臣们讲道理。他说："高祖都关中，十有一世；光武都洛阳，于今也十有一世了。我看了《石苞室谶》这部秘书，上面说宜迁都长安，以应天人之意。"

一阵沉默之后，司徒杨彪出来说："移都改制，是天下的大事。

从前关中遭王莽之乱，残破不堪，故光武皇帝改都洛阳，历年已久，百姓安乐。今无故捐弃宗庙、园陵，恐百姓惊动，必乱如沸粥。至于《石苞室谶》，乃妖邪之书，岂可信用？”

董相国又道：“关中肥饶，故秦得以吞并六国。且陇右出产木材，杜陵有孝武皇帝的陶灶，作砖瓦，一朝可办。至于百姓，何足与议。如有作乱，我以大兵驱之，别说是西去长安，就是东去沧海，也可办到！”

杨彪还在争辩：“天下动之至易，安之甚难，请明公三思！”

董相国的耐心有些不够了：“公欲阻碍国之大事吗？”

太尉黄琬也不知趣，对董相国说：“正是因为此乃国之大事，杨公之言，难道不值得明公考虑吗？”

董相国听了，沉下了脸，不作回答。

司空荀爽见势不好，怕这二位再这么迂下去，就掉了脑袋。赶忙出来对他们说道：“相国难道高兴迁都吗？山东兵起，非一日可禁，故而迁都以图之，此乃是秦、汉开国时的形势。”

董卓听了，面色缓和，宣布散会。

会后，杨、黄二人又上驳议。

二月五日乙亥，董相国以灾异之故，策免杨、黄，以光禄勋赵廉为太尉，太仆王允为司徒。

杨、黄二人有些怕了，亲自去给董相国赔不是，董相国也是个好面子的人，马上拜他们为光禄大夫。

现在，董相国还是放心不下，他还想到了一个威胁，那就是自己的根据地关西地带，驻扎着西北军的总节度皇甫嵩将军。此人与自己有隙，会不会在后面对自己下手。他与皇甫将军之间的隙缝可谓越来越大了，也可以说是发展到了仇恨的地步了。

董相国进了洛阳，就打听得皇甫将军的叔父、已故护羌校尉皇甫规将军有一后妻，寡居京师。

董相国听人说皇甫家的寡妇年轻貌美，而且写得一手好字。董相国想起来，自己从前受皇甫规将军节度时，接到的军令板上，确实是一笔好章草。

董相国出身职业军人，身边尽是些狐媚妖姬，没见过什么大家风范的女人，于是他派人以重金作为聘礼送到皇甫家门前。第二天，皇甫家的寡妇轻车来到相国府，跪在门口，向相国婉言陈辞，谢绝婚事。

董相国见她果然仪范出众，风采动人，颇是垂涎。可是她居然敢不从命，董相国怒火中烧，他让侍者拔出刀来，围住这个弱小的女人，说道："孤之威令，欲令四海风靡，哪有一妇人能够抗命的?"

谁知皇甫家的寡妇是个烈性子，她站起身便骂："你这个羌胡之种，毒害天下，还不够吗? 妾之先人，清德传世，夫君皇甫氏，文武上才，为汉忠臣。当初，你不是他手下的走卒吗? 竟敢对长官的夫人行此非礼?"

董相国在自家大门口，被一个女人破口大骂，还被揭了老底，怒不可遏，他下令卫兵将皇甫家的寡妇绑在马车上，鞭杖齐下。

皇甫将军的妻子对打手说："何不下手重些，请干脆点吧!"不一会儿就断了气。

董相国现在想起来，还有些心悸。

他不敢贸然地调动皇甫嵩，于是先调京兆尹盖勋回来做议郎。与京兆尹毗邻的扶风郡正是皇甫将军的驻地，盖勋又是皇甫的老战友，调他进京，可以观察皇甫嵩的反应。

帝国的左将军皇甫嵩手上有三万兵马，盖勋一接到调令，就去找皇甫嵩，劝他举兵声讨董卓。皇甫将军告诉他等等再说。

董相国这里等不及了，他又征拜皇甫嵩进京担任城门校尉。

皇甫嵩的长史梁衍对皇甫将军说："将军如果去了，小则受困辱，大则遭祸殃。现在天子先来长安，董卓自留洛阳，不如以将军之众，迎接至尊，然后奉诏讨贼。袁氏逼其东，将军迫其西，董卓可擒也！"

皇甫将军摆摆手，命人准备车马去洛阳。盖勋见状，也一同去了。

董相国放了心，他还提拔盖勋为越骑校尉。这是因为有一天开军事会议，朱俊向董相国说了一套战术。董相国最讨厌别人在自己面前奢谈军事，他对朱俊一挥手："孤百战百胜，决之于心。卿勿妄说，触乱军法，脏了我的刀！"

盖勋立即反驳："往古之时，殷高宗武丁，英明过人，尚且求人箴谏，何况是您呢？反而要杜人之口？"

董相国先是一愣，然后大笑："二位爱卿，孤刚才失礼了！"

初平元年(190)二月十七日丁亥，天子的车驾西迁长安。

立国四百多年的大汉，到了她的劫期。

董相国命部分军队负责驱赶京师吏民西迁，将西京的国政委与王允。自将精兵屯驻于毕圭苑。董卓是不打算回来的，也不允许今后还有人回到关东，于是他下令烧毁大汉立于洛阳的宗庙、宫殿、各级官署直至民宅。财物也是他所关注的，于是国库荡然，京师的富室几乎都以谋逆罪而被西北军的军事法庭草草判决，家财悉数没收运往长安。董相国觉得这些东西还不够他将来的开国费用，又密令吕布率人开掘大汉列祖列宗的陵墓和一些公卿的墓冢。

京师周围二百里内，人烟绝迹，鸡犬之声不闻；西去路上，百姓饥饿倒毙，备受兵士抄掠，积尸盈路，野狗豺狼，成群出没。

只有一样东西，董相国和他的将士们都看不上眼，那就是大汉皇家图书馆和太学里汗牛充栋的典籍。董相国觉得，这些竹简和丝帛是制作火把的绝好材料，当然他的兵士们还作了发挥，他们将大批的帛书当作车篷和口袋。这些典籍是大汉最值得骄傲的宝藏，在秦始皇用大火和酷刑扫荡文化之后，大汉开国初期的帝王们一点一滴地从民间将五经六艺以及诸子百家之言收至中央，又网罗博士，招收弟子，研读经典，培育出一门门的学问。财富可以迅速地聚敛，而文化遗产被毁则难以复原。当初光武皇帝定都洛阳时，用马车从关中长安以及全国各地往洛阳运送典籍，共计两千辆次。这次西迁，王允特别让人抢救图书，可惜只运出七十车，路上又丢弃了大半。董相国的这把火，使得大汉最为深远的立国根基毁于一旦。以后的王朝，只能将从民间收集到的古文写本的五经立为官学，而大汉发展出的熔天地人为一炉的博大而实用的今文经学，至今都寻不出个真面目了。

蔡邕现任五官中郎将，奉驾西迁去了。他不知道，他立在太学里的石经，已被焚烧太学的大火烤焦、发脆，在一阵大雨之后，轰然裂断，纷纷倒塌。

蔡中郎的心也和石经一样焦热，当然，他已经顾不上担忧石经了，因为发生了一件更令他担忧的事情：他与爱女文姬失散了。

文姬与父亲走散了，她茫茫然不辨东西，只觉得京师到处是火、兵、马、刀、剑、血、泪。忽然，她迎头碰上一队西北军，这群军士骑在马上，押着几辆牛车，叫嚣着而来。

文姬躲闪不及，被兵士抓住。她大声分辩，兵士们哈哈大笑，对她哇里哇啦喊了一通，把她扔到车上。她明白，这些人不是羌就是胡，不通汉语。上了车，文姬就吓晕过去了。车上全是妇女，车身四周的木栏上，系满了血淋淋的人头。她们告诉文姬：这些，是她们的丈夫的人头。她们是京师郊区的民众，二月的今天，是祭祀土地神的社日，当祭祀正在进行时，来了这队军士，他们开始了屠杀。

等到文姬醒来时，她们已到了河东境内的黄河渡口。这里等候着匈奴的兵马，他们是来趁火打劫的，而且与董相国的军士们进行奴隶贸易。羌胡乃至匈奴，这些民族在当时之所以是彻头彻尾的野蛮民族，就在于他们从来都把自己种族之外的人当作牲畜财产，因为在他们的文化之中，还没有人类这个词语。

文姬被卖到了南匈奴于扶罗单于手下的左贤王部落。

当时，全世界有三个最大的城市，其一是长安，其二是罗马，其三是洛阳。由于长安早已残破，因此洛阳是东方最值得骄傲的城市。她的城墙所包围的面积就达十点一平方公里，其城墙东西九里，南北六里，因为九六为阴阳大数。全城计有十二个城门，笔直的大道贯穿全城。二十四条主干道，每条宽达二十至四十米。北宫的主体建筑德阳殿，是天子的礼堂，陛高二丈，可容万人。她的一切街道、宫室、神坛、公园、宅第、民居、粮仓、作坊、学校、天文台、气象台，都是以天上的星宿和地上的山河为依据建造的，体现了当时华夏民族的建筑、工艺乃至哲学的最完善的境界。在那个时代，出现这样的都市，其意义比现在那些拥有无数座摩天大楼的都市要大得多。她是大汉文化培育出的硕果，如果这个成熟的果实能被大汉的继承者消化掉，倒不啻为一件好事。可惜的是，她被一个破坏者无情地糟蹋了。

三月五日乙巳，暴雨如注，天子抵达长安，先住在京兆府官舍，过了些时，才将长安的旧宫殿草草修葺了一下搬进去。朝政暂由王允主持。王允带着九岁的天子游览了长乐、未央等著名的宫殿，当然，有的已是遗址了。王允希望这个少年天子能从这些巍峨的宫殿之中，感受到大汉开国君主的英雄气息。果然，不多久，天子喜欢上了史学。

曹操奋一军之勇

把天子弄出了战场，董卓总算松了口气，他现在可以集中精力，同关东军打几仗了。在得到天子进入长安的消息后，三月十八日戊午，董卓下令将袁绍、袁术的家族五十多口，包括太傅袁隗、太仆袁基杀了个干净。派大将徐荣出击关东军。

再说关东军方面，郑泰对董卓说的那番话，虽是缓兵之计，为关东军争取时间，但他对关东军的分析，却是一语中的。关东军在组建时，就不齐心。袁绍逃到冀州，冀州牧韩馥竟派了兵马去监视他。袁绍一时无法动弹。等到韩馥看到关东俱起时，才问他的参谋刘子惠："今当助袁氏呢，还是助董氏？"刘子惠说："兴兵为国，何问袁、董！"韩馥面有惭色。

刘子惠又说："兵者凶事，不可做出头鸟。应派人去别的州郡看一下，如果大家都起了兵，然后再响应。冀州比起其他州来，并不为弱。可图大计。"

韩馥这才去书袁绍，允许他举兵。

刘子惠的话，已谈不上为国着想了，他事实上在劝主人做军阀。

所以，在关东联军中，越是拥有重兵的，就越不敢轻举妄动，谁也不愿意先把老本拼光。关东军的包围圈很大，但兵力不集中，雁行观望，反而拥兵最少的曹操冲在最前面。

曹操在袁绍的联军中，讨了个奋武将军的头衔。他在陈留纠合宗族、部曲、宾客，由陈留孝廉卫兹出钱，募兵五千，这里有他的堂弟曹洪，字子廉；夏侯惇，字元让。曹洪是个大地主，宗族势力很强；夏侯惇十四岁时，就杀了侮辱他的老师的人，曹操让他做军中司马。在军事上，曹操接受陈留太守张邈的节度。曹操读过兵法，知道战机是最最重要的。他看到诸位太守、将军踌躇不前，便在一次军事会议上说:“举义兵以诛暴乱,大众已合,诸君还有何疑虑?如果让董卓倚靠王室,凭借西京,东向而临天下,即使他丧失道义,犹足为患。现在他焚烧官室,劫迁天子,海内震动,不知所归,此乃天亡董卓之时也。一战即可定天下!”

大家听了面面相觑。这些人都是帝国的精英,如王匡,有任侠的名声,手下有强弩五百;袁遗,袁绍的堂兄,博学有智术。曹操晚年曾对儿子曹丕说:“成年之后而能勤奋学习者,惟吾与袁伯业(袁遗字)。”可精英们一旦有了私心,就胆小了起来。

曹操不顾诸将的意见,独自进军成皋。张邈派卫兹分出一些兵马随后助战。至荥阳汴水遭遇徐荣,被打得大败。曹操中箭,战马也受创。此时曹洪将自己的马交给曹操,曹操不肯上。曹洪说:“天下可无洪,不可无君。”至汴水岸边,水深无船,曹洪又去找了条船,渡水而逃。徐荣虽胜,却感到关东军兵士虽少,但十分英勇,于是引兵返回洛阳,对董卓说酸枣不太容易攻下。

回到酸枣的情形更让曹操气愤。这些关东军将领们天天置酒高会,不图进取。曹操又对诸将们说:“诸位如能听从我的计策,使袁本初将军率河内之众兵临孟津,酸枣诸将据守成皋、敖仓、轘、太谷等险要之处,再请袁公路将军率南阳兵马进驻丹水、析县,攻入武关,便能震动关西三辅。诸军皆高壁深垒,不与董卓交战,只是用来宣示天下,以顺讨逆,即可安定天下。今兵马以义而起,又迟疑不进,失天下之望,窃为诸君感到可耻!”

他们真的满足了曹操的这种羞耻心,不久,关东军内部开始火并。由于军粮将尽,关东军散伙。这时,一向与桥瑁有过节的刘岱下手杀了桥瑁，以王肱为东郡太守。青州刺史焦和率兵随关东军渡河西进，这时，黄巾进入青州境内，由于焦和平素爱好卜筮，迷信鬼神清谈，政治淆乱，赏罚不明，回兵与黄巾交战时，望风而逃，故而本来殷实的青州转而萧条。好在焦和很快病死，袁绍立刻安排了臧洪领抚青州。

曹操和曹洪、夏侯惇去了扬州刺史部的治所淮南。曹洪和扬州刺史陈温是好友，他带着千余名家兵同陈温在境内募兵，在淮水流域的庐江、丹阳募得好几千人，带到龙亢与曹操会合。一天夜里，新兵叛变，焚烧营帐，曹操手刃数人，次日收得不叛者五百人，向河内进发，与袁绍会合。一路上又收募兵马数千。

董卓又松了一口气。他让人把关东军的俘虏用猪油浸过的布裹紧，从脚下开始点火，活活烧死。

五月，董卓又在河阳津成功地袭击了王匡的军队，解除了洛阳城外的威胁。

西北军击垮了关东群雄的意志。但由于这次讨伐董卓的战争，使关东群雄们得以擅自调发各自州郡的民众、财物，形成了与董卓性质相同的关东军阀势力。于是，帝国境内全面的割据、兼并和自治开始了。

这样的形势首先出现在帝国的南方和东北。

西蜀割据

中平五年(188)刘焉去益州牧任上时，从京师带去两个益州籍的随员，一个是董扶，另一个是太仓令赵韪。刚至益州，正碰上益州地界闹黄巾。黄巾统帅马相、赵祇攻破绵竹，杀县令李升。吏民响应，合众万人，进而攻杀刺史俈俭，连破三郡。于是益州从事贾龙率宗族家兵起而击之，数日之间，大破黄巾。贾龙派人迎接刘焉，将治所移至绵竹。贾龙代表着益州地方豪强的势力，刘焉刚到任，不得不对他们采取拉拢的手段，政治务为宽惠。但他一直在盘算着如何成为益州王。

他迷上了一个本地的中年寡妇，因为她又有风韵又通巫术，这两点使得她美丽而神秘，让刘焉神魂颠倒。她还有个儿子叫张鲁，字公祺。刘焉也知道，这母子俩，其实是益州太平道的总头领。张鲁的祖父张陵从沛国丰县迁居益州，在鸣鹄山中学成道术，成为一个五斗米道的信徒。张鲁之父张衡也是教团中的祭酒。刘焉和张鲁的母亲打得火热，便任命张鲁为督义司马。当然，这一任命不完全由于恋爱中的冲动，刘焉别有用心。

张鲁和别部司马张修，在刘焉的派遣下，率兵驻扎到益州北部的汉中地区。这里是地理封闭的益州与关西和中原的重要通道。不久，张鲁、张修袭杀汉中太守苏固。

不久，迁到长安的朝廷收到了刘焉的上奏，说益州米贼断绝了道路，赋税送不出来，请不要怪罪益州。在关闭了益州的大门之后，刘焉下手杀了益州的豪强王成、李权等十多人。犍为太守任岐与贾龙以刘焉身为宗室，不兴兵讨伐董卓为由，起兵攻打刘焉，均被刘焉击杀。

刘焉又造起了乘舆仪仗，相邻的荆州刺史刘表上表天子，汇报这一动态。天子发现刘焉有三个儿子在中央任职，便派了老三、奉车都尉刘璋去益州晓谕其父。刘焉留住了儿子，因为益州王也要有王储。董相国见刘璋不回，便把刘益州的另外两子左中郎将刘范和治书御史刘诞下了大狱。

荆州割据

荆州刺史刘表也是宗室成员，字景升，山阳高平人，是个老牌党人，太学生推崇的八俊之一。此人身高八尺，姿貌伟岸，何进任命他担任北军中侯。初平元年（190）三月，荆州刺史王睿为长沙太守孙坚所杀。长安朝廷诏拜刘表为荆州刺史。

战事正紧，刘表接到诏书后才发现自己连个随从都没有。到了荆州地界，没法走路。袁术屯兵鲁阳，吴人苏代自领长沙太守、贝羽为华容长，各自拥兵作乱。除此之外，还有宗贼。所谓宗贼，又叫宗部或者宗伍，其头目称为宗帅，是江南山陵地区以宗族为单位的地方武装。刘表单马进入了宜城，找到当地的三位乡绅：蒯良、蒯越和蔡瑁商议对策。刘表说："宗贼太厉害，袁公路又借他们的势力为祸一方，我想征兵，又怕征了管不住，计将安出？"

蒯良说："征不到兵，是由于仁不足；征到了又管不住，是由于义不足。如以仁义治理州郡，则百姓归附，如水之趋下，还怕什么征了管不住而来问我们兴兵之策？"

刘表碰了个软钉子，心想，你说的都是废话。他又回顾蒯越。

蒯越说："治理太平之世，先用仁义之道；可治理乱世，就得用权谋。兵不在多，在于得人心。袁术勇而无谋，苏代、贝羽都是武夫，不足为虑。至于宗贼，他们的宗帅贪暴残虐，为下所患。在下与他们素有交往，可诱之使来，使君诛其无道，抚用其众。天下大乱，民众都希望一方太平，安居乐业。如果他们听说使君有盛德，一定会扶老携幼而来。等到兵集众附，则南据江陵，北守襄阳，荆州八郡可传檄而定。袁术虽率兵而至，也无能为力了。"

刘表喜出望外，摆了好几桌酒，请了五十五位宗帅，砍了五十五颗人头。蒯越又说降了襄阳最大的宗帅张虎和陈生。荆州八郡，除南阳郡之外，其他七郡：南郡、江夏、零陵、桂阳、长沙、武陵、章陵，基本平定。刘表将治所设在襄阳。没有几年，刘表带甲十余万，荆州成了南方最太平的地区，成了北方许多百姓和大族的避难所。刘表不像那些只知道用刀剑割据地盘的军阀们，他兴建了许多学校，招集外来的儒学大师如綦毋闿、宋忠之流，重新解释五经，形成了荆州学派。刘表也不像刘焉，他不做僭越礼制的事，仍像一个刺史那样事事上奏，岁岁贡赋。因而他既树了威，又立了名，终其一生，都没有人能打他和荆州的主意。

就在刘表去荆州任上的时候，北方幽州牧刘虞被拜为太傅。战火遍地，长安的任命竟不得通报到幽州地界。其实，刘虞也不见得愿意去长安任职。幽州远接塞外，与乌桓和鲜卑的摩擦又多，帝国政府往常每年调用青州、冀州的赋税二亿钱给幽州开支。现在，这笔开支又告断绝。刘虞故意在公开场合穿上破衣草鞋，每天在公署的食堂里吃饭，不买肉吃。他还减轻刑罚，劝督农桑，开通上谷地区的边境贸易，发掘渔阳地区的盐铁资源。秋天又碰上个丰收，幽州地界的谷子每石才三十钱。于是，饥荒和瘟疫流行的青、徐民众士人纷纷逃难至幽州，刘虞又给了他们安居乐业的条件。

初平二年(191)正月，关东军的盟主袁绍召集各部将帅开会，袁绍拿出冀州牧韩馥的信对大家说："韩冀州言，天子幼冲，迫于董卓，远隔关塞，不知存否。幽州牧刘虞，为大汉宗室贤者，天象今有四星会于幽燕分野，谶书又言神将在燕分。济阴有一男子王定得一玉印，上刻'虞为天子'。代郡天空出现两个太阳，这一切都说明刘虞当代天子而立。我等今议，是否可共戴刘虞为天子？"

曹操不同意："我等之所以起义兵而远近皆应，就在于以义而动。今幼主微弱，制于奸臣，而一旦改易，天下如何安定？诸君如果北面刘虞称臣，曹某独自向西。"

曹操不见得是大汉的忠臣，只是他最反对分裂；皇帝可以换，甚至可以捏在掌心里，但不能有两个。大汉几百年经营的法制化和道德化的统一社会模式不能破坏。有一天，他在喝了酒之后，朋友们敲着匙箸，唱个痛快。老歌唱厌了，就嚷嚷着要求当代著名的乐府诗作家曹操即兴写首新歌，曹操都不用拿笔写，张口便唱：

对酒歌，太平时，吏不呼门。王者贤且明，宰相股肱皆忠良。咸礼让，民无所争讼。三年耕有九年储，仓谷满盈。班白不负载。雨泽如此，百谷用成。却走马，以粪其土田。爵公侯伯子男，咸爱其民，以黜陟幽明。子养有若父与兄。犯礼法，轻重随其刑。路无拾遗之私。囹圄空虚，冬节不断。人耄耋，皆得以寿终。恩泽广及草木昆虫。

歌词太严肃，把大家的酒兴都唱没了。却让一个人认识了曹操。

济北相鲍信私下对曹操说："能拨乱反正者，君也。苟非其人，虽强必毙。君大概是天之所生吧？"

曹操对袁绍这样的凭借世家大族声望的盟主越来越感到失望，他们的声望只不过是作为他们私分天下的道德外衣。他们成不了大事。

另一个不能成大事的，是袁绍的兄弟袁术。他也接到了袁绍关于拥立新帝的书信。他把这个小老婆养的哥哥看得好生透彻。他不能同意由袁绍主宰天下，所以他用了一些冠冕堂皇的话回绝了北方的建议。在回信中，袁术说："志在灭卓，不识其他！"

刘虞接见了袁、韩派来的使者、乐浪太守张岐。在听完了张岐的陈述之后，刘虞大声呵叱。张岐回去禀报，袁绍和韩馥仍不甘心，又请刘虞出任新朝廷职务，领尚书事。刘虞对使者说："回去告诉袁绍，如果再以此事相逼迫，刘某马上出塞，奔往匈奴，自绝于汉。"

袁绍讨了个大没趣。

刘虞因为此事，为了表明自己的清白，奉职修贡，愈加恭肃。塞外胡人的贡品，他让人历尽艰难，转送长安。

辽东割据

董相国在洛阳指挥作战之际，他的大将、玄菟人徐荣向他推荐了同乡、故冀州刺史公孙度（字子升），董卓让他去任辽东太守。董卓的意图在于让公孙度在刘虞和袁绍占据的东北形成威胁。

公孙度一到州郡，就发现辽东的大姓、地方官吏都不把自己放在眼里。于是他将几个官吏笞杀于闹市，又夷灭了几百家大姓。郡中大恐。接着，公孙度又发兵攻打高句丽和乌丸，边境大安。一天，他对三个亲信将领说："汉祚将绝，当与诸卿共图王业！"说完，把他们带到土地神的庙前，他指着前面的地上说："你们看：这里有一个大石头，下面有三个小石头顶着它。石生于土地庙，说明我当有土地。大石头是我，为王；小石头是你们，为三公。"

然后，他就顺理成章地自称辽东侯、平州牧，分辽东为辽西、中辽二部，自置太守；又渡海收取莱州、营州，各置刺史。立汉高祖和光武皇帝的宗庙，用天子仪仗，郊祀天地，登记田亩户口，征募兵马，做上了辽东王。

几年之后，北海郡的三个名士邴原、管宁、王烈来辽东避难，公孙度虚馆以待，可这三个家伙都不领情。管宁住到最北面的荒塞，表示自己没有从事政治的心志。公孙度有时骑上好几天的马去看他一次，管宁尽跟他谈些枯燥的学术问题。后来公孙度不去了,他觉得不值得为争个礼贤下士的声誉而如此奔波。邴原却是个急性子,一天到晚地批评辽东的地方政治,公孙度又有些不耐烦。管宁劝邴原赶紧跑,公孙度知道了,也就放他走了。剩下一个王烈,公孙度让他无论如何出来做个长史,好歹给自己撑个门面,不要让人家说公孙的政府里尽是些只会舞刀弄棒的粗货,可王烈又做起了小买卖。十五年后,公孙度病故,其子公孙康嗣位。

江东英雄

关东军割据、自治,在董卓的眼里,都不是最大的或者最直接的威胁。他觉得最难对付的,是自己的老同事孙文台(孙坚字)。当初张温如听了他的话,自己连帅帐都出不了。自己率西北军刚进洛阳时,听说孙文台连连拍着大腿叹道:"张公昔从吾言,朝廷今无此难也!"

关东军起,长沙太守、乌程侯孙坚跟从荆州刺史王睿起兵响应。可这个王睿一向视孙坚为行伍之人,待他无礼,又不给他军资。其实,王刺史才是个粗人,他看不惯武陵太守曹寅,就扬言要宰了曹太守。曹太守的军队太少,打不过王睿,于是他想起了孙文台这个英雄。

一天,曹太守派人给孙坚送去一份公文,孙坚看了窃喜,原来是朝廷来此地巡视的御史温毅让自己收杀王睿的手令。孙坚也是个精细人,他同时猜到这份公文可能出自曹太守之手。

孙坚的兵马一下子包围了王睿的公署，王睿登楼而望，让人问外面的军士要干什么。一名军士上前说："久战劳苦，使君所赏，都不够穿衣。请再发些军饷。"

王睿急了，说："刺史岂有所吝？请诸位自入府库查看。"

军士们向公署里涌。

忽然，王睿见孙坚到了跟前，大惊："文台，军士闹事求赏，你怎么也跟在里面？"

孙坚慢慢地说："有御史手令，命我诛君。"

"我有何罪？"

"哈！你的罪就是不知罪！"孙坚回道。

王睿没了辙，只求留个整尸。孙坚请他随便。

王刺史刮了些金子吞下死了。

孙坚率军渡江北上，欲与南阳的袁术会师。到了南阳，兵已数万。南阳太守张咨不理不睬，孙坚请他来喝酒。

酒酣之际，孙坚的主簿来奏："前些时移檄南阳，请南阳地界整修道路，资给军粮。而太守稽停义兵，使之不能及时讨贼，请按军法从事。"

张咨欲出不得，被斩首营外。南阳大恐，孙坚军队所至之处，有求必应。孙坚前至鲁阳，与袁术会合。一下子占了整个南阳郡。袁术表奏孙坚行破虏将军之职，领豫州刺史。

初平元年(190)的冬天，董卓的兵马与孙坚相遇。

这天，孙坚没有准备。他率领文吏武将，在南阳城外摆开宴席，送他的长史公仇称回长沙督运军粮。突然，几十个西北军的骑兵奔驰而来，众人大恐。可孙坚却谈笑风生，行酒如故。将佐请示他如何对付，他说："整顿行阵，无得妄动！"

可是，敌军越来越多，孙坚这才慢慢起身，让人们次第入城。他对左右说："刚才我之所以不起身，是怕大家一哄而跑，相互蹈藉，不得入城，为敌所乘。"

西北军见孙坚的军队如此整齐，以为有备，引退而去。

次年二月，孙坚进屯梁东，遇上了徐荣的劲旅，被打得大败。孙坚带着几十个随从溃围而出，他戴着个红头巾，追兵在后面大叫："红头巾者为孙坚！"

孙竖脱下红头巾，往手下大将祖茂头上一按，策马狂奔。

追兵盯上了祖茂。祖茂跑到一片坟地之间，将头巾挂在一棵矮树上，自己伏在乱草之中。不一会儿，骑兵上前，将头巾围了几重，定睛看了才觉上当。

孙坚收集散卒，进屯阳人。董卓派出东郡太守胡轸和吕布，率郡兵和西北军步骑五千迎击。

胡轸是个急性子，可他不是西北军的将领，一出征，就觉得压不住台。于是他说："一定要杀个大将，才能整齐队伍。"这下把西北军的骄兵悍将惹火了，便找吕布诉苦。吕布说，干脆坏了事算了。到了广成，距阳人几十里地，士马疲劳。董相国本来让他们在此休整，次日攻打，可吕布说阳人的贼已逃走，必须夜行军掩袭。

到了阳人，发现孙坚军队严阵以待。西北军掩袭不成，又饥又渴，只得释甲休息。

吕布又说:“贼军出城了!”军士大溃而奔,行十多里后才觉无事。定下神来,天明又至城下。孙坚大出其军,势如破竹。胡轸、吕布逃还洛阳,部将华雄被斩。

吕布都战不过孙坚,这让董相国大为懊恼。可更感到困扰的却是袁术,他这些天听身边的谋士们劝说,说孙坚如果在南阳一带得了势,进而攻入洛阳,则不可控制,此所谓除狼而得虎。

孙坚见后方的军粮断了,知道袁术有了疑虑,连夜从阳人驰马百余里至鲁阳,把袁术从床上叫起来。孙坚用佩剑在地上划了深深的一道印痕,口气坚定而沉重:“袁将军,孙某之所以奋不顾身,上为国家讨贼,下报将军家门私仇。我与董卓没有骨肉之怨,而将军却听信谗言,疑心孙某,这是为何?”

袁术被说得手足无措,马上声称误会了。

孙坚得了军粮,继续前进。董相国慌了,他又让部将李傕造访孙坚,说董相国愿与将军结亲,此外,将军可把子弟亲信的名单开出,董相国担保他们出任刺史、郡守之职。

孙坚与董卓共事的时候,李傕还是个下级军官,所以孙坚对其不客气地骂道:“董卓,你逆天无道,今不夷你三族,悬示四海,我孙文台死不瞑目!”

孙坚的大军已到了距洛阳九十里的大谷,西北军的几次抵抗都未奏效,他们终于感到关东也有英雄。

董相国听说孙坚已进至先帝的陵园区,他决定亲自披挂上阵,会会老同事。可是老同事一点不讲情面,打得董相国丢盔弃甲。慌乱之中,董相国把洛阳的防务交给吕布,自率主力退至洛阳西边的渑池和陕县布防。

孙坚终于实现了他收复旧京的宏愿，此举在当时震动极大。几天后，军进洛阳，击走吕布。孙坚见洛阳残破之状，竟惆怅流涕，命军士修葺宗庙，祀以太牢，并填塞被西北军掘破的先帝陵墓。

一名下级军官来报：在城南甄官井中，兵士发现了一颗玉玺。孙坚命令呈上，他读着上面的文字："受命于天，既寿永昌。"玺有四寸见方，纽交五龙，一角已缺。孙坚对将佐们说："这是传国玉玺，高祖入关时得自秦王子婴之手，乃秦始皇的镇国之宝。"

将佐们一齐贺喜："将军得玺，乃是天授，必有神龙之运。"

孙坚让他们不要大肆声张。

传国玉玺不是天子的用玺，但却是得到天命的象征。天子的用玺共计六枚，分别是："皇帝之玺""皇帝行玺""皇帝信玺""天子之玺""天子行玺""天子信玺"，总称"六玺"。孙坚得了玉玺，心里窃喜，他的将佐们本来就是与他死生与共的结义之友，这下子更加跟定了他。

孙坚见京师人烟绝迹，无法屯兵，下令兵进新安，邀击董卓。

董相国招来长史刘艾，商议对策。

"关东军屡战屡败，皆畏孤，没有什么作为。只有孙文台这个混蛋，颇能带兵用人，要告诫诸将，多多提防。孤当初与周慎西征韩遂、边让于金城，孤请张温让孤率兵为周慎后盾，可他却让孤进讨先零叛羌。孤知其不可，遂留别部司马刘靖率步骑四千屯安定，大造声势。虏果疑安定有大兵屯驻，故当虏欲截孤归道之际，孤小击，虏辄退走，因为害怕大兵出援。而孙文台随周慎出战，也请周慎派他先率兵攻金城，而让周慎带二万兵马为其后援，则韩、边畏大兵，必不敢与孙文台决战，这样，孙文台就可以出兵断虏粮道。周慎能用其言，凉州说不定就平定了。张温既不能用孤，周慎又不能用孙文台，故而大败。孙文台当时不过是佐军司马，所见能与孤同，其才可用。可惜他跟着袁家小儿，到头也是个死啊！”

刘艾见相国唠唠叨叨地说这些，排解不了个孙文台，便开慰他说：“孙文台虽能有此见解，但恐亦不如李榷、郭汜二将。听说他当初在美阳也被羌人打得大败。”

“是的。不过，当时孙文台的兵马素质太差，皆是乌合之众。且战有利钝胜负，若论关东大势，孙文台是最令人头疼的。”

刘艾又说：“关东军驱掠百姓，以作寇乱，其锋不如人，坚甲利兵强弩之用又不如人，如何能够久长？”

董相国叹了口气：“是啊，只要杀了二袁、刘表、孙文台，天下自然臣服于孤了。”

他让东中郎将董越屯渑池；中郎将段煨屯华阴；又让自己的女婿、中郎将牛辅屯安邑，形成三道防线，再命河南尹朱俊留守洛阳。自己带着大军退入长安。

孙坚见状，率军回屯鲁阳。

朱俊也率部进入荆州，与刘表会合。

初平二年(191)四月，董卓抵达长安。

公卿大臣全部出城恭迎，见到相国，拜于车下。董卓既不下车，也不还礼。他的马车装扮得也相当过分：青色车盖、金色车板，上竖两幡，饰以飞龙。

董相国看到一个熟悉的身影，经过此人身边时，他让车子停下。

“义真。”董相国叫着现任御史中丞皇甫嵩将军的名字：“你怕不怕孤？”

皇甫将军拱拱手说：“明公若以仁德辅佐朝廷，大庆方至，何怖之有？若淫刑以逞，天下人皆怕，岂独嵩乎？”

董相国大笑：“义真，现在，你服了孤了吧？”

“没想到明公到了如此地步。”

“鸿鹄本有远志，只是燕雀不知道罢了。”

“非也，昔与明公俱为鸿鹄，没想到明公今天变成了凤凰。”

“唉！卿如此臣服，今天可以不拜孤了。从前的过节，孤与卿皆不计较吧！”

董相国听了皇甫将军的奉承之后，有些飘飘然，他招来蔡中郎：“孤之功德，可比姜太公。孤想自称尚父，卿以为如何？”

蔡邕回道：“明公威德诚为巍巍，然比之太公，愚意以为不可。须待关东平定，车驾还返东京，方可议此。”

蔡邕的话，董相国还是听的，事关朝仪大典，自己任着性子来，可能会出笑话。不过，他还是觉得相国小了些，便改称太师。

没几天，长安地震，董卓又找来蔡邕。蔡邕说，地动，阴盛侵阳，这一定是由于臣下逾制造成的。董太师只得将自己的青盖车改成了黑盖车。

董太师家所有的人都封了侯，连未成年的孙女都是如此。董太师最讨厌见天子，他让三公和朝臣到他的别墅——郿坞来办公。这座别墅是个城堡，墙高可与长安城墙比肩，其中积谷可食三十年。董太师说，大事如成，雄居天下；不成，则据守此坞养老送终。办完公，董太师总是很客气地挽留大臣们在坞中吃工作餐，可吃饭时，董太师从来不招待歌舞音乐，而是招待杀人表演，断舌、挖眼、斩足、炸煮，董太师特别喜欢看人未死之际的惨叫与挣扎，越是惨厉，董太师的食欲越好。可大臣们的肠胃全得了病，不仅吃不下东西，连匙箸都拿不起来。

财政大臣告诉董太师：钱没了。董太师没学过经济学，但却懂得换币掠夺。他下令不得使用大汉的五铢钱，改为小钱。铸小钱的铜料就是孝灵皇帝铸的几个铜人。长安的谷价一下子达到一斛数十万，以至民间的商人只能以货易货。

长安的刑法异常苛刻和随意，吏民日益不堪。最后，故太尉、董太师的老上司、现任卫尉张温遭了殃。一天，望气的太史说，天象异常，必须杀一大臣以塞天变。于是张温以与关东军通谋之罪被笞杀。

董太师回长安后，司徒王允还政于太师，京师的百姓都说：王司徒躲到哪里去了？

王司徒躲在家里，但心急如焚。最让他失望的不是董太师的胡作非为，而是关东军。在董卓回关西之后，他们不仅没有一个率兵西讨，而且开始了没完没了的混战。

冀、幽争夺战

本年七月，袁绍开始了统一北方的努力。

冀州牧韩馥是袁家的门生故吏，因此袁绍才从京师逃奔冀州。有一件事引起了他对袁绍的猜忌。

原并州刺史丁原的部将张杨（字稚叔），受已故大将军何进的派遣，回乡募得精兵数千。发生了董卓之乱，他只得驻兵上党，一边与河北诸山谷的黑山黄巾周旋，一边进攻上党太守于军事要塞壶关。关东军起，张杨归附袁绍，与南单于于扶罗合兵屯于漳水。恰恰在此时，韩馥的部将麴义叛变而逃，而袁绍却接纳了他。袁绍又招降又纳叛，野心不小。

很快，袁绍发现韩馥给自己提供的军资不如以前了。此时，董卓回兵长安，袁绍考虑了好些天，叫来外甥高干，颍川人荀谌、辛评、郭图这几位韩馥的亲信谋士，如此这般地交代了些话。然后，自率兵马南下，屯于延津。

袁绍的大军一走，屯于幽州右北平的刘虞部将、奋武将军公孙瓒以讨伐董卓为名，率兵进入冀州境内，击败韩馥驻在首府安平的兵马。冀州郡县纷纷开门而降。韩馥惶恐不安。

这时，几个谋士一齐上来对韩馥说："公孙瓒乘胜南下，燕代之卒，其锋难当；袁将军又引军东向，其意难知，如此，则冀州难保。"

“诸位有何良策?”

荀谌说:“君自度宽仁容众,与袁本初相比如何?”

“不如。”

“那么,临危决策,智勇过人,与袁本初相比如何?”

“不如。”

“那么,世布恩德,天下受惠,与袁本初相比如何?”

“也不如。”

“冀州为天下重资,明君既自知不如袁本初,则袁氏也必不甘为明君之下,如果他与公孙瓒并力谋取冀州,危亡之势可明。我等与明君计:袁氏是明君的老朋友,又是同盟,明君莫若将冀州让与袁氏,袁氏得了冀州,必不让公孙瓒,则明君既有让贤之名,又得安身之所,愿明君勿再迟疑。”

韩馥有些发怵了。回头又问自己的长史耿武、别驾闵纯和治中李历。他们都不同意:“冀州带甲百万,谷支十年,袁绍孤客穷军,仰我鼻息。譬如婴儿在股掌之上,绝其哺乳,立可饿杀。怎能将冀州拱手相让?”

他们的话不错,袁绍的军队,有时饿得只能吃野枣。

可韩馥与袁绍相比,毕竟是个平庸之辈。他说:“我乃袁氏故吏,且才不如本初,度德而让,古人所贵,诸君为何反对?”

驻扎在孟津的韩馥部将赵浮与程奂听说了韩馥的决定,立刻引军东还,他们率领战船数百、强弩万人,在夜里鼓吹经过袁绍安扎在朝歌清水口的大营,搞得袁绍十分恐慌。回到冀州,赵、程二将对韩馥说:“袁本初军粮匮乏,部众离散,唯有张杨、于扶罗新附,也不肯为其所用。我等愿以所部兵士击之,旬日之间,必使之土崩瓦解。明君您只须开阁高枕,何虑何忧!”

韩馥还是不听,派儿子把冀州的大印送到袁绍的黎阳大帐之中,自己知趣地搬到大长秋赵忠在冀州的别墅里。

袁绍怕夜长梦多,立马回首府安平接收政权。韩馥的从事们纷纷往府外跑,耿武和闵纯拔剑阻拦,连劈数人都止不住。袁绍马上让人将这些不忠于主子的人杀了。他坐上了冀州牧的交椅,又很客气地任命韩馥为奋威将军,但既不给兵,也不给从属。倒是韩馥的部将得到了袁绍的宠厚待遇,广平人沮授为奋武将军,魏郡人审配为治中,钜鹿人田丰为别驾,南阳人许攸、逢纪以及荀谌皆为谋士,河内人朱汉为都官从事。

朱汉知道袁绍的心思,一天,他擅发兵马包围了韩馥的住处,亲自拔刀冲进屋里,韩馥吓得跑上了楼。朱汉捕得韩馥的长子,打断了他的双腿。袁绍听说,马上赶到,收杀朱汉,劝慰韩馥。韩馥就便请求袁绍让他去陈留太守张邈那儿躲避。袁绍答应了。

住了没多久,袁绍派人到张邈府中传递消息,张邈让韩馥也来席中作陪。酒酣之际,来使忽然与张邈耳语了一会儿,惊弓之鸟韩馥更加杯弓蛇影,认为这一定是交代张邈图谋自己。韩馥便起身去上厕所,在这个臭烘烘的地方,拔刀自裁。

沮授是个有战略头脑的人,他马上向袁绍陈述了下一步的计划:以冀州之众,东并青州,南定兖州,北降幽、辽,西收并州,合四州之地,收英雄之才,拥百万之师,迎天子大驾于西京,规复汉家宗庙于洛阳,号令天下,以讨未服。比及数年,大功可成。

可是，本年秋天，发生了一次大规模的黄巾运动，使袁绍不得不重打他的如意算盘。

黑山黄巾于毒、白绕、眭固部十余万众南下，进逼冀州心脏地区邺城，进而又抄掠东郡，兖州东郡太守王肱抵挡不住。同时，青州黄巾三十万众，北上进击勃海，并有与黑山黄巾会师的趋势。由于近来的战乱，流民、饥民的队伍扩大，因而黄巾又成了声势。黄巾是一个军队与流民家庭的混合体，它以人数众多的简陋军队拖带着千户万口的饥民向有食物的地方缓缓行进，所到之处，官仓和富室被洗劫一空，而沿途的饥民又像滚雪球似的加入队伍。

这时，所有的混战者都不约而同地对所在地区的黄巾展开了攻势。

鲍信对曹操说："袁绍做盟主，专权武断，将为国家的祸乱，无疑又是一个董卓罢了。现在如果抑制他，力量不够，不如去黄河以南开辟地盘，以观形势。"

曹操内心对袁绍不仅失望，而且厌恶。有一天，袁绍竟拿出一颗玉印，请曹操一观。曹操知道，袁绍早有自立之意，让人刻了一方天子之玺。

曹操大笑不语，也不去看。

恰巧，东郡告急，曹操便与鲍信带兵去了东郡，在黄河西岸的濮阳击破黄巾白绕部。袁绍上表朝廷，拜曹操为东郡太守，治所设在东武阳。当然，朝廷是不会承认袁绍所封的官员的，只是整个关东都暂时承认袁绍有便宜从事的权力。

南下的黄巾受到阻碍，北上的黄巾又遭到公孙瓒的重创。他们北上至东光南部，遇到公孙瓒步骑二万人的邀击，被斩首三万多级。黄巾弃了辎重，还渡黄河，公孙瓒又趁其半渡之时发起攻击，死伤数万，河水为之赤红。最终，七万黄巾以及数不清的车甲财物为公孙瓒俘获。

公孙瓒让部将田楷扫荡青州，田楷的部将刘备跟随作战，被公孙瓒任命为平原相。刘备的两个把兄弟关羽和张飞做了别部司马，整天跟着他。一天，刘备又看上一个人，此人姓赵名云，字子龙，冀州常山人氏。赵云带着本郡子弟投靠公孙瓒时，公孙瓒问他："冀州人氏都愿跟随袁氏，为何君独能知迷而返？"赵云说："天下汹汹，不知是非，民有倒悬之危，故只从仁政所在，并不是因为忽视袁公而钟情于将军。"很快，赵云发现站错了队。他遇上了刘备，谈了好几天，遂为至交，因而跟到刘备任上，给他统率骑兵。

孔融，时年三十八岁，任青州北海相。青州黄巾刚起，孔融便收合士民，起兵讲武，但被黄巾击败。黄巾北上之后，孔融收集散失的民众，恢复家业，建立学校，表彰贤良，抚恤孤寡，殡葬尸骨。他希望用文治来消弭战乱，可他的书生之举马上就被从北方战场败退下来的黄巾打破。孔融率民勇出屯都昌，被黄巾管亥部包围。

正在愁苦之际，有一个二十多岁的青年人突围进入都昌与孔融相见，这正是他求之不得的州中名士太史慈（字子义），此人避乱辽东，其母在州中，孔融曾多次派人慰问。这时，太史慈回乡探母，母亲命他速去营救。知儿莫如母，她知道儿子文武双全，又精于骑射。

次日，包围圈在缩小。太史慈拿了两个箭靶出了城，黄巾惊起，严阵以待。只见太史慈将两个箭靶竖起，射了一阵，又拔起带回城内。就这样，一连三天，黄巾不以为怪了。第四天，太史慈出城后，快马扬鞭，突围而走。到了平原，将情况告诉刘备，请求救援。

刘备这个群雄之中的无名小辈，一下子就明白了营救孔北海这样的大名士，对自己的声誉和前途意味着什么。他受宠若惊地说："啊，孔北海也知道世间有刘备吗？"

刘备的三千步骑飞速赶来，黄巾只得散去。

事后，孔融对太史慈说："卿是我的少年挚友。"太史慈回去告诉母亲，母亲说："我为你报答了孔北海而感到高兴。"

黄巾的势头只是受到抑制而已，可群雄们又赶紧投入了混战。

先是，南匈奴单于劫持张杨背叛袁绍，屯军邺城之南的黎阳。董卓认为这样可以对袁绍构成威胁，于是拜张杨为河内太守、建义将军。又从长安派出杨懿为河南尹，加强对关东的防御。

然后，刘虞的儿子刘和带着一项使命，从长安逃出来，奔向幽州找父亲。可他出逃时，是从长安南部的武关出来的，因此必经南阳。他见到了袁术，说这次出逃，是因为天子想回洛阳，派自己去幽州，让父亲率兵迎驾。

袁术一听，说你别走了，令尊是我的军事盟友，你只需修书于他，派兵来此会合，我也出兵，一道西迎天子。袁术如此行事，是因为他有个打算：在不久的将来，他将与自己最大的敌人袁绍决一雌雄，这就必须与幽州搞好关系，以便让幽州的力量抄袁绍的后路。

刘虞的一千名骑兵到了南阳。不料此事被公孙瓒得知，他马上去劝告刘虞，说袁公路救驾是假，有异谋是真。刘虞不信。随着公孙瓒军事实力的扩大，他与刘虞的矛盾也越加激化。于是他一不做，二不休，派出堂弟公孙越率千骑抵达南阳，说通了袁术，拘留刘和，收编刘虞兵马。刘和想方设法出逃，至冀州地界，又被袁绍挽留。

袁氏兄弟二人到底是一个种，在战略设计上如出一辙。袁绍也在袁术的后方搞起了小动作，与荆州刘表结成了同盟，把个袁术气得发疯。他给公孙瓒写了封信，说袁绍不是袁家生的，又大骂那些投靠了袁绍的人："群小们不听从我而听从我的家奴吗？"

袁绍先以朝廷的名义任命会稽人周昂为豫州刺史，袭夺孙坚的据点阳城。孙坚长叹一声："同举义兵，将救社稷，不想逆贼如此相残，我当与谁共同奋斗？"说完，点起大军，一举攻下阳城，周昂败逃。

这次战役中，公孙越受袁术的委派，前来帮助孙坚，不想中箭身亡。这下子激怒了公孙瓒，他把一腔怒火泄到袁绍身上，行书天下，公布了袁绍十大罪状，发兵南进冀州磐河。所到之处，郡守们纷纷归降。

袁绍有些怕了，他让人把勃海太守的印绶送给住在州中的公孙范，这又是公孙瓒的堂弟，以求缓和关系。可公孙范一到任所就率郡兵响应了堂兄。继而，公孙瓒自己委派部将严纲为冀州刺史，田楷为青州刺史，单经为兖州刺史。

趁着公孙瓒南击袁绍，袁术派孙坚南击刘表，与刘表的大将黄祖大战于樊、邓二县，孙坚连连获胜，进围荆州首府襄阳。刘表无奈，派黄祖连夜回兵援救，在回兵途中又遭孙坚伏击，黄祖大败，往岘山的荒野中逃窜。然而，孙坚过于英勇，穷追不放。黄祖心想，你能打我的埋伏，我就不能以其人之道，还治其人之身吗？

孙坚遇上了埋伏，被竹林里的荆州兵射中，倒下马后，后援又不济，遂被乱刀砍死。孙坚的尸体被拖到襄阳，刘表手下的部将桓阶是孙坚举荐的孝廉，他站出来请求为孙坚发丧。刘表最喜欢表彰节义之事，又赞叹孙文台是个盖世的英雄，下令厚葬。

这一仗之后，袁术就再也打不过刘表了。年仅三十七岁的孙坚留下一个寡妇：钱塘吴氏，四个未成年的儿子：孙策、孙权、孙翊、孙匡，其中长子孙策才十六岁。孙坚的侄子孙贲率众投袁术，袁术让他袭领了叔父的豫州刺史。

荆州的故河南尹朱俊将军，在得到徐州刺史陶谦的资助后，出兵洛阳，击走河南尹陈懿。陶谦，字恭祖，丹阳人，原是皇甫嵩的部将，又从张温西击韩遂。孝灵皇帝驾崩那年，青州黄巾起，朝廷拜他任徐州刺史。他一到任，便成功地驱逐了境内的黄巾，对长安政府，他一直遣使间行致贡献，后又拜为徐州牧，封溧阳侯。现在，他也明白了，应该趁乱割据一方。于是他下手杀了州中的几个名士，横征暴敛。又杀了他的黑道朋友、下邳土匪阙宣，收编其众。他上表请拜朱俊行车骑将军，并送他精兵三千，准备引以为援。

董太师听了大怒，派女婿牛辅屯驻陕县，部将李傕、郭汜和张济出关，大破朱俊。朱俊退出洛阳，屯兵中牟。

次年，即初平三年(192)正月，朝廷虽然颁布了大赦令，可出关的西北军还是抄掠了陈留、颍川诸郡。原亢父令，现弃官在家的颍川望族成员荀彧，劝说乡人避乱他乡。他认为颍川是个四战之地。可乡人安土重迁，就是不走。他便率了自家的宗族投了袁绍。不久，他的乡人都遭到西北军的屠杀。

荀彧住了些时候，富有先见之明的他发现袁绍不会成气候，在听到曹操的事迹后，他毅然率宗族投了曹操。

处于弱势之中的曹操见有如此大的世族来投奔自家，大喜过望。和荀彧交谈之后更是惊喜，他发现自己不仅捞到了声势，而且得了个人才。曹操执着荀彧的手:“先生真是我的张子房啊!”

曹操的野心不小，他把荀彧比作张良，俨然是自比起汉高祖来了。

袁绍决定亲自去打公孙瓒，两军在界桥会战。公孙瓒以步兵三万结为方阵，以骑兵一万分夹两翼，自率精兵，由乌桓骑士组成的白马义从居中，旌旗铠甲，光照天地。袁绍却以骑兵八百居前，强弩千张夹辅，自将步兵数万结阵于后。

公孙瓒放马冲来，可他遇上了袁绍的骑兵统领麴义，此人久在边塞，晓习与羌胡作战的战术，他命军士伏在盾下不动，等到公孙瓒的骑兵冲到距自己十来步时，同时俱起，强弩齐发，扬尘大叫，直向前突。这一仗，公孙瓒手下大将严纲阵亡，袁绍军斩首千余级。麴义又纵兵追击，拔了公孙瓒营中的牙门。公孙瓒大军四散。

袁绍在后面放心大胆地带着一百来个强弩手和卫士前进，突然，他遇上了逃出大营的公孙瓒及其两千名白马义从。这伙骑兵将袁绍围了几重，矢如雨下。田丰把袁绍扶到一堵断垣之后，袁绍不肯，他将头盔扔到地上，大喊："大丈夫应前斗而死，躲到墙后，怎能活命?"可是，公孙瓒的箭太厉害了，田丰硬是把主公拖到墙后。幸亏麴义及时赶到，白马骑士才呼啸而去。

公孙瓒退出冀州。他后悔莫及，因为那天打了好久，竟不知道包围的是袁绍。

刺杀董卓

司徒王允绝望极了，刘和一去不回，朱俊又被击败。他同黄门侍郎荀攸、尚书郑泰、议郎何颙、侍中种辑商议。荀攸提出，干脆搞宫廷政变，荀攸说："董卓骄忍无亲，虽资强兵，实一匹夫耳，可直接刺杀。"

荀攸和郑泰等人说干就干，准备了起来。可事情泄露，董太师的大兵搜捕甚急，郑泰出逃投奔袁术，何颙、荀攸被捕，何颙忧惧自尽，荀攸却谈笑风生，能吃能喝。

他们都不如王司徒。

王允经常去董太师的别墅里奏事，他发现董太师不仅对朝臣无礼，而且对西北军的将士也像狗一样地呼来喝去，就是他的干儿子、贴身侍卫吕布也不能除外。有一次，王司徒看见董太师对吕布大光其火，竟拔出手戟掷向吕布，吕布连忙躲避，向董太师谢罪，太师才改容解意。王司徒想，荀攸对董卓的分析相当准确。

自此，吕布成了王司徒家的座上客，在王司徒家里，他才有自由，可以尽情地喝酒。王司徒真会曲尽人意，常常叫些歌伎陪侍。有一天，吕布喝多了，拉住王司徒的手："司徒大人，吕布恐怕活不长了。"

"将军乃天下英雄，何故出此言语?"

吕布告诉王司徒：董太师现在越发疑心有人要刺杀他，让吕布每天守在他的内室之中。可他房里的那些妖姬们实在动人，吕奉先又是个美男子，自然免不了与这些女人眉来眼去，后来便动了真。事后吕奉先越想越怕，天天惶恐不安。

王司徒心中窃喜，他说："将军岂能受此大辱，不如就此下手，除了老贼!"

吕布吓醒了，他望着王司徒发愣，可王司徒的脸上，神色坚毅。

"可董太师是我的义父。"

"将军自姓吕，本非骨肉。现在忧死不暇，还谈什么父子？老贼掷戟之时，岂有父子之情?"

吕布一腔英雄血被王司徒的话和酒精烧得沸腾了起来。

初平三年(192)三月，天子便生了病，一直未见好。四月一日丁巳日，朝廷宣布天子有疾新愈，大会朝臣于未央殿祝贺。董太师当然要出场。他很有戒心，从别墅到未央殿，沿途陈兵夹道，左步右骑。太师身着朝服，坐着他的黑盖车，让吕布执了大戟护卫于后。

吕布让手下的勇士骑都尉李肃、秦谊、陈卫带十多个卫士充当北掖门的护卫。王允派尚书仆射士孙瑞亲自书写诏书交给吕布，又关照十一岁的天子沉着冷静，不要失态。

董太师的车驾进了北掖门，吕布朝身穿卫士服的李肃使了个眼色，李肃挥戟上前，直刺董卓。谁知董太师在宽大的朝服里穿了软甲，李肃的戟没能刺入。李肃又刺一戟，伤了董卓的臂。董卓坠车，大叫："吕布何在？"

吕布将赤兔马带至董卓面前，拿出诏书，举过头顶："有诏在此，命讨贼臣！"

董太师怒不可遏，大骂："庸狗，竟敢如此？"

吕布被骂得气急，一戟刺入董卓的胸膛。

董太师的主簿田仪和董太师的家奴赶忙扑到董卓的尸体上，吕布一一刺杀。然后，吕布大叫："诏书讨董卓，其余不问！"

西北军的卫士们眼睁睁地看着这惊心动魄的一幕，一个个怔在那里。突然，他们爆发出欢呼声："万岁！万岁！"

董太师肥硕的尸体被抛弃在长安的闹市口，他的母亲、弟弟和宗族全部丧命。政府从他的别墅中抄出黄金三万斤、银八万斤，锦帛珍宝堆积如山。

几天之后，董太师的尸体开始腐烂，守尸的兵士在太师的肚脐上插了一根灯芯，太师的脂肪便成了灯油。最后，袁氏的门生将董卓的尸体烧成灰，满地撒了。

长安的吏民歌舞相庆，当了家中的首饰买酒痛饮。荀攸获释。

诏下：以王允录尚书事，吕布为奋威将军、假节、仪比三司，与王允共秉朝政。

如此强大专横的西北军统帅，竟被他牢牢控制的儿皇帝朝廷搞了政变，这说明：大汉帝国虎死不倒架。

第八章 蒿里行

中野何萧条，千里无人烟。
念我平常居，气结不能言。
——曹植《送应氏》

蔡邕之死

所有的人都在欢呼董太师的被诛，只有一个人为之感叹了一声，并为此而送了命。这个人便是蔡中郎。

他不是在为董太师感到悲伤，只是由此感到国家多事，前途难以卜知。可是他感叹的太不是地方了，竟在朝臣们的庆贺宴会之上。大家都知道，董太师在大汉的旧臣中，最厚遇蔡邕。他们都按照政客的眼光，对蔡中郎的感叹侧目而视。

王司徒甚至感到愤怒。王允是个刚直的性子，这种性格过了分就是认死理，意气用事，这是大汉许多名士的风格。董太师执政期间，王允不知怎么搞的，一下子老成了很多，竟能像一条蛇似的与太师曲折周旋。可现在的成功，让王司徒充满了自信，于是他那个被压抑了很久的禀性又抬起头来。

他怒不可遏，指着蔡中郎的鼻子呵叱道："董卓，国之大贼，几乎亡了大汉。君为王臣，应当同大家一道痛恨董贼。可你，竟怀其私遇，反感伤痛，这难道不是共为大逆吗？廷尉，收其下狱！”

“王公！您误会了，我蔡邕受董卓私遇不假，这确实是不忠之举。可古今大义，耳所常听，口所常言，岂能背叛朝廷而向着董卓？”

蔡邕越说越感到悲愤，他又想到下落不明的女儿，觉得生命竟如此脆弱，不值得留恋。可他还是有放心不下的事。见王司徒怒气不消，他又请求道：“在下愿受黥面刖足之刑，请暂寄性命，让在下完成《后汉记》的编撰工作。”

在先帝朝就曾与蔡中郎一道从事这项工作的现任太尉马日磾劝说王司徒：“伯喈（蔡邕字）旷世逸才，多识大汉史事，当由他续修汉史，成一代大典。他的罪过，至为微小，倘若因此而诛之，岂不太失天下人之望吗？”

这时，其他的大臣也纷纷为蔡中郎说情。

王允咬牙切齿地说：“从前汉武帝不杀司马迁，让他写了《史记》，成为谤书流行后世。方今国祚中衰，戎马在郊，更不可让佞臣执笔于幼主左右，既无益圣德，又使我等蒙其非议。”

蔡邕下了大狱。马太尉对人说：“王公大概要绝后了，善人，是国家的纲纪；著作，是国家的大典。灭纪废典，能长久吗？”

南行的诗人

王粲，字仲宣，党禁时期死去的司空王畅之孙，时年十七。他是蔡中郎在长安收的得意门生。蔡中郎的宾客们都很奇怪，每次这个又矮又丑的少年来访，蔡中郎都赶不及地到门口迎接。蔡邕对大家说："此王公之孙，有异才，我不如啊！"

他还对王粲说："我家的书和我写的文章，你都可以拿去。"

王粲发现，蔡中郎最值得人尊敬的地方，还不在于他身为学术大师，为人又称得上道德楷模，而是在于他既能总结大汉过去的思想，又能预见到新的思想。他曾经给王粲看过一本书，那是一个叫王充的人写的，名为《论衡》。此人生于光武皇帝建武三年(27)，卒于孝和皇帝永元年间(89—104)，一生穷困潦倒，默默无闻，书的命运也一样。可在那个年代，王充就对大汉的哲学、经学、文化、政治等方面均做了系统的批判。主旨是认为大汉帝国一直奉行的信仰：天与人是互相感应的思想，其实是一种虚妄之说。他说，天、人、万物皆由气构成，气是一种冷酷的物质，而不是贯穿在人身上的性格、气节，因而没有感情的偏向和道德的因素。这种想法，无疑会让人对一个帝国存在的根据、对人的社会构成的原因产生新的思考。

蔡中郎居然把这本无人问津的异端著作收藏在家中，并告诉王粲寻找新的思想出路。

王粲在监狱里见到老师，他伤心极了。与老师诀别之后，他感到长安会有大乱，因为荆州刘表是他的祖父王畅的学生，他的族兄王凯又娶了刘表的女儿，所以，便出关往荆州方向避难去了。

且说王粲到荆州后，刘表嫌他长得丑，脾气又不好，不打算重用他。王粲只得和荆州学派的几个大师如宋衷之流混在一起，研讨学术。他带来的蔡中郎家的藏书和新的异端思想与荆州学派一拍即合，他们对天道、性命等形而上学做了探究。王粲死后，藏书归了过继给他的王凯之子王业。王业有子名王弼，在王弼的手上，终于构建了一种称为玄学的新思想，用道家的学说补充了经学，特别是《周易》，因而对天人关系做了更加抽象和完善的解释，影响了三个世纪。这是后话的后话了。

现在，蔡邕死了，王粲正奔向荆州。一路上的凄惨景象和老师亡故的悲痛让他无法排遣。在一个破旧的小旅店里，他写了一首《七哀诗》：

> 西京乱无象，豺虎方构患。复弃中国去，委身适荆蛮。亲戚对我悲，朋友相追攀。出门无所见，白骨蔽平原。路有饥妇人，抱子弃草间。顾闻号泣声，挥涕独不还。未知身死处，何能两相完。驱马弃之去，不忍听此言。南登霸陵岸，回首望长安。悟彼下泉人，喟然伤心肝！

诗中所表达的忧患与悲悯的情怀，在后世的诗人中，只有杜甫堪与之比肩。

长安变局

王司徒的脾气大得让人无法接近，吕布一介武夫，负其功劳，也常常自夸自大。这两个人相辅朝政有些困难。王司徒一向不把吕布当公卿大臣看待，而是看成一个剑客侠士，因此不愿意与他商量正经的政事。关西到处是董卓的部曲，汉廷仍是羊在狼群，所以吕布劝王司徒早些下手，把他们一网打尽。可王司徒却说："此辈无罪，不可以。"吕布说那么你就采取安抚之策，拿出财物颁赐将校和公卿，王司徒也不肯。

王司徒先让士孙瑞草诏，赦免董卓的部下，后来又认为这样反而会引起他们的怀疑，又作了罢。

董卓从凉州带来的部曲，最有战斗力的都分布在关东与关西之间的各个关隘，董卓的三大将李傕、郭汜和张济都在关东作战。这些人如果回兵攻打长安，后果不堪设想。于是有人劝王司徒："凉州人最怕关东人报复，如果解散他们，打通关隘，他们一定人人自危。可以让皇甫嵩将军统率他们，屯留陕县，加以安抚。"

这确实是一条妙计，然而王司徒至此仍对关东群雄抱有好感和希望："不行，关东起义兵者，都是我等的同党，若让他们屯陕距险，虽然安定了凉州人的心，却会让关东人疑心。"

事情一拖再拖，凉州人开始惶恐不安了，他们相互分析道："蔡伯喈这样的人都杀了，王司徒让我们解散兵马，可一旦解散，则为鱼肉。"

倒是熟谙戎机的吕布果断，他干脆派出李肃去陕县，以诏命诛杀牛辅。牛辅造了反，将李肃击走。吕布杀了李肃。

牛辅也吓坏了，他本来就胆小，又迷信，每天把辟兵符带在身上，有客来见，一定让相师看看客人脸上有无杀气。一天夜里，他的营中有兵士叛逃，引起骚动。牛辅以为全部哗变了，连忙带上细软，和胡赤儿等五六个亲兵渡河而逃。胡赤儿看他有那么多的细软，动了歹念，将他的头砍下，送至长安，吞了细软，还拿了一笔赏金。

牛辅一死，李傕、郭汜、张济没了主张，他们一面拥兵自守，一面派遣使者去长安，请求赦免。这无疑又给了王司徒一个机会。可是王司徒却说："正月已大赦天下，朝廷制度，一年之中不可有两次大赦。"

李傕等到底是粗人，没有头脑，一时更加恐慌。他们打算解散兵马，回凉州老家。

就在这时，出来一个很有谋略的人，救了他们。

此人姓贾名诩，字文和，武威姑臧人，少时被阎忠赏识，说他有陈平、张良之才。有一次，他和几十个人一道出门，遇上叛乱的氐人，把他们都绑起来活埋。贾诩对他们说："你们别埋我，我是段纪明的外孙，我家一定会拿很多钱来赎我的。"叛氐一听是段将军的外孙，敬仰得不得了，和他结盟，并送他回家。现在，他在牛辅手下任讨虏校尉。

贾诩对他们说："诸位如果弃军单行，一个小小的地方保长就可以把你们拿获。不如向西攻打长安，为董公报仇。事成，则奉国家以正天下；如不成，西走凉州，为时不晚。"贾诩觉得，我们西北军将士也是朝廷命官，又不是反贼，我们也能拥戴大汉天子。

这些武夫们茅塞顿开。他们结了盟，晨夜西进。

王司徒有些急了，他找来两个凉州地方绅士胡文才和杨整修，让他俩去劝李傕等解兵。这两个人领命而去，他们不仅没有劝解，反而鼓动西北军西进。因为王司徒说话的口气实在让人受不了："这些鼠子想干什么？你们去把他们叫来！"

李傕、郭汜、张济，加上留在长安一带的董卓残部樊稠、李蒙、王方等，合兵十余万，围攻长安，打了八天八夜。第八天，六月一日戊午，吕布手下的西蜀兵哗变，打开城门，西北军涌入长安。吕布打了半天，看看大势已去，便把董卓的骷髅头系在马上，带着几百个亲兵来到青琐门外，喊王司徒一同走。

王司徒非要做那种属于"时穷节乃现"的事情，在门楼上回道："如蒙社稷之灵，上安国家，则如我大愿；如不能，则奉身以死国事。朝廷幼少，恃我辅佐，临难苟且，我不忍心。请吕将军努力杀出，勉励关东诸公，要以国家为念！"

吕布的赤兔马像一团烈焰似的喷薄而去。西北军的铁骑在城里恣意蹂躏，百姓死者数万。叛军逼至宫外。

太常种拂对王司徒说："为国大臣，不能禁暴御侮，让叛军白刃向宫，我去一战！"很快，王司徒就看见叛军的长枪上挑起了种太常的头。随着叛军向宫内进逼，太仆鲁馗、大鸿胪周奂、城门校尉崔烈、越骑校尉王颀次第被杀。崔烈的儿子崔钧早就投了袁绍，董卓便将崔烈下了狱，董卓被诛，崔烈复出，拜为城门校尉。

王司徒扶着天子上了宣平门。李傕等人扔了兵器，山呼万岁，跪在门楼下叩头。

天子问道："卿等放兵纵横，想有何作为？"

"董卓忠于陛下，无故被吕布所杀。臣等为董卓报仇，非敢为乱。请让我们事后自诣廷尉论罪。”

李傕麾兵围了城楼，送上一道奏表，请王司徒下楼。

天子又惊又气，竟回头问起王司徒：“董太师到底有何罪过？”

王允一下子气结不能说话，长叹一声，下了楼。西北军又欢呼了一阵万岁。

次日，大赦天下。拜李傕为杨武将军、郭汜为杨烈将军、樊稠等人皆为中郎将。司隶校尉黄琬被杀。

王司徒有两个同乡宋翼和王宏，现任京畿左冯翊和右扶风的守备。西北军因为有他们，一时不敢对王司徒下手，发了一道诏书征他们回朝。

王宏识破了机关，不打算回去；可宋翼是个书呆子，说王命难违，虽知有祸，也不可抗旨。王宏又劝他与关东联络，起兵讨伐李傕，转祸为福。宋翼还是不听。王宏自知独木难支，只得应诏同去。等到他与宋翼皆被拉到刑场时，他才骂道：“宋翼竖儒，不足议大计！”

王司徒妻子宗族十多人同时被杀。他的尸体也和董卓一样，放在闹市口示众。李傕等人找了些董卓的衣冠，备了上好的棺木，在他的别墅举行了改葬仪式。据长安的老百姓传说：当天夜里，一响惊雷震开了董太师的坟墓，接着大雨倾盆而下，竟把董太师的棺材漂了出来。

七月，以太尉马日为太傅，录尚书事。八月，以皇甫嵩为太尉。后免，以周忠代之。九月，以李傕为车骑将军，领司隶校尉；郭汜为后将军、樊稠为右将军、张济为骠骑将军，俱封侯，共节朝政。张济出屯弘农。以淳于嘉为司徒，杨彪为司空。

他们找到贾翊，要给他封侯。贾翊说：“此救命之计，何功之有？”他们只得硬让他做了个尚书。

同月，西北凉州的叛军首领韩遂与马腾率部来到长安。他们对李、郭二人说，当初董太师让他们不要和西北军作对，归顺朝廷，答应他们共图关东。现在董太师死了，希望能得到朝廷的封赏。于是诏下拜韩遂为镇西将军，回镇金城；马腾为征西将军，屯于郿。至此，凉州叛军被帝国西北军收编。

十月，荆州刺史刘表遣使贡献，诏拜刘表为镇南将军、荆州牧，封成武侯。

吕布从武关杀出，去了南阳投袁术。他把董卓的头骨给了袁术，袁术感谢他为袁氏家族雪了深仇。可是吕布和他的赤兔马成了关东的害群之马，他和部下在南阳相当放肆，抄掠无度。袁术的脸色有些难看了，于是他和他的赤兔马又成了关东的丧家之犬，逃奔袁绍。

青州黄巾

长安发生了这么大的事，可关东群雄却忙得顾不过来，他们实在太辜负王司徒的厚望了。只有曹操留意此事。

本年初，曹操在顿丘受到黑山黄巾于毒部的攻击，曹操不仅不迎击，反而率兵入山，去攻打于毒的大本营。果然于毒回师救援，曹操邀击获胜，顺手还击溃了眭固部和匈奴于扶罗单于的兵马。刚对付了北面的黑山黄巾，到了四月，南面的青州黄巾又抄掠兖州，百万之众，势不可挡。刺史刘岱不听济北相鲍信让他固守疲敌的劝告，出战阵亡。东郡太守曹操的部将、东郡人陈宫和鲍信都劝曹操入主兖州，以此作为根据地，兴霸王之业。在陈、鲍二人的活动下，州中官吏和豪强世族同意迎立曹操。州吏万潜代表大家至东郡迎曹操领兖州刺史。曹操进击青州黄巾于寿张，屡战不利，但曹操抚慰并激励将士，明设赏罚，多用奇兵，昼夜奋战，终于击退黄巾。此役，鲍信阵亡，乱兵之后，尸体失踪，曹操痛失良友，重金购尸也无结果。他让人用木头刻了鲍信的样子，设祭、哭吊。

不久，长安政府派了一个叫金尚的兖州刺史前来上任，被曹操派去迎驾的人马吓得投奔袁术去了。十二月，曹操以千余步骑，继续追击青州黄巾的主力。黄巾尾大不掉，终感疲惫，写信给曹操，说大汉的气数已尽，黄天当立，君虽有命世之才，也无可挽救。曹操不答应。黄巾被追得无可奈何，宣布向曹操投降。曹操没有想到，一下子收降了三十万黄巾兵士，男女老幼百余万口，这是不花钱的兵源。曹操选择精锐编为步骑，号青州兵。曹操在关东的心脏地区站住了脚。

屯田令

西北军在长安发动政变之后，曹操的治中从事毛玠向他提了两条建议：一、修耕植以畜军资；二、奉天子以令不臣。这两条建议正中曹操的下怀，因为多年的战乱，富裕的中原地区残破不堪，地方政府的仓储已不足支付一年。曹操看到中原地区许多土地已成无主田亩，又从黄巾手中收缴了大量的农具和耕牛。于是他采用大汉在边塞地区实行过的屯田之法，将无主田收归地方政府，一部分由军士和黄巾降卒耕种，名为军屯；另一部分召募流民耕种，名为民屯。所谓屯，即指居住方式是军事化的，耕作方式是集体化的，农具和耕牛由政府供给，课以百分之五十到百分之六十的地租。曹操的军政府成了大农场主。四年以后，曹操把这一生产方式上升为正式的经济制度，设置了屯田令。这一招，既保证了曹操的军粮，又解决了流民问题。

曹操的使者必须经过张杨的地盘才能到达长安，可张杨不让借道。这时定陶人董昭为袁绍所不容，辞了参军之职，打算去长安见天子，正在张杨这里做客。他告诉张杨："将来与袁绍争天下的就是曹孟德，而且曹孟德必胜。你何不就此与他结个缘分呢?"

李傕、郭汜准备扣押曹操的使者，颍川世族、黄门侍郎钟繇说："方今英雄并起，各有异志。唯有曹兖州心向王室，如逆其忠款，对长安方面不利。"就这样，曹操的使者终于带着中央政府的奖慰令回到兖州，曹操抢来的刺史至此合法化了。袁绍对曹操的战绩也很满意，曹操越强大，南方的袁术就越紧张。可是，曹操今后却为了兖州，付出了更大的代价。

本年底，公孙瓒派兵和袁绍在勃海郡的龙河打了一仗。战事完毕，袁绍写了一封信与公孙瓒交流经验："龙河之师，羸兵前诱，大兵未济，而足下胆破众散，不鼓而败。”

由于扬州刺史陈温病故，袁氏兄弟同时派出了扬州刺史，到底袁术在南方的势力大，袁绍的刺史被赶走，由袁术所派陈瑀出任此职。

陶谦对长安的政变也作了反应，他做了一件关东群雄都不敢做的事：讨伐李傕，奉迎天子。他联络了一些刺史和郡守，推朱俊为太师。事实上，他想另立中央，奉迎天子只是借口。长安的太尉周忠和尚书贾翊干脆用天子的名义征朱俊入朝。消息传来，连朱俊的部下都不愿意入长安。朱将军说：“以君召臣，义不俟驾。况天子之诏呢？且李傕、郭汜乃小儿辈，樊稠也是庸才，没有远略又势力相敌，变难必作。我可利用他们的矛盾，则大事可济。”

朱将军到了长安，拜为太仆。次年，代周忠为太尉，录尚书事。

为了配合公孙瓒在龙河攻打袁绍，袁术向北方最直接的敌人、袁绍的部下曹操发动了进攻。初平四年(193)正月，袁术的军队已攻至陈留，曹操兵驻甄城，双方战事进入了胶着状态。黄雀捕蝉，螳螂在后，袁绍的南方联盟刘表一则配合袁绍，二则为夺取荆州八郡中的最后一郡南阳，出兵切断了袁术的粮道，进而攻下南阳。此时，袁绍在打退了公孙瓒的攻击之后，派兵增援曹操。形势突变，袁术痛失根据地南阳，屯于封丘，联合了黑山黄巾一部和于扶罗单于，继而又被曹操击溃。袁术遂走襄邑、宁陵，皆被曹操击破；至九江，扬州刺史陈瑀不愿接纳。袁术退保阴陵，集兵淮北，继而攻下扬州刺史部的首府寿春，自称徐州伯。陈瑀逃奔下邳。长安李傕拜他为左将军，封阳翟侯，假节。袁术的势力移到了淮南。

赵太仆

三月，长安朝廷在去年八月就已派出的两个持节镇抚关东的特使：太傅马日和太仆赵岐抵达。朝廷认为关东士族多，这两个人都是德高望重的老臣，又是大学者，能够调解群雄的纷争。

马太傅和赵太仆说来还有些沾亲带故。马太傅是马融的族子和学生，赵太仆是马融的堂妹夫。赵太仆今年已经八十一岁了，他的坎坷生平，是大汉帝国正直士人的典型。当初谁都讨好贵族大学者马融，可赵岐就是不理他。孝桓皇帝朝，赵岐得罪了中官，宗族被杀殆尽，他亡命江淮，卖饼为生。孝灵皇帝朝，太傅胡广推荐他出任并州刺史，不久又遭党禁达十余年。中平元年(184)随张温讨伐边章、韩遂，拜敦煌太守，路遇边章。边章胁迫他担任凉州军政首脑，赵岐诡辞得免，逃归长安。

赵太仆在学术文化方面，给大汉帝国乃至今后的时代做了一个很大的贡献，那就是他在亡命期间，为《孟子》作了一个出色的注释本：《孟子章句》，这是我们现今尚能看到的最早、最完备的《孟子》注本。如果没有他，我们很有可能看不到《孟子》这部伟大的著作。这是因为，大汉的官方经学，只承认儒家学派所传授的五部先王政教大典，那就是《诗经》《书经》《礼经》《易经》《春秋》。

至于记录儒家大师言行或他们亲自撰写的著作如《论语》《孟子》《荀子》之类，在皇家图书馆里都归入诸子百家。大汉初年，《孟子》和其他一些诸子学说皆被立过学官，后来只推崇五经了，诸子之学便无人问津。赵太仆为什么单单要为这本书作章句呢？因为他看到，经学是大汉养活的官学，这种学说已经没有独立性了，成了现实政治的附庸，可现实的政治又是如此黑暗。作为一个士人，应该在现实政治的强权说教之外，寻找属于内心和人类的真理，寻找一种超越庸俗卑下的道德。也就是说，他要在现实的强权——"势"之上，为天下人树立一个理想的境界——"道"，合理的"势"与"道"配合，不合理的"势"可以压迫"道"，但终将屈服于"道"。而这个"道"的载体，就是士人。赵太仆在《孟子》里面看到了他所向往的"仁政"和"浩然之气"。他的努力，使得中国的士人心目中树立了一个高于帝王世系的孔、孟道统。因而在今后，不管现实如何不合理，不管天下如何混战，也不管天子如何地更换，主宰中国的是汉人还是异族，中国的士大夫们都成功地使得以儒家学说为指导的政治制度、道德标准和文化教育延续发展了下去。到了宋代，《孟子》终于被立为经典。

赵太仆向北说和袁绍与公孙瓒，他受到了曹操、袁绍的热情接待。公孙瓒也来了信，说能与袁将军同受赵太仆的劝解，实在是三生有幸。为了早些把这个老家伙哄走，当着赵太仆的面，公孙瓒把女儿送到袁家做儿媳。赵太仆约他们明年到洛阳和谈，他们说一定一定。

马太傅向南劝说袁术。袁术说："请太傅把朝廷的符节借下臣一观。"可这一借就再也不还了。袁术指着手下上千名凶神恶煞的军官，让马太傅以政府的名义征辟他们做官。马太傅说："将军家中的先公们都为朝廷辟过士，你难道不知道辟士是怎么回事?"住了许久，他看袁术冥顽不化，要求还他符节，放他回去。袁术根本就不见他。行动不便、饮食不周的马太傅，又急又气，吐血而亡。

孙策据有江东

马太傅在寿春还是征辟了一个人的，任命他为怀义校尉。他就是孙坚的长子孙策(字伯符)。

孙策十多岁就名闻乡里，后随母亲住在舒城，结识了这里的豪强之子周瑜(字公瑾)。这两个同年的美少年一见倾心，情同手足，孙策为兄，周瑜为弟。他去寿春投奔袁术，袁术怕他索要孙坚的士卒，便对他说："我用你舅舅吴景为丹阳太守、堂兄孙贲为都尉，你可去他们那里募兵。"孙策刚募到兵，就被泾县军阀祖郎袭击，大溃而逃，又回到袁术大营。袁术这才把孙坚的上千名残部还了孙策。袁术常常对人说："我要是有像孙郎这样的儿子，死也无憾了!"说归说，袁术还是提防着孙策，不让他得势。他曾答应拜孙策为九江太守，后来又反悔;既而又让孙策去打庐江太守陆康，因为袁术要攻打徐州陶谦，陆康不愿借米三万斛。孙策攻下庐江，袁术又不任命他做太守。孙策失望之际，孙坚的校尉、丹阳人朱治劝少主人离开袁术，归取江东。这时，袁术让吴景与孙贲攻打盘踞在曲阿的由朝廷任命的扬州刺史刘繇，二人在横江和利当两地遭到刘繇部将樊能与张英的抵抗，战事毫无进展。

孙策对袁术请求道："江东有我家的旧部宗亲，在下愿去助舅舅打横江，横江如拔，则回江东，可募得子弟兵三万以佐明公纵横天下。"

袁术想，刘繇在曲阿，王朗在会稽，孙策未必能得逞，便拜他为折冲校尉。孙策带了千余步兵，十匹战马，到了历阳，收众五千。路上，遇到周瑜率军资兵马来迎，孙策对周瑜说："我得卿，是天作之合！"一路下去，击走樊能、张英，所向披靡，朝廷命官、军阀土豪、山贼土匪，或降或逃。老百姓都想看看英俊的孙郎与周郎，一看便倾心，于是队伍渐渐扩大。后来他们占领了皖城，发现城内乔公家里有两个绝色的姐妹大乔、小乔，于是孙郎和周郎同时做了新郎。在与刘繇的交锋之中，孙策遇上了太史慈。

太史慈原是来投奔他的同乡刘繇，刘繇不重用他，因为太史慈年轻时，为了征辟之事而作过弊，东莱大族都看不起他，这才先避难于辽东。刘繇拘于舆论，只任用他为侦察兵的统领。他刚出来侦察，就和孙策打得难解难分。孙策夺了太史慈的手戟，太史慈夺了孙策的头盔。后来，刘繇兵败逃至豫章，太史慈逃入泾县山越族境内，被孙策俘虏。孙策执着他的手说："当与卿共图大事。"刘繇亡故，豫章有上万的残兵，孙策派太史慈前去安抚收编，左右都说："太史慈一去必不回返。"孙策在饯行时握着太史慈的手腕问道："何时能还？""不过六十日。"太史慈如期而还。就这样，孙策陆续又收得江东英杰张纮、张昭、鲁肃等人，经过几年的惨淡经营，孙氏据有江东。

死里逃生

曹操现在的当务之急，是攻打兖州东南方向的徐州。首先在战略上，徐州是兵家必争之地，曹操不打，袁绍一定要打，莫若自己动手，拿下徐州，名归袁绍，实属曹操。其次，徐州牧陶谦与公孙瓒联盟，是袁、曹二人的后方威胁，打下徐州，兖州才能算得上巩固。再次，徐州只能由曹操打，因为黑山黄巾在冀州闹得厉害，一度联络袁绍部下哗变，攻下了邺城。袁绍正在一心讨伐黑山黄巾，无力将兵锋转向徐州。最后，一个最直接的原因，促使曹操下决心马上就打：他的父亲、故太尉曹嵩被陶谦的部下袭杀。

曹操的父亲先前去青州琅琊避难，曹操做稳了兖州刺史，便让泰山太守应劭将父亲曹太公接至兖州。走到陶谦的地界阴平县，守备此地的部将看曹太公的行装有许多车，一时起了歹念，杀进宾馆。曹太公让人掘开后院墙逃跑，他让小妾先从墙洞爬出去，可小妾太肥，堵在洞口，进退两难。士兵冲至后院，曹太公及小儿子曹德被杀。应劭见交不了差，逃奔袁绍去了。应劭，字仲远，有《风俗通》一书传世，记载当时的典章、名物、制度、风俗、人物。其侄应玚，后辟为曹操的府掾。

初平四年(193)秋，曹操亲自出征，临行前，他和陈留太守张邈告别，对家中人说：“我若不还，可依靠孟卓（张邈字）。”张邈少时，好游侠，与曹操、袁绍是一起玩的小兄弟。关东起兵后，有一次他触犯了盟主袁绍，袁绍让曹操杀了他。曹操说：“孟卓，亲友也。天下未定，干吗自相残杀？”

曹军一连攻拔徐州十多座城池，打到徐州首府彭城时，与陶谦大战一场，陶谦败走，退保郯县。曹军攻郯不克，便攻下了虑县、睢陵、夏丘。曹操为发泄怒火，张扬他的孝道，竟下令屠城，所攻之处，鸡犬不留，在泗水岸边活埋并砍杀平民百姓十万口，泗水为之不流。

陶谦急了。次年，兴平元年（194）二月，他向公孙瓒委任的青州刺史田楷告急，田楷让刘备带所部一千多人去增援，陶谦又拨给他四千名丹阳籍的家兵。刘备一下子有了一支像样的队伍，干脆离开田楷归依陶谦。陶谦开了个豫州刺史的空头支票给刘备。正巧，曹军粮尽而退，刘备便屯兵小沛，给陶谦看家护院。

曹操回到兖州，见到张邈，相对垂泪，感慨生死。

四月，曹操以夏侯惇为东郡太守，司马荀彧、寿张令程昱留守甄城大本营，自率兵马再攻徐州。徐州地界的吏民听到曹军到了，如五雷轰顶，逃命不迭。曹军从徐州北部由西向东扫荡，连下琅琊、东海，南下回军，于郯东击破刘备，陶谦吓得收拾细软，准备回老家丹阳去了。

就在这大功垂成之际，曹操接到从兖州而来的飞骑密报，曹操看后，大惊失色，立刻传令：火速回军兖州。

让曹操惊慌的消息是：他的好朋友张邈竟然与他的部将陈宫

联合兖州一些郡县长吏和豪强大族发动兵变，迎接吕布入主兖州。

吕布投了袁绍之后，参加了袁绍对黑山黄巾的围剿。这一次，袁绍给了黑山黄巾以毁灭性的打击，他亲率大军扫荡了黑山黄巾的根据地，黄巾帅左髭丈八等被斩，刘石、青牛角、黄龙、左校、李大目、于氐根等全军覆没，屯壁屠尽。最后，袁绍与黑山黄巾最强悍的统帅张燕以及屠各胡、雁门乌桓在常山交战。这一仗，多亏吕布的将士冲锋陷阵，大破张燕。战后，吕布和他的手下杀性未消，又抄掠起袁绍境内的吏民。过了些天，吕布看情况不妙，袁绍可能要对自己下手，便主动要求率部南下洛阳。袁绍拜他做司隶校尉，又派了几十个壮士随他同去。

吕布上了路。一天夜里，他让人在自己营帐中鼓筝。夜深的时候，袁绍的壮士冲入帐中，将吕布的地铺砍了个稀烂，这才发现吕布早已逃走。次日回报袁绍，袁绍吓得关闭城门。

吕布没有回兵报仇，他觉得自己是一个孤独的骑士，因为关东没有他的根据地。他投向张杨，经过张邈的领地，二人谈得投机，临别之时，把手共誓。这件事，让袁绍知道了，大为恼怒；张邈也感到不安，他总觉得袁绍会让曹操杀了自己。此时，曹操做了一件失策的事情，他杀了前九江太守、陈留地界的名士边让，因为他讥议曹操。张邈、陈宫都是陈留地方名士出身，这样一来他俩与兖州的许多士族、官吏皆不自安，于是和张邈的弟弟张洪，以及许汜、王楷谋迎吕布。

吕布一听，正中下怀，他到张杨这里也待不下去。长安李傕和郭汜派人送金子给张杨，向他购买吕布的人头。吕布对张杨说："干脆些，拿了吕布的头去买官吧！"张杨说："我也不是那种小人。"

陈宫带着兵马秘密地把吕布迎入濮阳。为了打消荀彧的疑虑，他宣称吕将军是来助曹操打徐州的。荀彧是何等机智的人，他马上觉察有变，速召东郡太守夏侯惇来镇甄城。夏侯惇在一个深夜到达，处死了一批与吕布通谋的官吏和将领，吕布出走。荀彧对东阿人程昱说："现在只有大本营甄城和东阿、范县三处不动，其余皆叛，您有民望，必须速去镇抚。"

吕布的将领氾嶷已经进入范县，可程昱还是冒险找到县令靳允，对他晓以利害，告诉他：吕布不过是个匹夫，曹使君的智略乃上天所授，请您拒守范县，我守东阿，则可恢复州郡。"靳允流着眼泪发誓："不敢有二心。"

直到靳允把氾嶷的头扔到跟前，程昱才直奔东阿，他先让骑兵守住黄河边上的仓亭津，从东岸濮阳而来的陈宫无法渡河，于是东阿吏民在程昱和东阿令枣祗的率领下构筑工事，拒城坚守。叛军一时无法前进。

曹操率军赶到东阿，他执住程昱的手："没有你，我就无家可归了。"他任命程昱为东平相，守范县。此时吕布打甄城不克，回兵濮阳。曹操大喜，对手下人说："吕布进入兖州，竟然不知道先据东平，切断亢父、泰山之间的道路，乘险要地势邀击我的归路，却还军濮阳，我知其无能了！"

曹操加紧平叛，他夜袭濮阳城西的吕布大营，大破而还。天亮的时候,遇上了吕布来援。从早上打到傍晚,曹操总算领教了吕布的英勇,曹军无法进攻,只能被动防御吕布的铁骑。眼见不能支撑,曹操以重金招募将士抵挡。这时,他的司马、陈留人典韦应募而出。

典韦让手下人伏着别动,说:“敌人距我十来步时再报告。”

“典司马,敌骑已距我十步了!”

“五步再报!”

“五步了!”

“敌军上来了!”

典韦大呼而起,挥戟杀入敌阵,砍杀数人,将士们随之冲锋,击退了吕布。晚上,曹操引军而回,拜典韦为都尉,担任自己的卫士长。

曹军继续进攻濮阳,城中大姓田氏做了曹军内应,打开城门。曹操让人烧了东门,表示不拿下此城,决不回返。可是他遭到了吕布强大的反冲锋,曹军大败而退。曹操策马而走,几个吕布的骑兵截住了他,乱兵之中,他们也未多加辨认,只是问他:“曹操在哪儿?”

“前面乘黄马而逃的便是。”

曹操突火而出,手被烧伤。到了营帐,亲自劳军,勉励再战。就这样打了一百多天。天上忽然飞来了黑压压的蝗虫,曹操下令回军甄城。吕布也没了粮食,退至乘氏,又被当地人李进击走,屯驻山阳。十月,蝗灾使得兖州发生了大饥荒,战事暂告停止。

天子还都

兴平二年(195)正月,大赦天下。去年改元兴平,是因为天子十三岁,行了加元服礼。从去年开始,长安及三辅地区就发生了大饥荒,天一直不下雨,谷一斛卖到五十万,长安地区有了人吃人的事情。天子命侍御史侯汶用皇家粮库里的米煮些稀粥赈济饥民。过了些天,饿死的人数还在上升。天子很聪明,他让人取五升米当着自己的面煮粥,计煮了两盆之多。据此,他认定侯汶贪污,打了他五十杖。更多的贫民喝到了稀粥,可三辅十万户百姓已剩下了个零头。

然而,天子微薄的接济无济于事,天灾又带来人祸,西北军的将士也怕饥荒,他们便动手抢劫。天子见宫女都没有像样的衣服,便让李傕将国库里的布匹调一些出来。李傕说:"宫中有衣服,还要什么?"天子无奈,只得让人卖了御厩中的马匹,买回些布,可半路上又被李傕抢去了,连贾诩的劝告都不听。去年二月,侍中马宇、谏议大夫种邵、右中郎将刘范说通屯驻在附近的马腾率众袭击长安,赶走李傕、郭汜。马腾以及韩遂从凉州开来的兵马才开到平乐观,马宇等人的谋划就泄露了,他们出奔槐里。李傕派郭汜、樊稠和自己的侄子李利进攻马腾、韩遂,马、韩二人败走凉州。西北军接着冲进槐里,将几个大臣杀了个干净。

马腾、韩遂撤出长安时,樊稠和李利在后追击,李利追击不力，樊稠骂道："人家要断你叔父的头，你却如此怠慢，看我敢不敢斩了你！"兵至陈仓，马腾回马趋向樊稠："樊将军，马某有话要与你说。天地翻覆，未可知也。你我所争，并非私怨，而是天子的家事。我与将军为一州同乡，今虽小异，当求大同。我想与你作个别，交个朋友，后会有期！"

樊稠将马带过马腾身边，伸出一只手，与马腾握在一起，说了些问寒问暖的话。许久，马腾拨马而去。

远处的李利看在眼里，回去就告诉了叔叔。

此役，益州牧刘焉的两个在长安的儿子刘范、刘诞也在槐里被杀。议郎庞羲将刘焉的几个孙子送到益州。此时刘焉在绵竹的治所被大火烧毁，徙治成都。刘焉经此几重创痛，发背疽而死。州中大吏赵韪等见其子刘璋懦弱，可以控制，便上表朝廷，要求拜刘璋为益州刺史。可朝廷却拜颍川人扈瑁为刺史。刘璋部将沈弥、娄发、甘宁于是反对刘璋，发动兵变，失败后逃归荆州刘表。朝廷改诏，拜刘璋为益州牧，刘璋拜赵韪为征东中郎将，准备东击刘表。

直到二月，樊稠向李傕要兵，说是出关东进。李傕让他来开军事会议商议此事。樊稠一到，就被斩首。这一下，西北军中的军官们互相猜疑了起来。

不过，谁的疑心都没有郭汜的老婆大，可她自己的疑心又没有她的醋劲大。她看李傕老是请丈夫去府上喝酒，丈夫喝得醉醺醺地回来，嘴里一个劲地夸李傕府上的侍女有味道。她恨不得杀了李傕。

终于有一天，李将军派人送了些风味菜肴给郭将军。郭将军的太太趁人不备，在菜里放了些黑乎乎的豆豉，等郭将军快下箸时走到他身边说："食从外来，会不会有名堂？"然后，她就在菜里挑出些黑乎乎的东西。郭太太说："一栖不容两雄，我本来就对你如此相信姓李的有看法。"这下把个郭汜搞得又怕又急。次日，李傕又请他过府饮酒，喝了个大醉。回到家里，他忽然怀疑李傕可能在酒中下了毒，忙让军士到厕所里弄些粪汁，咬着牙喝了下去，把肠子都快吐出来了。

两个武夫交了恶。双方的军士都参加了武斗。

天子让大臣们调解，谁也不敢去。郭汜决定把天子劫到营中，可手下有人叛逃到李傕的营中，把他的计划泄了出去。某夜，天子被李傕的侄儿李暹叫醒。天子一看，宫外有三千兵马和三乘马车。太尉杨彪阻止李暹说："自古以来，哪有帝王跑到人家的道理？诸君做事，怎么如此无礼？"李暹回道："李将军大计已定，在下照办就是。"

天子坐一乘，贵人伏氏坐一乘，尚书贾诩和左灵合坐一乘入了李营。李傕让部下把宫里的东西和女人都抢到营中，放一把大火，烧得天子无家可归。郭汜也下了手，他把能捉到的公卿大臣都劫到营内做人质。朱俊将军气得当场倒地身亡，杨彪被天子派去郭营说和李、郭，也被扣留。

本月，皇甫嵩将军病逝。

四月，立贵人琅琊伏氏为皇后，拜其父侍中伏完为执金吾。

同月，郭汜准备攻打李营。杨彪说："群臣共斗，一人劫天子，一人质公卿，这像什么话?”郭汜一听，拔刀欲刺。中郎将杨密死死劝阻，郭汜才让杨彪滚回去。

大汉历法的四月，已是酷暑，天子和群臣在李营饮食不济。天子让李将军拨给米五斛、牛骨五具以赐左右。李傕说：“早晚供饭，还要米干吗?”他让人送来五具发臭的牛骨，天子大怒，打算责问李傕。侍中杨琦说：“陛下暂且忍耐。李傕是个边鄙武夫，自知犯了大逆，心中正狂躁不安。陛下不可显扬他的罪行，以防他有非常之举。”

李傕也在备战，他招来羌、胡酋长，送了些宫里的小玩意，对他们说：只要击败郭汜，宫里的女人，随你们挑。羌、胡酋长们兴高采烈。

一天夜里，郭汜的兵马杀了进来，李傕的部将张苞开了营门，箭矢一直射到了天子的帷帐，李傕的左耳也被射穿。李傕部将、原白波谷黄巾统领杨奉击走郭汜，张苞随郭汜而去。

次日，李傕移营北坞，坚守不出。他很迷信，每天都让巫师鼓舞娱神，祭祠六丁。又塑起董卓像，每日上供。他每天也来朝见天子，连称呼都叫得不得体，一会儿“明陛下”，一会儿“明帝”，然后就婆婆妈妈地数落郭汜的不是，天子也只好随口应答。这让李将军很高兴，他逢人便说：“明陛下真是圣贤的君主。”可他每天的朝见都让天子的侍中近臣们十分恐慌，因为他居然带着三口刀，身上挂两口，右手将马鞭和佩刀一起拿着。侍臣们只好带上刀剑，站在天子身边。李将军倒十分见怪，他说：“天子身边的人不好，他们想图谋我，我这才带刀见驾。”侍中李祯是他的同乡，对他说："大汉制度，天子在军中，左右皆带刀。并非冲着将军来的。"李傕不闹了。

天子又让皇甫郦调解，李傕说："我有讨吕布之功，辅政四年，三辅清静，天下所知。郭汜算什么东西？他原名郭多，是个盗马贼，怎可与我平起平坐？皇甫将军，您也是凉州人，您看我的兵马士众，能不能收拾那厮？"

"董太师如此强大，也被吕布袭杀。将军身为上将，国家的好处都占尽了，可现在郭汜质公卿，将军劫天子，你说哪个的罪过更大？就连杨奉这种白波黄巾出身的人，都觉得将军做得过分了。"

"我不听，你走吧！"

皇甫郦到天子营帐中，直言李傕言辞不逊。天子怕李傕加害皇甫郦，下了道手敕让他出营。李傕果然派虎贲中郎将王昌追杀，王昌让皇甫郦快逃，回去说没追上。

天子见调解无望，只得安抚李傕，拜他为大司马，位在三公之上。李傕高兴得厚赐了巫师们。

到了六月，李、郭二军相攻，死亡上万。杨奉谋杀李傕，事泄而叛，由于他带走了大批的军士，李营的兵力一下子减弱不少。月底，镇东将军张济从陕县回军长安，调解李、郭，并打算迁天子乘舆出关至弘农郡。天子每日都在思念旧京，便让人再次劝解李、郭二人。过了些日子，二人同意和解。张济让他们各送一子给对方作人质，可李将军的老婆不愿意，事情又拖了下来。

倒是羌、胡酋长们等不及了，日日到天子的营帐前探头探脑："请问把门的将军，天子在里面吗？"

“有什么事?”

“李将军答应给我们宫女,现在何处?”

天子气急败坏,叫贾诩来:“卿奉职忠心,所以登荣宠之位。今羌、胡满路,请为寡人想个方略。”

贾诩也没办法,只得请羌、胡酋长们吃饭,好言相劝,说朝廷不会失言,只是现在不行,请诸位耐心等待。羌、胡见如此情形,知道无望,便怨起李傕来了,纷纷带着兵马走了。李将军兵力越发单薄了。终于,他和郭汜这个盗马贼和解,互送一女为人质。

兴平二年(195)七月的一天,天子的车驾出宣平门,向弘农郡进发,开始了为时一年的颠沛流离。

门外吊桥刚刚放下,李傕的兵马就追围了上来,而郭汜的军士数百人又拦在桥头:“车中是天子吗?”郭汜的军士问道。

侍中刘艾大呼:“是天子! 退避!”他又掀起天子的车帷。

天子面对军士:“你们不退兵,是想逼迫至尊吗?”

西北军哗地闪开,跪伏在地。车驾刚过桥,西北军士兵齐呼:“万岁! 万岁!”郭汜率军随驾而行。

夜里,天子到达霸陵,张济命人送来了晚餐和一些日用品。

次日,天子诏下,以张济为骠骑将军,开府仪如三公;郭汜为车骑将军;杨定为后将军;杨奉为兴义将军;牛辅的部将、孝灵皇帝母董太后之侄董承为安集将军。张济和百官们劝天子出关幸弘农郡,可郭汜却让天子幸长安西北的高陵。天子不答应,郭汜也不答应,天子便绝食。郭汜只得同意天子到附近的县邑。

八月,车驾幸新丰,侍中种辑知道郭汜打算再次劫持天子,早就密令杨定、董承、杨奉合兵新丰，郭汜见阴谋泄露，弃军而逃，奔入终南山中。

十月一日戊戌，郭汜的随驾部将夏育、高硕又谋划劫天子西行，夜里放火。侍中刘艾让天子自行决定到谁的营中躲避。这时，杨奉、董承率兵来迎天子进入杨奉的营寨，与夏育等恶战一场，大破之。五日壬寅，天子幸华阴。

天子没有料到，这些护驾的西北军将领也想劫持自己。宁辑将军段煨派人送来了丰厚的食品和衣物，并示意天子在窘迫时可进入他的营帐。杨奉、杨定、董承听了大不高兴，他们恐吓天子，说郭汜就在段煨的营中，他们的同党侍中种辑和左灵也这么说。而另一些公卿如太尉杨彪、司徒赵温、侍中刘艾、尚书梁绍等都誓死担保段煨不反。天子迷惑了，干脆谁的营寨也不去。这一夜，天子与公卿露宿道南。

这下子几个将军打了起来，夜深之际，左灵与种辑请天子下诏讨伐段煨，天子说："段煨的罪行没有彰著，杨奉等就要攻打他，还想命朕下诏吗？"种辑坚持让天子下诏，天子不睡也不答应。

十四岁的天子，在强权胁迫和颠沛流离之中，已经成就了一种外柔内刚的性格，他必须充分利用他的列祖列宗的威灵，利用大汉帝国这块金字招牌的最后辉煌，来争取一个人最基本的生存权利。

杨奉等人终于擅自攻打段煨了，打了十多天没有结果。这些天，段煨仍旧送东西来，天子感动了，让侍中、尚书们去说和将军们。他们也打累了，于是卖给天子一个面子，奉诏还营。

就在这时，李傕和郭汜亲率大军追了上来，杨定吓得要命，半路被郭汜打得匹马而逃，投了荆州。张济这些天与董承、杨奉不和，干脆与李、郭合兵，共追天子舆乘。十二月，在弘农郡东涧大战一场，董、杨二军大败，百官、兵士死亡甚多，御物、典籍、符策散失殆尽。射声校尉沮俊受伤坠马，李傕问左右："他还能活吗?"沮俊骂道："你们这些凶逆，逼劫天子，使公卿被害，宫人流离，自古乱臣贼子，没有到你们这种地步的!"李傕下令将他处死。

战后，天子只得再次露宿。董承和杨奉情急之际，一面答应与李、郭讲和，一面秘密让人去白波谷黄巾统帅李乐、韩暹、胡才以及南匈奴右贤王去卑那里搬来数千名骑兵，打了一仗就击溃了李、郭、张三人的军队。

十二月二十四日庚申，车驾继续东进，董承、李乐护卫舆乘，胡才、杨奉、韩暹、右贤王断后。走了不久，李又追上来，把杨奉打得大败，许多大臣死于乱军阵中。李傕又要杀司徒赵温、太常王绛、卫尉周忠等，贾诩不让，这才作罢。

李乐见后面的兵马已溃，急忙让天子上马而走，天子说不能舍百官而去。到了陕县，李乐与董承结营自守。此时只剩下数百名兵士，远处已能听到李傕军士的叫喊声。

李乐又建议天子乘船沿黄河而下，经砥柱，出孟津。杨彪不同意，他说："臣是弘农人，自此向东，河水有三十六滩，险不可行。"刘艾也说："臣出任过陕令，知其地形，太尉所言甚是。"他们下了决心，一定要渡过黄河，到北岸去才能摆脱追兵。于是让李乐先行至渡口，准备好船具，约定举火为号。

伏皇后的哥哥伏德抱着几匹绢，又扶着伏皇后艰难行进。董承看见了，让卫士乘乱砍杀伏德，夺了那几匹绢。兄长的血，溅了妹妹一身。到了黄河岸边，只见岸高十丈，无路可下，董承只得拿出那几匹绢来，结为长索，让人背着天子和皇后缘此而下，其余的人只好匍匐而下，甚至有跑下去的。董承的兵士趁机大掠，官吏和宫女的衣服都被扒走，卫尉士孙瑞也被乱兵所杀。

李傕的骑兵见河岸有火，纵马赶到岸边，大喊："你们想劫走天子吗？"

董承命人用棉被为幔，弓箭手在后稳住阵脚，天子公卿先行渡河，其余人一概不问。人们争相上船，董承挥剑乱斫，船舱里落了许多手指头。

天子进入李乐扎在河对岸大阳县境内的营寨。河内太守张杨让人送来了米粮，河东太守王邑又送来绵帛。休整了几日之后，天子终于坐上一辆牛车，幸安邑。

诏下：拜胡才为征东将军，张杨为安国将军，王邑为列侯，韩暹为征西将军，李乐为征北将军，与杨奉、董承共辅国政。其他将领见朝廷如此大加封拜，纷纷来要官做，天子无可奈何，只得胡乱加封。大汉拜官封爵，制度极严，必须铸造金属印玺，只有在紧急状况下，如临阵拜将，铸印不及，才用刀在金属印坯上刻字，名曰："急就章"。现在，连刻印都来不及了，拿了铁锥在印坯上画几个字就算了，这些强盗出身的将领看见印上有字，也就心满意足了。

天子的朝廷更是可笑，连门都没有，几间破旧民房，用篱笆草草围上，士兵们没有看过天子上朝，每天都伏在篱笆上看天子与公卿议事。他们觉得公卿们对天子行的礼、天子和公卿们的语言，都那么斯文奇怪，不禁哈哈大笑。将领们更是放肆，每天拿了酒肉，到天子门前大呼小叫，让侍中请天子出来同乐。侍中不为通报，他们就骂骂咧咧，拳脚相加。他们不敢对天子怎样，却敢将宫女们拖到营中陪酒。这一带又闹了饥荒，粮食日益紧张，天子只能将就着过了。

本年十月，朝廷拜曹操为兖州牧。刺史改为州牧，是由实力决定的。此时，他已经击破吕布，重新巩固了兖州。

本年正月，曹操在定陶打败吕布后，于闰五月进击盘踞在钜野的吕布部将薛兰和李封。吕布前来援救，不胜而逃，曹操斩杀二将，进军乘氏。这时，徐州牧陶谦病死，曹操打算先取徐州，回头再收拾吕布。荀彧不同意："今已破薛兰、李封，如分兵东击陈宫，陈宫必不敢西顾，这样，就有时间收割麦子。有了粮食，可一举而破吕布。等破了吕布，再南结扬州刺史刘繇，共讨袁术，兵临淮、泗。如果舍吕布而东进徐州，必须留兵兖州，留多了兵不够用，留少了又挡不住吕布的寇暴，则兖州危急，万一徐州失利，将军何处可归?"

曹操听从了建议，一边迅速收麦，一边设下埋伏，击溃来犯的陈宫和吕布，并纵兵大追。吕布在兖州站不住脚了，东奔刘备。张邈让弟弟张超率家族守住雍丘，自己随吕布而去。

陶谦于本年年初病故，临死前，对别驾麋竺说："非刘备不能安此州。"于是陶谦一断气，麋竺就率人迎立刘备。刘备假惺惺地推让，说袁公路就在寿春，可以请他来任州牧。麋竺说："公路骄豪，非治乱之主。今欲与使君合步骑十万，上可匡主济民，下可割地守境。”孔融也对刘备说：“袁公路岂是忧国忘家的人吗？冢中枯骨，何足介意，今日之事，全凭民意，天予你而不取，悔不可追。”

其实刘备的推辞，就是要探测一下徐州的民意，因为袁公路对自己来说，确是强敌。现在，刘备接过了印绶。

吕布见到刘备，主动套近乎：“我和卿同是边郡之人，算是同乡。我见关东兵起，想杀董卓，可我杀了董卓，出奔关东，没有一人愿意收留我，都想谋我的性命，这是为什么？”他又请刘备到营中吃饭，让自己的老婆出来拜见刘备，并介绍说这是我的义弟。刘备见他如此粗疏，言语无常，只得与他客客气气，心里却十分讨厌他。

曹操就任兖州牧之后，进围雍丘。张超指望好友臧洪来救，可臧洪又是袁绍的人，时任东郡太守。张超跑到袁绍那里哭求救兵，袁绍不给。臧洪又要求自带所部兵马赶往雍丘，袁绍不许。十二月，雍丘溃败，张超自杀，张邈的三族被曹操夷灭。张邈去袁术处求救，途中被部下所杀。

臧洪悔恨不已，他是个讲义气的人，于是拥兵而叛。袁绍爱惜他是个好汉，让他的同乡陈琳写信劝说，他回了封信把陈琳嘲弄了一通。袁绍点起大兵，把臧洪围了个水泄不通。城内饿得吃起了老鼠，最后的日子来到了，臧洪把家中所有的米都分给了吏民，又杀了爱妾给将士们吃，所以，城陷之时，无一人投降。袁绍对臧洪说：“臧洪，干吗这样！这下该服气了吧？”

袁绍的好言相劝，又招来臧洪的一顿臭骂，无非说他是大汉的叛臣。袁绍长叹一声，让人杀了臧洪。忽然，座中一个人愤然而起，愿与臧洪同死。此人是臧洪的好友陈容，他也骂了一通袁绍，然后说："仁义岂是常有的东西，蹈之则为君子，背之则为小人。今愿与臧洪同日死，不与将军同日生！"袁绍也如了他的愿望。

袁绍大营中，人人相觑，有个人小声地说："为何一天之内，杀了两位烈士？"

次年正月，改元建安(196)。

南匈奴于扶罗单于死，子呼厨泉立。

由于粮食紧张，董承、张杨想护卫天子回洛阳，杨奉与李乐不同意，发生了内讧。韩暹进攻董承，董承逃奔野王。胡才又想进攻韩暹，天子让人制止了。

张杨去年曾到安邑见过驾，劝天子回洛阳，杨奉等人就阻挠不让。现在既已开战，张杨就让董承先去修缮洛阳的宫殿。太仆赵岐也住在洛阳，他约了袁绍、公孙瓒和袁术于去年秋天来洛阳议和，他们满口答应，可事后全部违约，赵太仆为此生了场大病。现在，他见天子还都，非常高兴，主动去荆州说服了刘表，刘表让他带来了大量的兵士和物资修宫勤王。

五月，天子命杨奉、李乐、韩暹派兵护送还都，杨奉等奉诏而行。六月，抵达闻喜县，半路上，张杨送来了粮食。到了洛阳郊外，又等了几天，直到七月一日甲子，这是个吉利的日子，天子的车驾还幸旧都。宫殿尚未修好，先住入故大长秋赵忠的宅第。八月八日辛丑，幸南宫杨安殿，这是张杨为表彰自己的功劳而命名的。

张杨对大家说："天子君临天下了，朝廷自有公卿大臣，下臣当外出护卫京师。"他退至野王，杨奉也屯驻梁县，韩暹与董承负责宿卫。十日癸卯，拜张杨为大司马，杨奉为车骑将军，韩暹为大将军、领司隶校尉。

洛阳，荒芜不堪，废池乔木，断壁残垣。粮食仍是异常紧张，百官露宿野餐，甚至采食野菜。西北军的兵士仍在抢劫、烧杀。

天子颠沛流离之际，袁绍、袁术、曹操三人都反应冷淡，可还都之后，三人的态度就各不相同了。

袁绍在去年天子到达安邑时，就得到谋臣沮授的建议："西迎大驾，都于邺下，挟天子以令诸侯，畜士马以讨不庭。"也就是说，把天子挟持到袁绍的大本营——冀州邺城。但另两个谋臣郭图、淳于琼却认为，把天子弄来之后，起码在礼节上动不动就要请示天子，听天子的话则无权，不听又有违命之嫌，况且汉室已行将灭亡，没有什么号召力了。可沮授仍认为："今迎朝廷，于义为得，于时为宜，如不早定，必有先下手为强的人。"袁绍不听他的话。

袁绍有自己的打算，他现在无心顾及天子，他最大的心病是北方的公孙瓒。

三年前，公孙瓒统一了幽州。他一步步地搞垮了他的原上司幽州牧刘虞。刘虞一直告诫他不要和袁绍闹摩擦，他不听。于是，刘虞开始控制他的兵源和军粮。公孙瓒一面不断地上奏朝廷，说刘虞的不是；一面纵兵抄掠，又在蓟城东南构筑军事要塞。刘虞忍不住，亲率大军十万讨伐。可他不习行阵，进攻要塞之前竟告诫军士只许杀公孙瓒一人,不得烧杀平民。当他的军队包围了公孙瓒的要塞时,公孙瓒的主力恰恰不在营中。可公孙瓒利用了刘虞的弱点,以数百名敢死队员纵火突围,收兵回攻。刘虞兵溃,北奔居庸。公孙瓒一口气追到居庸,打了三天杀入城中,逮捕了刘虞及其妻子儿女,回到蓟城。这时,朝廷的钦差刚巧从长安到达,传达了朝廷对他们的宣慰:增加刘虞的封地,拜公孙瓒为前将军、封易侯。公孙瓒向钦差诬蔑刘虞与袁绍勾结,打算自立为天子,钦差不信。公孙瓒便胁迫钦差监斩,在蓟城市中心杀了刘虞一家,把人头让钦差带回长安。半路上,刘虞的旧部下把人头劫走归葬。

刘虞派往长安的信使田畴回到蓟城,闻讯痛哭,他亲祭刘虞的坟墓,在墓前宣读朝廷的回信,然后烧毁。公孙瓒将田畴捉来:"为什么不把朝廷的公文交给我?"

"汉室衰颓,人怀异心,只有刘公不失忠节。公文中的内容,没有将军一句好话。将军杀无罪之君,仇守义之臣,恐怕燕、赵之士宁愿蹈东海而死,也不愿跟着将军了。"

公孙瓒听了也心寒,放了田畴。田畴回到故乡无终县,与宗族扫地为盟:"君仇不报,誓不为人!"言毕,隐入徐无山之中。几年之后,他的居住地聚集了五千多户人家。田畴与大家商议之后,自定法律,建立了一个和平的、民主议会制的自治政权,连乌桓、鲜卑的一些部落也来归附。

这一切,都是初平四年(193)年底的事。

易京楼

兴平二年(195)年底,袁绍有了一个对公孙瓒发动大规模进攻的机会。此时,刘虞的从事鲜于辅和乌桓司马阎柔率领州兵,联合胡骑数万,声称为刘虞报仇,攻打渔阳太守邹丹的潞县,斩首四千多级。他们请袁绍派刘虞之子刘和出兵,袁绍还派出了麴义。鲜于辅等联合乌桓峭王、鲜卑骑兵南迎刘和以及袁绍的援兵,合兵十万,在鲍丘大败公孙瓒,斩首两万多级。一下子,代郡、广阳、上谷、右北平的吏民纷纷杀了公孙瓒所设的官员,起而响应。公孙瓒的军队屡屡败退。

公孙瓒干脆在易城构筑了一座旷古未有的综合工事——易京楼,主楼高十丈,周围的堑壕深五六丈。楼上作为他和妻妾的住处,男人七岁以上不得入内,铸铁为门,饮食、用品、公文皆用吊篮传递,不会宾客,不见将士,有事就让楼上的女人扯开嗓子喊。大家都被他这种疯狂的举动搞得困惑不解,问他为何如此。公孙瓒写了几根竹简用篮子吊下来:"我昔驱畔胡于塞表(孝灵皇帝中平五年事),扫黄巾于孟津(初平二年事),当此之时,谓天下指麾可定。至于今日,兵革方始,观此,非我所决,不如休兵力耕,以救凶年。《兵法》:'百楼不攻',今吾诸营楼橹数十重,积谷三百万斛,食尽此谷,足以待天下之事矣!"

公孙瓒画地为牢,诸将见大势已去,纷纷离去。其实,公孙瓒此举完全出于他的一个爱好，他喜欢听儿歌，又觉得儿歌出自天真，应是天意。近来，他听到一首易城儿歌唱道："燕南垂，赵北际，中央不合大如砺，唯有此中可避世。"从而突发奇想，遂有此举。

袁绍听说大喜过望，他积极备战，力争一举攻下幽州，解除后方隐患。

代汉者当涂高

袁术一是忙着夺徐州，二是忙着做皇帝。

建安元年（196）六月，袁术与刘备展开了争夺徐州的战役。刘备让司马张飞守下邳，自守盱眙、淮阴，与袁术相持。袁术说动了吕布袭击下邳。正好张飞在城中虐待陶谦故将，中郎将许耽开城响应，张飞败走，刘备的太太和子女被吕布俘获。刘备回军下邳，又被吕布击溃。刘备只得将残兵走广陵，与袁术交锋，又被打得大败。刘备走投无路，向义兄吕布投降，吕布此时正在生袁术的气，因为袁术答应给他的军粮没有兑现，他仍让刘备做空头的豫州刺史，屯兵小沛，合兵击走了袁术。本月，吕布自称徐州牧。这下，对曹操来说，讨吕布与攻徐州就是一回事了。

袁术等不及了，他感到身体也不太好，可皇帝仍没有做成。于是他请了个谶纬专家为他寻找做皇帝的根据。在那个时代，做皇帝除了现实的条件成熟之外，还需要有对天意的解释，才能具备号召力以取得民心。大汉帝国的臣民们有一个坚定不移的信仰：千秋万世的天子都由五个家族轮流做，而轮流的次序就是五行。他们的搭配是：伏羲(木)、神农(火)、黄帝(土)、少昊(金)、颛顼(水)。五行的关系有顺逆两种：木生火、火生土、土生金、金生水、水生木，这是一个循环相生的承继关系；木克土、土克水、水克火、火克金、金克木，这是一个循环相克的消灭关系。战国之际把五行又称作五德，他们认为周王朝属于火德，因而靠着武力夺得天下，又开始实践一种新制度的秦始皇帝采用了相克学说解释他的帝国，下令秦帝国属于水德，水是黑色的、冷的，所以秦国应该以严酷的法律治理天下，以黑色为最高贵的色彩。大汉孝武皇帝也有这种相克的信仰，他宣布大汉为土德，土是黄色的、温的，所以大汉帝国以信义道德治理天下，以黄色为最高贵的色彩。但是后来，温和的儒家学者认为，一切凭借武力建立的帝国都是不合法的，帝国之间的传递，在天意的角度看，都是道德的传递，道德的属性不同，但都是以和平继承的方式传递的。经过他们的严密考证，发现周王朝应该是木德，由于秦帝国推行暴政且又短命，因而周王朝的嫡传应是大汉帝国。这样，按照相生的学说，大汉应是火德。这个新说法虽是个概念游戏，但对后来的历史产生了不可动摇的影响，那就是，皇帝轮流做是合法的，一种德行衰亡了，应该有新的德行替代它，但是，五行相生的次序却不能改变。这就规定了任何皇帝都不能改变政治制度和文化道德理想。而这个制度和理想，事实上就是秦、汉帝国四百多年营建起来的日趋完善的统一大帝国。

光武皇帝光复大汉之后，就采用了新的学说，宣布大汉为火德。火是红色的、热的，它是人类文明的能源，所以大汉以文明和礼乐治理天下，以赤色为最高贵的色彩。按照这个逻辑，时下的群雄们如果想做皇帝，必须找到两个证据，一是证明自己是黄帝的后裔，二是证明自己身上有土德的象征。

袁术是黄帝的后裔，这一点很好证明，因为袁氏祖先是古代陈国的贵族，陈国贵族是虞舜的后裔，而虞舜又是黄帝的后裔。第二点有些麻烦，谶纬专家灵机一动，说时下流行的谶言是："代汉者当涂高"，意即有一个站在路上的大高个子应当代替大汉皇帝，袁术个头还算高，更为巧妙的是他的字里有一个"路"字，这下全解决了。袁术很高兴，他又让人去将孙文台的太太拘捕起来，直到她交出了传国玉玺。然后，大会群臣，商议称帝之事。

令他十分沮丧的是，没有一个部下同意他的主张，主簿阎象说：当初三分天下，周文王已有其二，尚且臣事殷纣。将军比周文王差远了，而汉室比殷纣又好多了。更可恨的是，孙策在江东还写了封信讥讽他一通，并从此脱离了他的指挥。

挟天子以令诸侯

曹操正驻兵许县，他马上听从了荀彧的建议，谋划迎奉天子。他派扬武将军曹洪率兵去洛阳，可遭到董承的阻击。愁苦之际，洛阳的议郎董昭看清了形势，他觉得西北军本来就不齐心，其中杨奉的兵最多，但在关东没有根基，最希望外援。于是，他以曹操的名义写信告知杨奉，表示愿与他共辅汉室。杨奉得书，对大家说，兖州军在许县，有兵有粮，国家可以依赖。这时，董承与韩暹闹了矛盾，也秘密遣人请曹操出兵洛阳。

建安元年(196)八月十八日辛亥，曹操进入洛阳，奏韩暹、张杨有罪，诛其同党尚书冯硕等三人。天子以韩、张有护驾之功，诏一切勿问。以曹操领司隶校尉、录尚书事，拜镇东将军，袭父爵费亭侯。董承等十三位将领为列侯，追赠射声校尉沮俊为弘农太守。讨有罪，赏有功，矜死节，文章做得有板有眼。

曹操私下请了董昭，他握着董议郎的手与自己同坐，问道："孤来此地，当用何计策?"

"洛阳的诸将，皆怀异志，不可依赖。将军如留京辅弼，多有不便，不如移驾幸许。可朝廷新还旧京，天下举首企望，迁都为非常之事，因而要多多计划。"

"此孤之本志，可杨奉就在近处，兵马又精良，如何对付?"

"杨奉在关东缺少同党外援，将军拜镇东将军、袭费亭侯皆出杨奉之力。可厚遗答谢，以安其意，并说请天子驾幸鲁阳，以便许县粮食顺利输送。杨奉武夫，必不生疑。"

曹操依计而行。八月二十七日庚申，车驾出京师东行。杨奉觉察上当，追之不及。九月七日己巳，车驾至许县，天子幸曹操营，拜曹操大将军，封武平侯。在许县设立宗庙社稷，称许都。

曹操指使天子近臣说动天子，下诏责备袁绍，说他地广兵多，自树朋党，不出师勤王，却擅自讨伐。袁绍无奈，只得上疏自责，作了深刻的检查。十一月七日戊辰，诏拜袁绍为太尉，封邺侯。袁绍闻诏大怒："没有我，曹操早没命了，现在他竟敢挟天子而命令我吗？"

袁绍辞了封赏，这下倒把曹操吓得不轻。他权衡利弊，上表请求把大将军之位让给袁绍。二十五日丙戌，诏拜曹操为司空，行车骑将军事。

尽管曹操还要考虑袁绍的存在，但近水楼台先得月，曹操可以很自在地以中央政府的名义任命自己的部下，收罗人才。荀彧做了侍中，守尚书令。他又向曹操推荐了自己的侄子荀攸以及颍川名士郭嘉。曹操与荀攸谈完话，对人说："公达(荀攸字)非常人也，我能和他商议计策，天下事有什么可担心的？"而当他与郭嘉谈完话，又对人说："使孤成大业者，必是此人！"

荀攸被征为汝南太守，后入尚书，为曹操军师；郭嘉为司空祭酒。

曹操还想到笼络一些大汉旧臣。如钟繇，曹操不会忘记他当初劝说李傕厚待自己派往长安使节之事，以其护卫天子出关有功，诏拜侍中尚书仆射，封东武亭侯。孔融在北海，既不能抵挡黄巾，又不能抵挡袁绍之子、青州刺史袁谭，连太太都被袁谭俘虏了。曹操和孔融是老朋友了，知道他虽是个书生，但名望甚高，征为将作大匠。此外，他还收了一个叫许褚的勇士，作为卫士。不过，曹操虽爱才，但他待下属过于苛刻，府中的官吏有了过失，往往要吃曹操的大杖。只有一个何夔，他告诉曹操："我身上天天带着毒药，明公如果加杖于我，我宁死也不可辱。"所以曹操从来不敢对他怎样。

本年，许都的屯田取得成功，得谷百万斛。而此时天下大饥，哀鸿遍野，袁绍的兵士在河北吃桑葚，袁术的兵士在江淮吃河蚌，小民百姓不甘心饿死的就只能吃小孩了。只有曹操吃得饱饱的，有精力想心事。

他念念不忘的，还是徐州和吕布。天子九月迁许都之后，曹操于十月进击杨奉，杨奉与韩暹南奔袁术。十月，曹操进击吕布。

和曹操同时想着徐州的还有袁术。

本年秋天，袁术一边与吕布通婚姻之好，一边遣部将纪灵率步骑三万进击刘备。吕布手下劝吕布不要去救，让袁术杀了刘备。吕布这回不知怎么有了脑子，他说了一番唇亡齿寒的道理，率步骑千余增援刘备。他到了小沛的西南，请纪灵、刘备一起吃饭，对纪灵说："玄德（刘备字），吕布之弟，被诸君所困，故来救之。我吕布素来不喜欢争斗，却喜欢劝和。"说完，他让小卒将他的大戟扛到营门口插好，操起一张强弓："诸君请看我射戟上的月牙支刃，射中了，请散兵；射不中，你们继续开战。"

吕布一箭中戟，兵士们欢呼起来，纪灵和刘备皆起身祝贺："将军天威也！"次日，他们又在一起大吃大喝，划了一通拳，称兄道弟，拱手而散。

刘备在小沛住安稳了之后，又惹是非，他先是偷偷募兵，又让人装成盗匪劫了吕布去河内买马的金子。吕布大怒，派部将高顺、张辽于九月攻破小沛。刘备逃走，高顺便把刘备的妻子俘去见吕布。

落难的刘备恰恰碰上了抵达梁国地界的曹操，曹操对他很客气，留他在军中共征吕布。一天，曹操问郭嘉："有人劝孤杀了刘备，因为刘备是个英雄，不早图之，后必为患。卿以为如何？"

郭嘉说主公您正兴大业，刘备既是英雄，杀他一人，却失天下人之望，太划不来了。于是曹操又让刘备回小沛收了些残兵，送他些军粮，安抚下来。

就在曹操将要对吕布发动总攻之际，后方许都受到一支游离出长安的西北军的威胁，使得曹操不得不回师营救。

这支西北军的统帅叫张绣，是张济的族子。张济自天子出关后，看见关西残破不堪，便将所部带出关外，进入荆州境内。他发起了攻打南阳穰城的战役，却中箭身亡。刘表假惺惺地去说："张将军穷迫而来投我，荆州将士却如此无礼，此非本牧的初衷。"刘表为张济发了丧。

此时贾诩从驻扎在华阴的段煨营中出走，来奔张绣。张绣对他执子孙之礼。贾诩定下神来，便带张绣去见刘表。刘表热情接待了他们，并接受了他们要求收编的请求。于是，由建忠将军张绣领张济部伍，屯驻南阳首府宛城。

不过，贾诩是最能择木而栖的良禽，他一出客厅，就对张绣说："刘表这个人，太平之世可以做到三公。但离乱之世，他不见事变，无有远略，不会有什么作为。"

宛城距许都很近，刘表让张绣这样的降将屯驻军事要地，就是想在曹操背后安下钉子。

建安二年(197)正月，曹操军进育水，讨伐张绣。张绣觉得自己在关东无势，不如投个更强的主子，便率众投降。

曹操进了张绣的大营，他的眼睛忽然散了光，发起愣来。他看到了张济的太太、张绣的叔母，正是他喜欢的那种类型的女人。当晚，他请众将及张绣、张夫人赴宴。宴后，曹操仗着酒醉脸红，别人看不出他的羞耻，宣布让张夫人侍寝。

张绣脸都憋紫了，一时又不好发作，部将们连忙把他架走。

曹操的部下却不以为怪，他们都知道曹操既爱江山又爱美人。而且，他有个怪癖，专喜纳女战俘为妾，因为他心里总是觉得老婆是别人的好，年轻时他和袁绍合作的最刺激的游戏就是劫人家的新嫁娘。

贾诩让张绣千万止怒，静观些时候。不久，张绣手下的勇士胡车儿受到曹操的接见，有人告知张绣说曹操给了他一囊金子。张绣认定，这是曹操收买胡车儿袭杀自己。

贾诩对张绣说了如此这般。在回军之际，张绣请求把军队开到大路上走，曹操许可。上大路必经曹军大营，按照军事条例，张绣军士必须卸甲而行。可张绣又说军中马车太少，只能挂甲而行。曹操又许可了。就在张绣的兵马走到中营之时，队伍中发出一声叫喊，冲向曹操的大帐。

曹操躲闪不及，中了一箭，长子曹昂被杀。幸亏典韦赶到，才保护曹操离开大帐，狼狈而逃。一时曹军大乱，狼奔豕突。典韦身被十创，在重重包围之下，将双戟同时插入两个敌兵的胸膛，瞠目大骂，气绝而亡。

曹操出了大帐，马上镇定下来，让手下布置了一个小埋伏，击退张绣的追兵。张绣回军穰城，再投刘表，曹操回师许都。路上，曹操手下的青州兵大肆抄掠，平虏校尉于禁麾兵击杀，青州兵向曹操告状，曹操大大地夸奖了于禁，说育水之难，我犹狼狈，将军能整顿乱军，有不动之节，虽古之名将，也不能如此。封益亭侯。

曹操对张夫人说："我一定要宰了张绣这个匹夫！"

就在曹操备战之际，袁绍写了一封语辞傲慢的信来，对他指手划脚。曹操气得把信拿给荀彧和郭嘉看。

"孤今将讨不义而力不能敌，卿等以为如何？"

郭嘉的回答，简直就是一篇大文章："刘邦、项羽不能匹敌，明公当有所知。汉祖唯以智胜，项羽虽强，终为所擒。袁绍有十败，明公有十胜。绍繁礼多仪，公体任自然，此为道胜；绍以逆动，公奉天子，此为义胜；大汉自桓、灵以来，政失于宽，绍以宽济宽，故不整，公以猛纠之，上下知制，此为治胜；绍外宽内忌，用人却又怀疑，且任人唯亲，公外简易而内机明，用人无疑，唯才是举，不问远近，此为度胜；绍多谋却少决断，多有失误，公得计辄行，应变无穷，此为谋胜；绍高议揖让以收名誉，浮而不实之士多往归之，公以至心待人，不为虚美，忠正而有远见才能之士皆愿为公所用，此为德胜；绍见人饥寒，体恤安抚，形于颜色，其所不见，则不加考虑，公于眼前小事，往往疏忽，至于大事，公虑及四海，恩之所加，多过人之所望，虽不为公亲眼所见，公却虑之，无所不周，此为仁胜；绍手下大臣争权，谗言惑乱，公以道御下，谗言不行，此为明胜；绍不知是非善恶，公于善进之以礼，于恶绳之以法，此为文胜；绍好虚张声势，不知兵要，公以少胜多，用兵如神，兵士依赖，敌人害怕，此为武胜。”

从来大言不惭的曹操听了此言也不好意思了起来：“如卿所言，孤有何德以当之。”

其实，曹操大可不必谦逊，这正是他和袁氏集团最大的分歧。曹操的做法，是他对大汉帝国衰亡史作了研究和思考之后采取的对策。这里有两个相关的问题，一是用人，二是制度。大汉帝国确立了一套以德治为主的制度，与之相应，大汉的文官集团的选拔标准也以个人道德为主。这种趋向走极端之后，法治松弛，想入仕的士人不去学习经世本领，却标榜道德，慕求虚名。这种人，要么人品正直却无才能，要么愤世嫉俗却无政治理性，要么巧言令色、结朋树党、虚伪奸诈。由于征辟的大权渐渐归入世家大族或豪强乃至中官之手，用人标准更是任人唯亲，紊乱不堪，即便有些正直之士在品评人物，也不过是一种舆论，无济于事。道德一旦成了挂在嘴边上天天讲的东西，就成了傻乎乎的废物，进而成为束缚人性的可憎的枷锁和破坏国家法治的利斧。士大夫与外戚、中官的拉锯战之所以毫无结果，在于他们自己也不愿意大汉成为一个法制社会。袁绍家中四世公卿，所以他是大汉丧失生机的统治阶层的代表。

曹操坚定地相信，法治是挽救一切社会的手段。法治的社会中，道德问题应该成为一种更抽象、更宽泛、更真实、更个人化的东西，而不是成天标榜说教的东西。所以曹操每次发布求才令时，都强调唯才是举，甚至不仁不孝而有治国用兵之术的人都可以重用。如此，曹操的帐下往往有不少重臣出自寒门，这些人可能并非不仁不孝，只是出身卑微，没有人给他做广告罢了。寒门之士，有进取心，了解社会，实践能力强，充满活力。即使真是鸡鸣狗盗之徒，只要他有本事，曹操对其为人并不介意。比如典军校尉丁斐，这个人是个理财能手，可是喜欢小偷小摸，他用军队里的壮牛换了自家的瘦牛，甚至把公家的金印换了大饼吃。可曹操却说："大家都让我好好治治他，我并非不知此人贪财。可我有了他，就像我家有了条爱偷嘴却善于捉老鼠的狗，偷嘴虽有小损，但却使我的囊贮完好无失。"

顺便解释一下，那时候，狗拿耗子并非多管闲事，现今出土的汉代画砖上，就有此图。以猫捕鼠，是后来印度和尚引进的技术。

曹操的个人生活之中，也多不拘礼法。他个子小，皮肤又黑，却很有魅力，因为他具有超出常人的幽默感且多才多艺。他喜欢穿便服，戴头巾而不戴冠冕，见客时也是如此。他自制了一只小皮包，有点像现在的女士们用的那种，放些手帕、小刀之类。他与人谈笑，无所不言；一次欢悦大笑之时，竟将头没入杯盘，沾了一脸的菜肴。他善骑射，好读书，其书法、围棋、弹琴得之于当时的高手如张芝、郭凯、蔡邕等人的传授或切磋，并能与他们媲美。他更是一个大诗人，因为他有真性情。他对女人也是如此，他觉得女人就是要漂亮，有才艺。他的妻妾大都出身寒门，甚至是娼优歌伎，或是战俘。但曹操有一点好，他知道尊重她们。丁夫人的养子曹修亡于乱军之中，丁夫人天天与曹操哭闹，他一气之下让她回娘家去。过了些时，曹操去看她，可她还是闹，曹操便提出离婚，并交代她家人，早些给她找个婆家，不要误了她的一生。尹夫人也是他收纳的寡妇，来时带了个儿子叫何晏，后来成了玄学家，当时年仅七岁，聪明过人，曹操一见便爱，想让他改姓曹。可何晏却在地上画了一个方块，坐在当中对曹操说："这是何氏的家，你不要进来。"把个曹操弄得乐不可支。他的这些性格，影响了他的子弟和近臣们。在他的身边，不仅猛将如云、谋士如林，而且有一个以他及其二子曹丕和曹植为首的文学家集团，开创了文学的黄金时代。他们在建安年代吟唱的慷慨激昂的诗篇，被后人誉为建安风骨，成了今后一切大诗人的营养。

蒿里行

郭嘉向曹操建议说："袁绍现在正忙于北击公孙瓒，明公可趁其远征，东取吕布。如果袁绍来犯，以吕布为援，将为害不小。"

荀彧也说："不先取吕布，则与袁绍作战之时，我军将陷入两线作战的困境，河北难以攻克。"

可曹操还是有顾虑，他说："我还担心袁绍联络关中的西北军，再联合羌胡，引诱蜀、汉，如此，则我兖、豫二州抗天下六分之五，如何是好？"

荀彧笑道："关中将帅有十来个，不能统一，其中只有马腾、韩遂最强，他们看见关东争战，必各自拥众自保。若以天子名义抚以恩德，遣使连和，虽不能久安，起码也可等到明公统一了关东。尚书仆射钟繇有智谋，可以关西之事委之。"

本年二月，钟繇及谒者仆射裴茂持节至长安。钟繇去书马、韩，陈说祸福，二人立刻遣子入朝为质，侍卫天子。裴茂率关西诸将诛杀李傕，夷其三族。郭汜为其部将五习所杀。胡才为仇家刺杀。李乐病亡。

同月，袁术在寿春称帝，自称“仲家”，以九江太守为淮南尹，置公卿百官，郊祀天地。

三月，诏将作大匠孔融持节至冀州，拜袁绍为大将军，授权兼督冀、青、幽、并四州军政大事。

五月，关东又发生了严重的蝗灾，人口骤减。曹操回想初平元年兴兵讨伐董卓以来，已历七载，其间沧海桑田，令人感慨。在一次欢宴酣醉之际，他选择了一支叫作《蒿里行》的凄凉悲怆的丧曲，重新填词，命人歌唱。座中闻之，无不怆然涕泣：

关东有义士，兴兵讨群凶。初期会盟津，乃心在咸阳。军合力不齐，踌躇而雁行。势利使人争，嗣还自相戕。淮南弟称号，刻玺于北方。铠甲生虮虱，万姓以死亡。白骨露于野，千里无鸡鸣。生民百遗一，念之断人肠。

第九章 日蚀苍黄

馨香易销歇，繁华会枯槁。

怅望何所言，临风送怀抱。

——汉末无名氏

征讨袁术

建安二年(197)二月袁术称帝一事,提醒了曹操,在东击吕布之前,必须对南方的刘表和东南方的袁术作出进攻的态势,使他们的气焰有所收敛,不然,他们会乘机袭击许都。况且,袁术称帝,自己又标榜拥戴汉室,不征讨一下,是交代不过去的。

袁术也意识到这一点,他必须开展对徐州方面的外交工作。他有个老朋友叫陈珪,是孝灵皇帝朝廷尉陈球的侄儿,现任徐州沛相。袁术写信给他,又留用了他的一个儿子作为人质,希望他能甘心为自己所用。接着,袁术派使者韩胤去告知吕布自己称帝一事,并提出与吕布结成亲家。吕布便让女儿随韩胤前往袁家。可陈珪却回绝了袁术的要求,还回信指责老朋友图谋不轨。他是个有远见的人,马上去找吕布。

"曹公奉迎天子,辅赞国政,将军应与其协同策谋,共成大计。今却与袁公路结婚姻之好,必受不义之名,将有累卵之危啊!"

吕布一听，立即派出快骑，一直追至深夜，讨回女儿，并将韩胤械送许都，以谋逆罪枭首于市。

陈珪又向吕布提出由自己的儿子陈登去进见曹操，吕布不肯。这时，曹操为征袁术，反而又要先稳住吕布，他写了一封亲笔信，对吕布深加安慰，又让天子拜吕布为左将军。吕布这才让陈登带着回信和谢表去了许都，他关照陈登，让曹操正式承认自己是徐州牧。

陈登的话正中曹操下怀，他说吕布勇而无谋，轻于去就，宜早图之。曹操说："吕布狼子野心，难以久养，非卿不能究其情伪。"他即刻拜陈登为广陵太守。临别之际，他握着陈登的手："东方之事，就托付卿了。"

吕布听了陈登的汇报，气得拔剑斩了几案，他问陈登为什么没有弄个徐州牧回来，反而为自己捞了个大官？陈登不慌不忙地说："在下见到曹公，对他说：'养吕将军譬如养虎，要给他吃饱肉，不然就会咬人的。'可曹公说：'不对，譬如养鹰，饿着反为所用，吃饱了反而会飞走。'"吕布听了，反而得意起来了。

袁术软的不行就来硬的，派出部将张勋、乔蕤与韩暹、杨奉步骑数万，合击下邳。吕布仅有步兵三千，骑兵四百，心里发毛。陈珪说："你何不离间他们？"

吕布写信给韩、杨二人说："我杀董卓，将军亲送大驾回都，俱立功名，为何与袁公路一起谋反？不如与我合力，共击袁公路。"

就这样，吕、韩、杨三军将张、乔二军一直赶到距寿春二百里的钟离，吕布让部下大肆抢掠了一阵，张贴了许多嘲笑袁术的布告，然后渡淮北还。刚刚渡河，袁术亲率大军赶到，吕布让士兵隔着淮河对袁天子大声地说了些下流话。

曹操又想到正在经营江东的孙策，他让议郎王浦携诏书去江东，拜孙策为骑都尉、袭爵乌程侯，领会稽太守，命他与吕布及吴郡太守陈瑀共讨袁术。谁知孙策嫌官太小，说一定要拜个将军，王议郎只好先让他借明汉将军之号行事。

一切安排妥当，九月，曹操亲征袁术。阵斩乔蕤，袁术大败，渡淮而走。

排除异己

回师许都后，曹操忙里偷闲干了一件排除异己的事。他借口太尉杨彪是袁术的姐夫，让司法部门指控杨彪欲图废立，大逆不道，拘捕审讯。他把矛头对着世代公卿的杨彪，意在一举两得：其一，曹操对世家大族又拉又打，他需要他们的家财和势力的支援，对荀氏等大族就采取了拉拢的手段；同时担心他们看不起自己的出身，因而又必须削弱他们。杨氏是有名的高门，搞垮他可以杀一儆百。其二，天子都许以来，自己在外南征北讨，而天子周围总有一班汉室旧臣图谋收权，甚至与袁绍、袁术等人暗中往来，自己要挟天子以令诸侯，就不得不稍稍学习一下董卓，让汉室的天子近臣俯首帖耳。他在天子身边安插了侍臣，又笼络了不少旧臣。现在，他还要借惩治杨彪，向汉室示威。

孔融听说，来了气。他见到曹操，说杨彪四世公卿，海内所瞻。《周书》里面讲：父子兄弟，罪不相及。何况袁氏与杨氏的关系呢？曹操说这是国家的意见。孔融回答：如果周成王杀了召公，周公能说不知道吗？孔融以年幼的天子比年幼的成王，而分别以曹操和杨彪比辅弼重臣周公与召公。

曹操对孔融也有气，这个人是自己在蔡邕家里相识的老朋友，但任气使性，仗着才气足，经常阴阳怪气地戏弄自己。一次曹操见粮食紧张，下令禁酒，孔融竟写信说："天有酒旗之星，地有酒泉之郡，人有爱酒之德，故尧不饮千钟，无以成圣。况且桀纣以好色亡国，为何您不下令禁绝婚姻呢？"其实孔融知道，曹操最喜欢的正是酒色。曹操内心的愠怒，被御史大夫郗虑揣摩到了，便弹劾孔融，使之免官在家。可孔融仍是宾朋满座，欢宴达旦。他对大家说："座上客常满，樽中酒不空，我无忧矣！"曹操想想算了，又把太中大夫这个闲职给了孔融。今天见他又为杨彪说情，还那样引经据典，令人生厌。他不回话。孔融急了："天下人指望明公辅弼汉室，至于太平，可明公却横杀无辜，海内失望，谁不解体？孔融，鲁国男子，明日当挂衣而去，不再上朝！"说完，拂袖而去。

孔融如此，荀彧也着急了，他和孔融一起去找司法官满宠，命他审问时不要用刑。满宠照样用了刑，孔融、荀彧闻讯大怒。可满宠向曹操汇报案情时却说："杨彪受了刑都没有招供出什么来，这样的人名闻海内，没有确切的罪名，是不可以判决的。明公如此做，大失民望，窃为明公感到可惜。"孔、荀二人这才佩服满宠的既忠于职守，又主持公道的人品。

曹操的目的还是达到了，杨彪知道汉室衰微，政在曹氏，自己的儿子杨修又在曹操的办公室里做事，便知趣地声称腿脚萎缩，闭门不出。

可是，汉室旧臣与曹操的矛盾却加深了，更大的密谋在积极地筹划之中。

兵不厌诈

十一月，曹操进击刘表，他选择张绣作为打击对象，公私怨仇兼而报之。曹军拔阳湖，下舞阴，生擒刘表大将邓济。避乱荆州的颍川名士杜袭、赵俨、繁钦投奔曹操。

建安三年(198)正月，曹军还许都。得知韩暹、杨奉寇掠徐、扬之间，杨奉又劝刘备共击吕布，被刘备在酒宴之中斩杀；韩暹出逃并州，被杼秋县令张宣所杀。至此，董卓缔造的西北军解体。

三月，曹操又征张绣。荀攸说："张绣与刘表相恃为强。但张绣以游军仰食于刘表，刘表又不可能养虎为患，他们势必乖离。缓军以待，可致其乱；急而攻之，其势必相救。"曹操最恨张绣，就是不听，把张绣围在穰城。

可是袁绍又捣了曹操的蛋。他早就命曹操迁都甄城，曹操不答应。他的谋士田丰劝他袭击许都，抢走天子。五月，曹操赶忙撤军回救。贾诩让张绣勿追，张绣不从。

曹操在给荀彧的军事通报中说："我军到了安众，一定能打败张绣。”等到了安众，曹军又遇上刘表援兵的阻击。曹操命军士夜间于险要处凿开一条山路，并做出从此逃走的假象。刘表和张绣的军队循迹而追，中了曹军的埋伏，大败而回。此刻，贾诩却对张绣说：“快收残兵，继续追击，必能获胜。”张绣说：“不听您的话，已招致失败，为何又让我追击？”贾诩回道：“兵势有变，只需追击便是。”

张绣的残兵又追了上去，曹操的主力已走，留下的阻击部队果然被张绣重创，得胜而归。

事后，双方都在总结经验。荀彧问曹操为何当初认为到了安众能够取胜？曹操说：“我知道刘表要阻击我军，前后夹击，这是将我军置之死地。兵法云：置之死地而后生。所以我知道必胜。”张绣也问贾诩：“为何我以精兵追之反败，以败兵追之反胜？”贾诩说：“将军虽勇，但非曹公的对手。曹公攻将军，没有失策，忽然退兵，定是朝中政局有了变故，因此曹公必定安排断后事宜，故追之必败。曹公已破将军，必轻军速进，所留断后的将领又非将军的敌手，故虽用败兵，追之必胜。”张绣对贾诩大为佩服。

此时，吕布又被袁术说服，遣部将攻破刘备，曹操派夏侯惇接应刘备，又被打败。刘备单骑走脱。

绞杀吕布

曹操下决心解决吕布这个心腹之患。有的将领认为：东击吕布，刘表、袁术必在后袭击。荀攸却说："刘表、张绣新败，必不敢动。吕布骁勇，倚仗袁术，纵横江、淮，豪杰必应。可趁其新叛朝廷，众心未一，一举击破。"

半路上，曹军遇上刘备，刘备告知：泰山一带的地方武装首领臧霸、孙观、吴敦、尹礼、昌豨等人都依附了吕布。曹军开至彭城。

陈宫劝吕布趁曹军远来疲惫，主动从下邳出击。吕布说："不如等他们来，我们把他们憋死在泗水之中。"

吕布一句话，失去了彭城。十月，曹军拔彭城，屠城。陈登率所部作先锋，进围下邳。吕布开城出战，均被击回。困苦之中，他接到曹操的劝降书，可陈宫阻止了他，对他说："将军率步骑出屯下邳城外，我率兵坚守城内，内外呼应。曹军攻将军，则我击其背；若攻下邳，将军营救于外。不过数月，曹军粮尽，击之可破。"吕布让高顺与陈宫守城，自率骑兵出城切断曹军的粮道。可是他的太太提醒他说："陈宫与高顺素来不和，将军一出，他们如有变故，将军何以安身？曹操待陈宫如赤子，陈宫尚且舍而归我，今将军待陈宫又不如曹操，却指望委城池、妻子于他，一旦有变，我还能做你的老婆吗？"

吕布吓得不敢出城，只得又派人求救于袁术。袁术说："吕布不送女儿来，理当失败，为何还来求救？"使者说："如果吕布败了，明公也就完了。"袁术只好派了些兵马虚张声势。吕布急了，不就是没送女儿吗？本将军亲自给你这个老贼送去！夜里，吕布跨上赤兔马，将女儿用绢帛捆在马上，扬鞭而出。可曹军雨点般的箭矢将吕布射回。

倒是吕布的朋友张杨讲义气，主动出兵东市，声援吕布。十一月，张杨被其部将杨丑袭杀，部将眭固又杀杨丑，率众北归袁绍。张杨这个人性情懦弱，平时部将们谋反事泄，张杨不仅不追究，反而对他们哭。

下邳很难攻打，曹操让工兵在城外挖了一圈深堑。士兵疲惫，都想回家。荀攸、郭嘉对大家解释说吕布虽勇，但锐气已尽，不可让他喘气。陈宫虽有智谋，但脑子动得慢。趁着吕布没力气，陈宫的计策还没想出来，加紧进攻，一定能获大胜。

一个月之后，吕布架不住了，竟跑到城墙上对曹军喊道："你们不要困我，我自当去向明公自首！"陈宫马上把他从城墙上拖下来："逆贼曹操，是什么明公？今日降之，如卵击石，岂能保全？"

刘备的司马关羽对曹操说："我愿率人做攻城先锋，但请求明公在城破之时，将一个妇人赐给在下为妻。"

"哦？"曹操又来了兴趣。"云长（关羽字），此妇何方人氏？"

关羽回道："此乃吕布部将秦宜禄之前妻。秦宜禄为吕布所遣，前往袁术处，袁氏妻之以宗室之女。前妻杜氏遂留下邳。"

"好的，好的。"曹操若有所思地应道。

吕布像头困兽，脾气大得让人害怕。他下令全城禁酒，不得歌唱欢乐。可这天部将侯成竟然敢送酒肉给吕布，说是一匹好马失而复得，被吕布臭骂一通。

十一月，侯成与部将宋宪、魏续等人拘捕了陈宫、高顺，率众出降。城破，吕布退至城南白门楼，曹军进围楼下。吕布对手下说："把我的头拿了去请赏吧！"左右说："我们不能做这种事，将军，我们还是下去投降吧！”

曹操得意地处置俘虏，刘备等人也在场。当吕布被绑上前来时，他竟对曹操说：“天下已定了！”曹操装着没听明白：“你说什么？”

“明公所患，不过是吕布罢了。今天，我服了明公。如让我率骑兵，明公率步兵，平定天下还不是一件容易的事？”

吕布大言不惭之后，又对刘备说话：“玄德，你是座上客，我是阶下囚，绳子绑得这么紧，为何一言不发？”

曹操大笑：“缚虎不得不紧啊！”他挥手示意兵士松绑。刘备终于开口说话了：“明公，你难道忘了吕布是怎样侍奉丁原和董卓的吗？”

曹操一听，对刘备点了点头，又对吕布冷笑了起来。

吕布见大势已去，对刘备破口大骂：“大耳小儿！无信无义！”

曹操又让带陈宫。

“公台（陈宫字），你平生自认为多智多谋，今天是怎么了？”

陈宫指着吕布：“此人不听我言，故至于此。”

“卿的老母，如何处置？”

“我听说以孝治天下的人，不加害别人的双亲。老母是死是活，在于明公，不在我陈宫。”

“那么，卿的妻小如何处置？”

“我听说施仁政于天下的人，不绝人家的香火。妻小是死是活，也在于明公，不在我陈宫。”

曹操无言以对。陈宫说：“那就请杀我吧。”说完，陈宫往刑场走去。曹操望着他的背影，想起与陈宫共同开创兖州的往事，心里一阵发酸，眼泪流了下来。他一挥手，下令将陈宫、吕布、高顺绞死，传首许都。又命将陈宫老母、妻小接至许都厚养终身。

吕布部将张辽以及臧霸、吴敦、尹礼、孙观、昌稀皆降。

且说关云长一进城就直奔秦宜禄家，但不见了杜氏。家僮说来了一群兵将她带走了。关羽恨得咬牙切齿，一定是曹操先下了手。

曹操又得了一个美妇人。秦宜禄过些天也来归降，曹操命他为铚长。杜氏带来一个小男孩，名朗，小名阿苏，一副聪颖之相。曹操十分欢喜，常常在宴会上带他坐在身边，还对宾客们说："世间有谁像我这样喜爱假子的吗？"

逐鹿中原

徐州战役结束之后，孙策派部将正义校尉张纮送来一些南方的土特产。曹操上表天子，拜孙策为讨逆将军，封吴侯。又将自己的侄女许配给孙策的弟弟孙匡，并为儿子曹彰娶了孙策堂兄孙贲之女。辟孙策之弟孙权、孙翊为官，拜张纮为侍御史，留都供职。派议郎刘琬前去江东宣布诏书，并征召原会稽太守王朗回朝。

王朗字景兴，东海大族，陶谦所举茂才，经学家，天子在长安时拜为会稽太守。孙策经略江东，他的功曹、汉末最著名的《易》

学专家虞翻劝他逃避，他不听，坚守城池却被孙策打得大败，只得投降孙策。回朝后拜谏议大夫，参司空事，与钟繇共同主持司法工作。他的儿子王肃后来成了大经学家，总结了大汉的经学成就，开创了下一个朝代的新经学体系。

刘琬到了江东，见到孙策的几个兄弟。刘琬精通相面，他特别看中了孙策的二弟、十五岁的孙权（字仲谋），当时任阳羡长，是个孝廉。回到许都时，他对曹操说："孙氏兄弟虽然皆是英雄，但命禄不长，只有孙权，方颐大口，目有精光，形貌奇伟，骨体不凡，有大贵长寿之相，明公不妨拭目以待。"曹操平素不太相信这些东西，笑笑作罢。

曹操攻拔了徐州，袁绍也消灭了公孙瓒。年底，袁绍对公孙瓒的战事全面展开。公孙瓒连吃败仗，遣子公孙续请救于黑山黄巾。次年春天，黑山黄巾统帅张燕与公孙续率兵十万，分三路援救易城。兵马未至，公孙瓒让人送书给儿子，让他率五千铁骑埋伏于山谷，举火为号，自将兵马出击袁绍。可是书信被袁绍截获，袁军如期举火，公孙瓒以为救兵已到，率众冲出城外。袁军打了个漂亮的伏击战。公孙瓒退入易京楼自守不出。袁绍命兵士挖地道穿过楼下，架上木柴，点火焚烧。

公孙瓒缢杀妻子、姐妹、子女，引火自焚。部将田楷战死，公孙续逃往塞外，被屠各胡袭杀。

刘虞的部将鲜于辅现为渔阳太守，他听从了当地名士田豫的劝告，率众归顺许都，以奉王命。诏拜建忠将军，都督幽州六郡。

此时，乌桓王丘力居已死，儿子楼班年纪太小，部落里拥立其侄蹋顿为王，统摄上谷部落酋长难楼、辽东部落酋长苏仆延、右北平部落酋长乌延等。由于袁绍攻公孙瓒时，上述乌桓各部都出了力气，因而袁绍以天子的名义颁赐他们单于印绶，派阎柔出塞宣慰。其后，难楼、苏仆延二部奉楼班为单于，以蹋顿为王。如此，乌桓也归顺了袁绍。

袁绍拥有了幽、并、冀、青四州，按照他的任人唯亲原则，以长子袁谭出镇青州刺史，次子袁熙出镇幽州刺史，外甥高干出镇并州刺史，而以幼子袁尚为冀州刺史，镇邺，作为他未来的继承者，这一点使得长子袁谭十分不满，当时袁绍的谋臣沮授就指出："必为祸始。"可袁绍不听，他太喜欢小儿子了，原因仅仅是长得好看。

袁绍心满意足，他作出试探，看看舆论是否允许自己称帝。主簿耿包看出他的心事，建议他应天顺人，称尊号。袁绍将耿包的建议下达部属们决断，大家一致认为耿包之言妖妄，应该诛杀。袁绍只得顺从众议，杀耿包以自解。

不能称帝，就只能劫持汉帝，大汉帝国的招牌简直有如神灵。袁绍不得不加紧备战，与老朋友曹操决一雌雄了。

建安四年(199)的上半年，袁术困顿不堪，资源竭尽，部将叛变，士卒走散。袁术走投无路，想到了他家婢女生的兄弟袁绍。他让人将自己的帝号送归袁绍，写了一封拍马屁的书信，说："汉之失天下久矣，天子无权，政在家门，豪雄角逐，分裂疆宇，此与周代末年七国分势无异，强者终究兼并天下。袁氏受命当王，符瑞炳然。今君拥有四州，人户百万，论强则无以比大，论德则无以比高。曹操欲扶衰拯弱，安能续绝命救已灭乎？谨归大命，君其兴之！”

袁谭从青州迎接叔父，打算自下邳通过，遭到曹操部将朱灵和刘备的邀击，袁术只得退回寿春。六月，袁术出寿春，行八十里至江亭，又为部将雷薄所拒。三天之后，袁术问厨子还有多少粮食？厨子说只有麦屑三十斛。袁术又急又热，脸色泛白，要喝蜜水，厨子说没有蜂蜜了。袁术瘫坐床上，叹息不止。忽然，他暴跳而起，大声喊道："袁术竟至于此？"接着便大口吐血，气绝身亡。其弟袁胤扶着灵柩，带着袁术妻子投奔皖城的庐江太守刘勋。故广陵太守徐谬将传国玉玺献至许都。

此后孙策克皖城，为袁术发丧安葬，抚恤袁术妻小，拜其子袁耀为郎中，受到舆论的称誉。

从去年开始，荆州南部的长沙、零陵、桂阳三郡在长沙太守张羡的率领下，反叛刘表，与曹操联络。刘表忙于讨伐，无暇北顾。

命运把公平交给了曹操，他没有了南方的后患，也开始备战，与袁绍逐鹿中原。

袁绍点起步兵十万、骑兵一万，以审配、逢纪统军事，田丰、荀谌、许攸为参谋，颜良、文丑为将军，沮授为监军，打算直插曹操的腹地许都。在命令下达之前，他的谋士集团内部，对如何布置战争，产生了分歧。以沮授和田丰为一派，主张打持久战，以政治上的胜利为目标；以郭图和审配为另一派，主张打闪电战，以战术上的胜利为目标。他们在主子面前各陈己见。

沮授说："近年讨公孙瓒，师出历年，百姓疲敝，仓库无蓄。应该务农息民，先遣使节献捷天子，如不能通，则奏曹操阻隔王路，然后进屯黎阳，渐营河南，建造战船器械，分遣精骑抄其边境，使其不安，而我则以静制动，如此三年，可唾手而得。”

郭图说：“兵法云：十倍于敌则围之，五倍于敌则攻之，与敌相等则战之。以明公之神武，引河朔强众以伐曹操，易如反手，何必如此多虑！”

沮授说：“救乱诛暴，谓之义兵；恃众凭强，谓之骄兵；义者无敌，骄者先灭。曹操奉天子以令天下，今举师南下，已违大义。且战争胜负在于策略，不在强弱。曹操法令既行，士卒精练，非公孙瓒之辈可以比拟。今弃万安之术而兴无名之师，窃为明公担忧！”

审配说：“武王伐纣，不为不义；何况是兵加曹操，怎能谓之不义？且以明公今日之强，将士思奋，如不及时完成大业，真所谓‘天予不取，反受其咎’，这就是越国所以称霸，吴国所以灭亡的道理。监军之计在于把稳，却不能察知时机与变化。”

袁绍拍了板，用郭、审之策。

沮授出了帐，郭图又对袁绍说：“明公，沮授监统内外，威震三军，如果专权，将何以制之？《黄石公兵法》曰：‘臣与主同则亡’。”

袁绍经过考虑，将一个监军改为三个监军，由沮授、郭图、淳于琼分掌其权。临行之前，骑都尉崔琰说：“天子在许，民望所归，不可攻打。”袁绍连听都不听。崔琰的家族是清河大姓，本人又是大经学家郑玄的学生，风度威仪俱佳。

袁军攻打许都的消息传来，许都一片惊恐。曹操成天在给大家打气。大臣之中孔融的胆子最小，他去找荀彧，说了一通田丰、许攸是第一流的谋士，审配、逢纪是第一流的忠臣，颜良、文丑是第一流的勇将，袁绍地广兵多，如何是好等等担忧。荀彧一一为他分析："袁绍兵多而不整，田丰刚而犯上，许攸贪而不智，审配专而无谋，逢纪果而自用，这几个人之间又不相容。审、逢二人拥护幼子袁尚，田丰与辛评拥护长子袁谭，争权之势，昭然可见。至于颜良、文丑，不过两个匹夫，可一战而擒。老兄，你不害怕了吧？"孔融怏怏而去。

八月，曹操主动北渡黄河，驻扎在黎阳，摆出进攻的态势。同时，派遣在泰山地区有威信的军事首领臧霸率精骑进入青州，以遏制青州刺史袁谭从东面的进攻。在布置了第一道防线之后，曹操留部将于禁屯守黄河北岸，自将兵马退回许都。半路上，曹操又把兵马分出大半，屯守黄河以南、汴水南岸的重要渡口——官渡，作为第二道防线。

曹操还是放心不下关西的地方官吏、将士以及地方自治势力，他担心他们会与袁绍联盟。因为凉州刺史韦端近来派从事杨阜造访了许都，曹操看出这是来探测情况，好选择何去何从。他派遣侍御史卫凯持节镇抚关西。卫凯到任后，立即写信给荀彧，说近年来一些流亡在荆州的关西民众陆续回乡，由于没有了土地和家业，关西诸将和豪强把他们收为自己的部曲。地方政府由于财政紧张，不能与他们争夺民众。如此，又会形成新的割据势力。他建议政府将关西的生活必需品——盐控制起来，实行专卖；再用卖盐的钱收购耕牛，廉价租借或出售给流民，鼓励他们开荒耕田，民众闻之，必趋之而来；再留司隶校尉镇治关西，委以重权。如此，则豪强与诸将的势力日削，官府和民众的势力日盛，是强本弱敌的长远之计。荀彧把情况汇报给曹操，曹操十分佩服卫凯的见解，立即在关西地区设置谒者仆射监盐官，以司隶校尉驻弘农办公。

袁绍也在开辟第二战场，他仍寄希望于南方的刘表。刘表配合他的行动，可就是不出兵。一则他的南方有战事，抽不开身；二则他为自保荆州而采取的中立政策十分愚蠢。用他自己的话说，对许都方面不失职责，对冀州方面不背盟主，希望双方都不与自己为难。可用他的从事中郎韩嵩的话说就是，拥甲十万，坐观成败，袁绍求援不肯相助，见曹操之强又不能归，双方都积怨于荆州，何以中立？刘表听了韩嵩的话，也有些狐疑，便让韩嵩去许都侦察，以便及时作出选择。韩嵩对他说："我与主公是君臣关系，主公有一定的主张，我才可以去许都贯彻。如果没有，万一天子给我一个职位，我只得做天子之臣，不能再给主公卖命了，请主公三思。"韩嵩到了许都，果然被拜为侍中、零陵太守。回到荆州后，刘表气得要杀了韩嵩，幸亏他的太太蔡氏说了情。

袁绍又去找张绣，还专门写了信给贾诩。使者来到的时候，贾诩忽然说："归谢袁本初，他自家兄弟都不能相容。何以能容天下的国士？"张绣倒吃了一惊，对贾诩悄悄地说："这下我靠谁呢？"

"不如从曹公！"张绣听了更是吃惊。

贾诩解释道："曹公挟天子以令天下，必定得胜，从之一也；袁绍强大，我以少从多，必不以我为重；曹公兵少，得我必喜，从之二也；有霸王之志的人，一定会放下私怨以示信义于天下，从之三也。请将军不要迟疑！"

十一月，张绣率众归降曹操。曹操拉着张绣的手入了酒席，说我与将军已是亲戚，就亲上加亲吧，听说将军有一女，请下嫁犬子曹均如何？张绣心里叹息一声，难怪你曹孟德会胡来，原来你不知道伦理，你纳我叔母为妾，又与我做亲家，这辈分怎么算？罢罢，张绣再也不生曹操的气了。酒后，曹操在帐外又悄悄地拉住贾诩的手："使我信义重于天下者，子也！"次日诏拜张绣为扬武将军，贾诩为执金吾，封都亭侯。

年底，曹操又去了官渡。

煮酒论英雄

袁绍的计划落了空，可曹操的后院也起了火。

一天，曹操的侍卫徐他等人进入大帐，直趋曹操的卧床。忽然，他们发现许褚在曹操身边侍立，神色一下子慌张起来。许褚抽刀便刺，杀了徐他。

曹操让人好好审讯其他几个侍卫。

建安五年(200)正月，犯人开口招供，一个更大的密谋泄露了。正月九日壬子，曹操火速赶回了许都，捕杀了车骑将军董承、长水校尉种辑，将军吴子兰、王服，灭其三族。随后，让甲士带剑进入后宫，跪奏天子，声称董承之女董贵人与父谋反，请天子允许甲士带出诛杀。天子气得浑身发抖，曹操终于展示了狰狞面目。天子说："董贵人身上有孕，不可出。"甲士出禀曹操，曹操说再不允许就动手。过了许久，甲士将董贵人的人头带出。

伏皇后目睹这一切，写了一封书信，将这天的残暴场面仔细描述，交给父亲伏完，让他多为女儿和天子着想。伏完不敢吱声，只将书信给几个密友看了。

司法官员报告说，董承等密谋刺杀主公时，矫用天子的名义写了一份诏书，并缝在衣带里，说是受天子的密诏，让大臣们诛杀曹操。看到这份密诏的还有一个人，他就是刘备。

曹操恍然大悟，他想起了一件事来。

在刘备与朱灵东击袁术前，曹操请刘备喝酒。曹操醉醺醺地对刘备说："方今天下英雄，只有使君和我曹操罢了！袁本初之徒，不值一提！"话音刚落，天上一响炸雷，地下一声叮当，刘备手上的汤匙跌落。刘备说："圣人云'迅雷风烈必变'，的确如此！"曹操当时心想，这人恐怕也是个熊包。现在看来，刘备心里有鬼。

不出曹操所料，董承被诛之后，刘备马上袭杀徐州刺史车胄，命关羽守下邳，自守小沛，昌豨也投了刘备，合众数万与袁绍联兵。曹操十分着急，派司空长史刘岱、中郎将王忠出击徐州。刘备把这两个将军击走，还告诫他们："像你们这号的，就是来上一百个，也不能拿我怎样。曹公自来，也未可知！"

于是，曹公只得自来了。

田丰听说，连忙劝袁绍出兵接应刘备，在曹军与刘备交战时，袭击曹军的后路。袁绍说小儿子生病，没有空。田丰气得用手杖捣着地："大事去矣！"

刘备以为，曹操要对付袁绍，无暇东顾，所以他敢对刘岱说大话。这时侦察兵来报，说曹操亲率大军来了，他还不相信，便带上十来个骑兵前往巡视。只见尘土飞扬处，曹操的麾盖飘然而至。刘备才觉得不妙，拍马便走，连军队都不要了。

曹军攻拔下邳，擒获关羽，俘虏了刘备的妻子，回军击破昌豨，速回官渡。刘备逃奔青州，由袁谭派兵送至冀州。袁绍出邺城二百里迎接。

刘备和张飞逃跑之时，顺带捎上了秦宜禄。秦宜禄有点犹豫，张飞说："人家抢了你的老婆，你还跟着起什么劲?"走了一半，秦宜禄又后悔了，便往回溜。张飞赶上去刺了一矛，送他回了老家。

田丰又劝袁绍："刘备既破，曹操后方无忧，许都不再空虚。且曹操善于用兵，变化无方，众虽少，不可轻视。不如持久而待。将军可外结英雄，内修农战，简练奇兵，乘虚迭出，袭扰河南。曹操救右则击左，救左则击右，使之疲于奔命，民不得安业。不到三年，坐而可克。今弃大计而欲决胜负于一战，如不如愿，后悔不及!"袁绍不听。正如荀彧所说，田丰刚而犯上，他不死心，又加重口气劝谏袁绍。袁绍光了火，以临战沮众之罪拘捕田丰。

袁绍让陈琳写了一篇长长的檄文，历数曹操的罪状，颁行天下。曹操看了，对陈琳的文采大加称赏，拿给他两个爱好文学的儿子看，让他俩好好揣摩。曹操只对其中的一段话十分生气，那是一段骂了他祖宗三代的话："司空曹操，祖父中常侍腾，与左悺、徐璜并作妖孽，饕餮放横，伤化虐民。父嵩，乞匄携养，因赃假位，舆金辇璧，输货权门，窃盗鼎司，倾覆重器。操赘阉遗丑，本无懿德，剽狡锋协，好乱乐祸。”

建安五年(200)二月，袁绍兵进黎阳。沮授临行时，把家财全部散与宗族子弟，对弟弟沮宗说：“此行必败，身不可保了。”

袁绍先让大将颜良攻击驻守在白马的东郡太守刘延，沮授说颜良性子太急，不可独当一面。袁绍又不听。四月，曹操听从荀攸的计策，率军至延津之后，不奔白马，从西侧向袁绍的后方迂回。趁袁绍调动大军西进之际，命关羽、张辽以轻骑回袭白马。颜良仓促应战，被关羽临阵刺杀，斩首而还。袁绍一听，渡河追击，沮授认为不可如此依循敌军，必须先屯延津，再进兵官渡，稳扎稳打。袁绍心急，不听此计。沮授只得向主子辞职。袁绍既不同意辞职，又不重用沮授，将沮授所监人马归并郭图。

在延津以南的一个大坡之下，曹操与袁绍相遇。曹操的兵士报称看到了五六百敌骑。过了一会儿，又报：骑兵越来越多，步兵不可胜数。曹操不耐烦地说：“不要报了！”他下令兵士解鞍放马。将士们都劝他回营坚守并且必须考虑到从白马拉来的辎重刚到阵前，尚未运回大营。荀攸笑了：“这是诱敌之计！”曹操也神色悠闲地笑了。

冲在最前面的是刘备和大将文丑。五六千敌骑已快至眼前，诸将催促曹操上马，曹操仍示意不要动。敌骑又多了许多，其中一部分扑向了曹军的辎重。曹操大喊一声：“上马！”率六百骑兵冲入敌阵，纵横突杀，敌军一片大乱。乱中，袁绍的爱将文丑阵亡，刘备早就逃得无踪无影，天黑了才回到营中。袁绍懊丧到了极点。

次日，曹操对张辽说：“你去看看，关云长有没有走。”

张辽知道，曹操一直想收买关羽，还让自己以私交劝关羽归顺曹操，可关羽都以受刘备之恩，誓共生死作为推辞，并告诉自己：他知道曹公的一片厚意，一定要立个大功来报答他。果然，张辽带回来一封关羽的告别信以及曹操每次赏赐给他的东西，说是去袁军投刘备去了。左右大怒，纷纷要求追杀关羽，曹操拦住他们：“孤知道云长斩杀颜良之后，即将弃孤而去。忠于主人，此乃义士，不要追了。”

延津之战结束后，曹操又退守官渡。他明白自己兵力少，不能将战线拉长。坚守官渡，一则可以集中兵力，二则可以诱敌深入，拉长敌军的补给线，伺隙攻击。

此时，在幽州镇抚乌桓的阎柔遣使拜见曹操，表示归顺。曹操拜他为乌桓校尉。鲜于辅亲自来到官渡拜见曹操，拜为右度辽将军，命他还镇幽州。这样，曹操使袁绍腹背受敌。

曹操还听从了朗陵长赵俨的建议，在急需军资之际，缓征绵绢，以安民心。

官渡之战

袁绍又收罗了汝南地区的黄巾刘辟部，让刘备与之配合，率军抄掠许都西侧的颍川和南部的汝南，在曹军背后开辟战场。刘备刚至，即被严阵以待的议郎督骑、曹操的堂弟曹仁击溃。刘备回袁绍大营,看看形势不妙,提出请求:让他南下劝说刘表袭击曹军。袁绍答应了,并让他经过汝南,与黄巾统帅龚都联络。刘备到达汝南,与龚都合兵数千,袭杀曹军将领蔡杨,展开了游击战。不久,袁绍又派出部将韩荀抄断许都西侧道路,又被曹仁打得大败。袁绍侵扰曹军后方的战略企图未能得逞。

七月,袁绍大军南进阳武,与官渡隔汴水相望。八月,袁军又向前逼近,依沙丘屯下大营,东西长达几十里,气势雄壮。

曹操也将大营扎在沙丘地带,与袁绍相拒。

九月一日庚午,两军阵前天昏地暗,发生了日全食。双方士兵的心理都异常紧张。

当日光射出刺眼的光芒,曹操指挥大军杀向袁绍的大营。损失一批士兵之后,曹操只得退守营寨,坚壁不出。于是轮到袁绍来打他了。袁绍在曹军的营外堆了土山,构筑了木楼,在上面把箭矢像下雨一样地射向曹营,打得曹军顶着盾牌趴在地上。曹操下令用抛石机击折袁军的木楼。袁绍天上不行,又来地下,夜里挖地道攻击曹营。曹操命工兵在营前开了一条又宽又深的横沟,袁绍的地道断了头。打了半个月,曹操的军粮紧张了起来,士卒疲惫不堪,甚至有些百姓也叛归袁绍。曹操一见到运粮的军士,就抚着他们的背说:"劳驾诸位,再辛苦十五天,看我为你们破了袁绍,就不再劳累诸位了。"过了些时,曹操也吃不消了,写信给他的总参谋长荀彧,提出退守许都。荀彧回信说成败在此一举,主公你可不能让我们难堪。曹操只得硬起头皮,去堵那像蚂蚁一般多的袁军。

十月的一天，曹操的机会终于来了。

晚上，军士来报，说袁绍的谋士许攸来降，曹操一跃而起，不穿外衣，光着脚出来，拍着巴掌大笑着说："子卿远来，我的大事成了！"许攸字子远，曹操一时不知用什么爱称叫他，干脆叫起子卿来了。

许攸来降，是因为与袁绍为了曹操的事闹翻了。他建议袁绍趁曹操全力拒敌、无法分兵之际，派出精锐，奇袭许都。袁绍说："我只要曹操，不要天子。"这时，邺城家中又传来了坏消息，说族中有人犯法，被审配收系。许攸一气之下，夜奔曹营。

许攸和曹操、袁绍都是少年时的朋友，他个性又傲慢，所以也不和曹操客气，开门见山地问曹操："你的军中还有多少粮食？"

曹操说："尚可支撑一年。"

"不对，重说！"

"半年。"

"足下小名阿瞒，果然狡诈如初，如不想破袁氏，就不必再说了。"

曹操这才打消疑虑，有些尴尬地说："刚才说的是笑话，其实只够一个月了。子卿有何妙计？"

许攸慢吞吞地说："袁氏的万辆粮车，已将军粮运至乌巢，距其营北四十里，大将淳于琼守之，防备不严。如以轻兵袭击，烧其粮草，不出三日，袁氏必败！"

曹操大喜，留曹洪、荀攸守营，亲率步骑五千，打起袁军旗帜，人衔枚，马缚口，携带柴草，在一个夜里从小路进袭乌巢。路上还遇到袁军的巡逻队，问他们干什么，曹军答道："袁公怕曹军抄掠后方，特派我们增援防守。"

不一会儿，乌巢的火光照彻天空，淳于琼的大营乱成一团，无法作战。天亮之后，淳于琼看曹操就带了五千人，而自己手下有一万多，便将兵士列于营外进攻曹操，被曹操打得退入营寨，曹操麾军攻之。

这边的袁绍不但不急，反而也以为机会来了，他对袁谭说："曹操打淳于琼，我就拔了他的大营，让他无路可归！"他下令张郃、高览速攻曹营。张郃说："不可，曹操率精兵袭击，必能攻破淳于琼。淳于琼一败，我等大势已去。不如先救乌巢。"这时，郭图却坚持打曹营。张郃恨恨地说："曹操如此做，一定会先让大本营防守坚固，如果攻之不拔，淳于琼再败走，我等全部要做俘虏！"

正在攻打淳于琼的曹操，听士兵报告袁绍的骑兵已经接近，气得他大声呵叱："贼兵到我背后再报告！"他不顾一切地猛攻淳于琼。

当袁绍的骑兵到了面前时，乌巢的粮草已经烧光，曹操让兵士将淳于琼的人头和袁军士兵的鼻子、牛马的唇舌扔向敌军。袁军大惧而归。郭图眼见交代不了，对袁绍汇报说："张郃那边太慢，以致兵败。"

正在攻打曹操大营的张郃得知之后，一怒之下，与高览烧了战车向曹洪投降。曹洪不敢相信这一切，迟疑不决，怕是有诈。荀攸果断地让人开了营门。

梦兆龙蛇

据说,乌巢被袭的前一天夜里,在元城县病危之中的大经学家郑玄做了一个奇异的梦。他梦见孔子对他说:“起来,起来,今年岁在辰,来年岁在巳。”白天,他一直在合计这个梦。辰、巳是十二地支,也是汉人等分天体为十二个区域的名称。岁为岁星,按占星术的理论,岁星在其中哪个区域,哪个区域就会有大事发生。可郑玄想:今年、明年,岁星都不在这两个区域,孔夫子托这个梦是何意思呢?哦,他恍然大悟:辰为龙,巳为蛇,龙蛇交替,意味着改朝换代。他已经七十四岁了,一生辛劳,无意仕途却遭受党锢,他将大汉的今古文两大派的经学成果都作了总结和融合,著述等身,桃李满园。年轻时他拜马融为师,马融只让他的学生教授之,可是不久他就成了马融最器重的弟子。三年后,当他学成回北海高密乡里之时,马融对学生们说:“郑生今去,我的学说便传到了东方。”这一次,袁绍为了沽名钓誉,让袁潭逼迫郑玄随军。郑玄行至元城,病情加重,留住不进。他没有听到袁绍兵败的消息就故去了。郑玄的死,标志着大汉帝国开创的文教事业的终结。他的学生之中显赫于仕途者,一个叫郗虑,在曹操手下任御史大夫;一个叫崔琰,在袁绍手下任骑都尉。

乌巢的大火,使袁绍的大军如山崩海泻,袁绍和长子袁谭来不及戴头盔,率八百名骑兵仓皇渡河。曹操追之不及,尽获其帐中图书、珍宝和军中辎重，俘虏河北兵士七万多人。曹操一狠心，下令悉数坑杀。沮授被俘，曹操与他总结了这场战役的得失，赦罪厚待。后来沮授因挂念河北的家小，谋归冀州，曹操考虑到营中军机尽为所知，下令捕杀。在清点袁绍的文件时，曹操发现了一大摞许都大臣及将领与袁绍往来的书信。曹操把他们叫来："袁本初强大之时，连孤都不能自保，何况你们众人呢？"说完，他让人当着他们的面焚烧了信件。

曹操回军汝南，击破刘备、龚都。刘备投奔刘表。刘表待他为上宾，让他屯兵新野。

袁绍逃奔之际，冀州的一些城邑纷纷降曹，袁绍走入部将蒋义渠营中，蒋义渠避帐尊处，下令河北各州不要惊慌，河北稍定。

此时，关在牢里的田丰对恭喜他的人说："以袁绍的妒忌心理，打胜了，他会放了我；可打败了，他一定会杀了我的。"其实袁绍倒在后悔当初不听田别驾的话，可是田丰的政敌逢纪进了谗言，说田丰正在拍手大笑，袁绍这才下达死刑命令。于是真正拍手大笑的成了曹操，他听到消息后说："当初我一听田丰未随军而来，就知袁绍必败。后来担心袁绍回邺城后，如听从田丰的计谋，最后的胜负就不可知了。现在，我高枕无忧了。"

审配的两个儿子都做了曹军的俘虏，于是袁绍听从郭图和辛评的建议，为防止他谋反，打算取消他的监军职务。可是审配的同盟逢纪说审配天性刚烈，不会做出那种事。袁绍同意了他的话。

就在官渡之战进行之际，江东的孙策大业未成身先去。

孙策这个人喜欢打猎，部下常劝他不要动辄轻装出猎，他不听。可这个习惯被他的仇家、故吴郡太守许贡家人探知，因为主人为孙策所杀，所以他们在孙策打猎的路上设了埋伏。孙策的马快，后面的随从跟不上，因而被三个刺客射中，其中一箭正中他的面颊。他和他的父亲孙坚下场一样。

临终之际，他召张昭和弟弟孙权（字仲谋）近前说话："中国方乱，以吴、越之众，三江之固，足以观成败，公等善视吾弟！"

他把印绶交给弟弟："举江东之众，决战于两阵之间，与天下争衡，你不如我；举贤任能，各尽其心以保江东，我不如你。保重吧，诸位爱卿！周公瑾将兵在外，恨不能见，这是我最大的遗憾！"

建安五年（200）四月四日，孙策逝去，年仅二十六岁。

孙权悲号不已，这时张昭上来扶起了他："孝廉啊，这哪是你哭的时候！"他一挥手，让人给孙权换上礼服，拉上马，出巡军营，安抚众心。周瑜也率兵奔丧而回，与张昭誓辅新主。张昭上表朝廷，下移州郡，江东的将校文吏，州郡吏民委心服从，局势稳定。

官渡战后，曹操听说孙策遇刺，打算征讨江东。侍御史张纮说，乘人之丧，不合道义，如果打不了，又结冤家，不如安抚江东。于是曹操拜孙权为讨虏将军，领会稽太守；以张纮为会稽东部尉。他原想让张纮去江东，引导孙权内附自己，可张纮这一去，犹如放虎归山。不过，曹操也将一个人征回朝廷，他就是故豫章太守华歆。孙策略地至鄱阳湖畔的豫章，华歆投降，孙策对他恩礼有加，可他仍日日思归。这不仅出于政治立场，还因为他是冀州平原人，过不惯南方的生活。那时的江南，尚属蛮荒之地。

不久，孙权又起用了鲁肃、吕蒙两个文臣武将，诛杀叛将，以割据一方为事业，江东日益开拓稳固。孙权的下一个目标，就是谋取鲁肃向他建议的荆州。

此时，荆州叛将张羡病死，解除了刘表的南方之忧。零陵、桂阳等地悉平。刘表见袁绍已败，也不打算尊奉许都朝廷了。他在荆州郊祀天地，用起天子仪仗，只是没有称帝罢了。

本年底，益州也发生了一件大事。

刘璋的父亲刘焉当年进入益州之际，与当地的豪强就有矛盾。后来关东、关西大乱，南阳、三辅等地的民众流入益州避难。刘焉将其中的精壮编成军队，相对于处在西部的益州，号称东州兵。东州兵瞧不起益州的土著，常常侵暴地方，刘璋性格宽柔暗弱，无有威重，对东州兵放任自由。于是州中大吏赵韪结合土著豪强，与荆州联络，反叛刘璋，围刘璋于成都。次年三月，东州兵平定叛乱。

另一个趁乱而起的是张鲁，他在汉中袭杀同僚张修，吞并其众。刘璋一怒之下，把张鲁的弟弟和那个以色情勾引自己父亲的巫婆一并杀了。从此，张鲁割据汉中。他在这块土地上建立了中国历史上第一个宗教政权。在这个自治区内，民众皆为教中的鬼卒，长官为祭酒。生病、犯法皆用自首、忏悔、祈祷、出资铺路修桥的方法解决。这里还是人类历史上最早实行乌托邦思想的地区之一，有公费医疗，路边上有免费旅店和免费食堂。引得外地的流民纷至沓来。

攻克邺城

建安七年(202)正月，曹操率军北回，经过故乡谯县，祭祀了故太尉乔玄。然后，兵进官渡，谋攻冀州。

五月，袁绍吐血而亡。留下几个儿子哪是曹操的对手。

逢纪、审配立袁尚为冀州牧。袁谭大怒，自称车骑将军，率兵屯黎阳，向弟弟索要兵马抵抗曹军。袁尚让逢纪带了些老弱残兵来见袁谭，被袁谭诛杀。九月，曹军攻打袁谭，袁尚终于顾手足，自率兵马营救兄长，曹军大胜，二袁退而固守。

建安八年(203)二月，曹操攻打黎阳，二袁败还邺城。曹操命兵士尽割邺城郊外的麦子。这时，郭嘉反劝曹操退兵，原因是二袁本有矛盾，攻则齐心对外，缓则分裂相争，不如麾军南向刘表，以观其变。

五月，曹操回师许都，兵进汝南西平攻击刘表。果然，袁氏兄弟发生内讧，袁谭败出邺城，引兵北屯南皮。八月，袁尚大破袁谭，袁谭东奔平原，固城坚守，并派辛评之弟辛毗向曹操求援。

辛毗到达西平传达了袁谭的意思，诸将都劝曹操不要以二袁为意，先攻刘表。可荀攸又坚持必须乘乱夺取冀州，作为北方的根据地。次日，辛毗见曹操没有北向之意，便去找郭嘉。郭嘉带他去见曹操，曹操问：“袁谭的话一定可信？袁尚一定可破？”辛毗回道：“明公不要问可信与否，只需看一看形势。你现在去攻打邺城，袁尚如不还救，就不能自守。如还，即使袁谭又随后袭击，以明公之威，击此疲惫之敌，易如反掌。”

十月，曹军到达黎阳，袁尚闻讯回军邺城。部将吕旷、高翔叛归曹操。袁谭闻知，暗中派人送印绶给二将。曹操得知，便与袁谭结了亲家，暂且稳住他。

建安九年(204)正月，曹操回渡黄河，引淇水入白沟，开出了一条运粮的水路，打算攻击邺城。

二月，袁尚留审配、苏由守邺城，自率兵马又去平原打他大哥。曹操闻知，兵进洹水。苏由暗结曹军准备内应，可密谋泄露，苏由出逃曹营。曹军抵达邺城，筑土山，挖地道，展开了总攻。四月，曹操留曹洪指挥攻城，自率兵马袭击袁军毛城守将尹楷，断了邺城的粮道。河北诸郡纷纷投降，黑山黄巾统帅张燕遣使请求援助曹军，曹操拜他为平北将军。

五月，曹操又让人平了土山，填了地道，环绕邺城挖了一条浅浅的壕沟。审配看了，撇嘴一笑，不以为意。到了深夜，曹操动员工兵快速挖掘，使之又深又宽。次日，当着审配的面打开漳河堤坝，大水一下子将壕堑灌满，邺城成了一座孤岛。曹操特别擅长用工兵。

七月，袁尚南下营救邺城，让主簿李孚突破曹军重围，进城报知审配。李孚装成曹军中的高级将佐，自称巡夜的都督，从曹营一路呵叱下去，对围城曹军赏赏罚罚，穿过了曹军的包围进入邺城。曹操说：“他进了城，看他怎么出城。”过了些天，一群打着白幡的百姓从城里走出，声称投降，为了出去看看庄稼的长势。李孚混迹其中，顺利回营。

曹操料定袁尚从西山北援邺城，让人去那里设下埋伏。夜里，只见城内城外举火呼应，审配开城出击，袁尚也麾兵冲杀。曹军击退审配，进而包围了袁尚。袁尚大溃，出奔中山。曹操让人将袁尚军中的辎重俘虏带至邺城墙下，摇其军心。

审配鼓励将士英勇抗击，说幽州袁熙即将来援，冀州何患无主。于是城上箭如雨下，几中曹操本人。审配又把辛评一家老少全部杀光，以示决心。

双方对峙到八月二日戊寅的深夜，审配的侄儿、东门校尉审荣当了叛徒，开门应敌。邺城告破。

曹操的儿子曹丕第一个冲进了袁绍的府中。进入内室，只见袁绍的太太搂着一个女子，抖成一团。曹丕上前对袁太太说："刘夫人干吗如此害怕？请让那位娘子抬起头来。"那个娘子仍不肯。袁太太无奈，亲自将她的头捧起。曹丕眼里露出和他父亲看到美女时一样的神色。他后来将此禀告父亲，曹操问："那女人是谁？"

"是袁熙之妻甄氏。"

"哦，为父也听说袁熙小儿有一美妇。吾儿既然喜欢，为父即日为你迎娶。"

当审配押上来时，曹操爱惜人才，想让他归降，笑着问他："那天孤出阵城下，你的箭矢为何如此之多？"可审配不知趣，回道："我犹恨太少！"这时辛毗上来又哭又闹，让明公为他做主，报仇雪恨。曹操无奈，杀了审配。

随即曹操命人去袁家宣示慰劳，将袁绍的私人物件退还其妻刘氏。他让人煮了牛头羊首，来到袁绍的墓前，洒酒于地，不等手下文臣宣读文绉绉的祭词，便放声大哭起来，本初、本初地叫了一通。这种祭吊故然是做给人家看的官样文章，可曹操届时却动了真情。因为他意识到：他和袁本初的心目中，相互都有两个袁本初和曹孟德，一对是少年时就结下深交的情同手足的朋友，一对是争名夺利、厮杀于疆场的死敌。现在，两个袁本初都消失了，只剩下了一个孤独的曹孟德，仍在为名利厮杀。

九月，天子下诏，以曹操领冀州牧。曹操让还兖州牧。此后，曹操便将他的幕府搬至邺城。一则河北人口众多，粮草充足；二则他再也不愿或是不敢在许都办公了，有一件事让他一生想起来都很后怕。

诛杀董承之后，曹操有一天班师回都，他入宫奏事。按照大汉制度，三公带兵入朝天子，须由虎贲卫士带刀挟持左右。曹操身为司空，也就遵制觐见了。谁知天子见了他，怒形于色，对他说了一句没头没脑的话："君如能辅佐大汉，就请厚待皇室，尊敬天子。如果不能，请君垂恩，早些舍弃寡人！"曹操大惊失色，俯仰请罪。回到宫外，他竟然汗流浃背，从此他本人再不进皇宫了。

曹操在冀州又收罗了许多袁绍手下的人才，辟崔琰为别驾，以袁尚从事牵招为冀州从事。只有许攸被杀，就是因为他太傲慢的缘故。冀州被打下之后，他经常在大庭广众之下喊曹操的小名，还指着曹操的背影对人说："没有我，这家伙进不了邺城。"曹操回头笑着说："你说得太对了！"从此他再也看不到曹操对他笑了。

十月，高干举并州归降。曹操仍以他为并州刺史。此时，袁谭乘机将袁尚赶到故安投奔袁熙去了，收编了袁尚的部下。曹操致书袁谭，责其背叛。十二月，袁谭在曹军的进攻下，退守南皮清河。为切断袁氏兄弟的后路，曹操遣使安抚了辽东的公孙度，送他一个永宁乡侯的爵号，可公孙度却把印绶往仓库里一扔，说："我是辽东王，什么永宁乡侯。"说完这句话，他就死了，其子公孙康嗣位，把永宁乡侯给了弟弟公孙恭。

牵招被曹操派去安抚辽东乌桓。这时，公孙康的使者也到了乌桓的部落。乌桓峭王不知何去何从，便让两个汉人互相吵架，最后，他觉得还是曹操的使者腰杆子硬，竟拔出刀要杀另一个汉人使节，并表示归降曹操。

东临碣石有遗篇

建安十年(205)正月，曹操攻克南皮，斩杀袁谭、郭图。陈琳被俘，曹操说："卿当初为本初写檄文，历数孤的罪状就行了，干吗还要骂我的祖宗呢?"陈琳也觉得不好意思了，连忙谢罪。曹操请他担任自己的秘书长。

三月，幽州刺史袁熙的部将焦触、张南哗变，袁熙、袁尚兄弟逃奔辽西乌桓蹋顿部落。四月，黑山黄巾统帅张燕率部十万归降，封安国亭侯。

同月，辽西乌桓进攻鲜于辅于犷平。八月，曹军进讨，乌桓出塞。

十月，高干趁曹军击讨乌桓之际，联络部分关西将领，据并州反叛。曹操一面派西平太守杜畿进击关西，一面让马腾从西部夹击，关西遂平。

建安十一年（206）正月，曹操留儿子曹丕守邺城，以崔琰为辅，自率兵马进击高干，在壶关将高干包围。三月，壶关降，高干逃入南匈奴求救，遭到单于的拒绝。高干只得南奔刘表，至弘农上洛，被当地都尉王琰捕杀。曹操命梁习为并州刺史，打击豪强，募归远逃塞外、流入胡狄的汉民，委任名士为地方长官，并州从此安宁。在并州游学的学者仲长统早就对高干说："君有雄心，但无雄才。"并州破后，荀彧举荐他出任尚书郎。仲长统，字公理，山阳高平人。本朝著名的思想家和政治理论家，有《昌言》传世，论述治乱政体；又有《乐志论》传世，其中讨论人生的意义，皆以黄老道家自然思想为宗旨。

八月，辽西乌桓蹋顿部联合乌桓诸部，在袁氏兄弟的唆使下，大举犯边。曹操不得不远征塞外。

建安十二年（207）二月，曹操在邺城大封功臣二十多人，全部封侯。只有荀彧屡屡辞让，不给面子。自董承事件之后，荀彧在是否拥戴汉室的问题上，私下与曹操有了分歧。

同月，曹操点起大军，进击乌桓。大家都不同意，一则出塞作战地理险要，风俗相异；二则怕刘表、刘备北上袭击许都。只有郭嘉一个劲地坚持说："乌桓从来就认为汉人不可能出塞远征，一旦深入，他们必无防备。袁氏兄弟尚有势力，不可姑息。至于刘表，自知刘备比他厉害，不可能不防刘备而举国北进。”到了易城，郭嘉又一反远征军的常规战法，让曹操抛弃辎重，轻装速进。

到达无终时，天气已经热了起来，雨水渐多，道路泥泞，水淹不通。此时，田畴率部来归，他说从平冈经卢龙塞有一条久已废弃的小道可至乌桓的大本营柳城。于是曹操命人做了一些军中的告示牌插在路边，上面写了道路不通，且等秋冬进军的字样。乌桓侦察兵看了，回报汉人大军已还。

当八月份曹操的大军到达柳城时，刚刚探得消息的乌桓和袁氏兄弟仓促之间率领数万骑兵出抵曹操。

曹操登上白狼山，见乌桓骑兵不整，便令张辽为前锋冲击敌阵，敌军大溃。蹋顿等数名酋长被斩，降获二十万口。从此曹操营中又多了一支骁勇善战的乌桓骑兵。袁氏兄弟与速仆丸单于东奔辽东公孙康。

曹操策马驰出柳城，直至大海之滨。汹涌的波涛使他心潮起伏。郭嘉说：“这就是当年秦始皇东巡的终点碣石，明公征抚天下，不意也至天涯海角，壮哉壮哉！”

曹操笑道：“秦始皇至此，只不过射鲸而还；孤与天下豪俊成就事业，感慨甚多，试与诸君吟咏抒怀。”他马上命笔，作《观沧海》以示群臣：

> 东临碣石，以观沧海。水何澹澹，山岛竦峙。树木丛生，百草丰茂。秋风萧瑟，洪波涌起。日月之行，若出其中。星汉灿烂，若出其里。幸甚至哉，歌以咏志。

后世的人们，包括许多否定曹操的人，都说他的诗作得没有话说，还说这首诗“有吞吐宇宙气象”。

九月，曹操下令回军。经过上谷时，他专程祭扫了卢植的墓地。没多久，公孙康派人把袁氏兄弟和单于的人头送至帐下。曹操说这正在他的预料之中。至次年正月，曹操才回到邺城，一路上经历了冰天雪地和饥饿疾病之苦。郭嘉得了重病，回邺城不久就去世了，年仅三十八岁。曹操哭着对荀攸等人说：“诸君都是孤的同辈，只有郭奉孝（郭嘉字）最小。孤本来想，等平定了天下，将孤身后的事，托付给奉孝，可他竟不幸夭折，这就是命吗？”

三顾茅庐

就在曹操北征乌桓之时，在荆州寄人篱下的刘备日子也不太好过。刘表与自己都是没落贵族，因此表面上还以亲戚兄弟相称。刘表经常请刘备喝酒，可对他连眼都不眨一下地盯着。刘备还是坚持着与刘表周旋，因为他看准了一点，刘表已经老而多病，两个儿子刘琦、刘琮皆懦弱无能。而且刘表的家中也是危机四伏。由于刘表给幼子刘琮娶了后妻蔡氏的侄女，蔡氏和其弟蔡瑁、外甥张允成天在刘表面前诋毁刘琦。刘表老而昏聩，重信蔡氏一家，百年之后，必有内忧。刘备在等待。一次，刘表请他喝酒，刘备上了一趟厕所回到座席，面色凄凉。刘表问他何故如此，刘备说，在厕所里看见自己身上起了髀肉，这是因为久不乘战马的缘故。日月若驰，老之将至，而功业无望，所以悲从中来。刘表放了心，还同病相怜了一通。

刘备在荆州，最不如意的是没有了兵源。但他却有了一个意外的大收获。他先在新野得到一个叫徐庶的谋士，觉得比起他从徐州带来的麋竺、简雍之流高明了许多。这才感到自己一直东奔西跑，无所事事，是由于没有谋士。可徐庶却说最厉害的还不是自己，而是一个住在隆中，号为卧龙的高人。刘备说："请你带他一块来好吗？"徐庶说："主公，你现在还不够资格，只能自己去看他。"过了些时，他遇上了襄阳隐士司马徽，这个人最会鉴别人才，号称水镜先生。水镜先生告诉刘备："这里有一个卧龙，一个凤雏。前者是诸葛亮，字孔明；后者是庞统，字士元。庞士元是我的朋友庞德公的侄儿，诸葛亮也以叔侄礼侍奉庞德公。诸葛孔明自比管仲、乐毅，庞士元少时迟钝，此二人俱无人识之。"

于是刘备耐着性子表演了历史上礼贤下士的最感人的一幕，三次造访诸葛亮的乡村别墅。诸葛亮才请他进屋，屏退左右，关上室门，拿出一张他日夜研究的地图，说出一番在当时可谓大逆不道的话来，其主旨就是教授刘备占有荆州，西图巴蜀，割据一方的策略。这次谈话在历史上被称为"隆中对"。本年，刘备四十七岁，他望着小自己整整二十岁的诸葛亮，欣喜异常。带诸葛亮回来之后，他对成天不服气的两个武夫弟兄关羽、张飞说："孤有了孔明，如鱼得水！"后来，凤雏也归了他。

建安十三年(208)正月，曹操在邺城之北，挖了一个叫玄武湖的人工湖，开始训练水军。消息传到荆州，刘表心里直发毛。孙权也开始侵夺荆州的地盘。上半年，刘表驻守在夏口的大将黄祖被孙权部将吕蒙斩杀，黄祖手下的勇将甘宁投奔孙权。

丞相专制

六月，曹操对帝国中枢机构的官僚制度作了改革。他取消了按照儒家典籍《周礼》设置的，以司徒、司马、司空三公统领中央政府的体制，恢复了秦帝国和高皇帝朝设置的，以丞相和御史大夫为首的中枢机构。其目的在于将国家的大权全部集中到丞相手中，也反映了曹操对秦帝国以及大汉初期法制社会的向往。秦帝国将中央分为以天子为首，以九卿为臣属的内廷，和以丞相、御史大夫、太尉三人为首的外廷。外廷是政府的行政机构。丞相负责政务，御史大夫负责监察，太尉负责军事。皇帝是最高国家元首，但不过细地干预外廷执行具体的政事。可是后来，孝武皇帝要与臣下们争权，便通过管理内廷文件的机构——尚书台控制文件的批准与执行，并授予中官“尚书令”的头衔，掌控尚书台。孝昭皇帝年幼不能视事，便起用重臣霍光领尚书事。至孝成皇帝朝，尚书令以及尚书皆用士人，这些人官阶虽低，但都能直接服从天子的意图处理政务，丞相已被架空。光武皇帝光复以来，将丞相分为司徒、司空、太尉三公，不付实权，只是名誉上地位最高的公卿。在国家改元、典礼，灾变之际，皆按例更换。发号施令的大权归尚书台掌管，重臣如掌实权，往往在头衔之后冠以“领尚书事”或“录尚书事”的字样。

曹操改革了制度，这丞相他是做定了。丞相内府里的幕僚计有东曹掾、西曹掾、主簿、文学掾和法曹议令史，分别由崔琰、毛玠、司马朗、司马懿和卢毓担任。司马懿是司马朗的弟弟，聪明有大略，时年二十七岁，河内大世族出身，祖父司马隽任过颍川太守，父亲司马防任过京兆尹，皆为二千石高官。他和袁绍一样，身上禀承着世家大族的高贵习气，看不起曹操的政府，当曹操征辟的时候，他居然装成麻风病人。曹操说你不来，就杀了你，他这才吓得应聘。就是这个人，日后让曹操的事业和理想付诸东流。

可是曹操的丞相府不是一个和平帝国的国家政务机构，而是一个彻头彻尾的军人政府，因此曹操指望通过丞相制来恢复正常的法制社会，还有很大的距离。事实上，他所颁布的法令，绝大多数是军事管制条令或是战时法令，如果想要经营一个大一统的帝国，这些都不是长久之计。

八月，以郗虑为御史大夫。他上任的第一个月，就杀了孔融及其妻子，罪名是当初在北海为相时，召合徒众，图谋不轨；近来接见孙权的使者时，又谤讪朝廷。其实孔融真正的罪名是，他上书天子，说按照古制，千里之内不得分封诸侯。把矛头指向曹操迁居邺城这件事。

赤壁之战

建安十三年(208)八月，当曹操的大军已到达南阳宛城时，屯驻樊城的刘备大惊失色。此时刘表刚死，刘琮继位。前来襄阳奔丧的刘琦被阻在门外，不得见父亲一面。刘琦流涕而去。按照诸葛亮的主意，他出奔汉水下游。不一会儿，刘备见到了刘琮派来的使者宋忠，他告诉刘备，刘琮已举州而降，派人拿着父亲刘表所持有的汉节去新野迎接曹操。

刘备连忙率民众向南边的江陵撤退，让关羽先乘船至江陵等候。经过襄阳时，刘备在城下喊刘琮一道走，刘琮不答。刘备去刘表墓前大哭一通，策马南窜。

曹操一听刘备南逃江陵，亲率精骑五千，日行三百多里，抄袭江陵，因为江陵是荆州的大粮仓。追至当阳长坂坡，击溃了刘备军民混杂的十万之众。刘备与诸葛亮等数十骑得以脱身。赵云保护刘备的妻子甘夫人，怀抱其子刘禅突出重围。张飞在后，以二十多骑横立长坂坡桥头，瞋目大喝。曹军见他一副不要命的样子，又怕他设有埋伏，稍稍退却，为刘备逃跑争取了时间。徐庶之母在皮役被曹军俘获，徐庶是个孝子，没办法，进了曹营。

曹军到达江陵之后，命刘琮为青州刺史，封列侯，擢用荆州人士多人，包括荆州大将文聘和韩嵩，以文聘为江夏太守，韩嵩为大鸿胪。王粲也至曹操帐下，任丞相掾属。继而操练水军，打算顺流东下，进击江东。

十月，鲁肃说服孙权与刘备联合抗击曹操，并代表孙权至夏口见到刘备。鲁肃又对诸葛亮说："足下在江东任事的兄长诸葛谨，是我的至交。"于是鲁肃与诸葛亮定了交。当诸葛亮随鲁肃到了柴桑见到孙权时，孙权的臣下们正吵成一团，以张昭为首的一些文臣主张投降，孙权也被他说得左右摇摆。诸葛亮、鲁肃以及从鄱阳赶回来的周瑜，用三张利口使孙权当着众臣，拔出佩刀，斩去几案的一角说："诸将吏敢再说投降曹操的，就与此案一样！"

周瑜的水军与曹操在赤壁相遇。经过侦察，一切都像周瑜对孙权分析的那样，曹操号称八十万的大军，实际仅有二十二万左右，其中七八万是荆州的降卒。北方兵士不习水战，风浪一起，呕吐不止，并且染上了疾病。而周瑜的水军训练有素，阵法严整。一次驻扎在樊口的刘备见到周瑜的战船，亲自乘船来慰劳。刘备问："将军有多少人？"

"三万。"

"太少了！"

"足够了，玄德公请观周瑜大破曹操。"

刘备提出让鲁肃出来一见，周瑜说："军中条令严整，玄德公此来，专见我一人，如欲见子敬（鲁肃字），可专程见他。"

刘备听了又惭愧，又佩服。

决战开始了，周瑜部将黄盖先致书曹操，请求投降。在一个东南风大起的日子，用冲击舰十艘，装上枯柴，灌上油，裹上帷幕，插上旌旗，鱼贯而来。曹军以为黄盖来降，没有戒备。离曹军水军大营只有两里之时，黄盖下令点火，撤人于舰后小船。顷刻之间，曹操的水军化为灰烬。刘备、周瑜见火光大起，水陆齐进，围追堵截。曹操败走，至华容时，泥泞难行，他命瘦弱的兵士背上草填铺道路，让骑兵蹈藉而过。出了华容，曹操大喜，对部下说："刘备，真是我的对手，但是计出太晚。如果他在华容放火，我们就完了。”退至南郡，人马死伤大半。曹操命征南将军曹仁、横野将军徐晃守江陵，折冲将军乐进守襄阳，引军北还。

后来，因孙、刘联军久攻江陵，曹仁难以抵抗，曹操的救援又多次被敌挫败，曹操命曹仁放弃江陵，把防线收缩至襄阳。建安十四年(209)，曹操与孙权在东线合肥展开争夺，设置了东部防御和进攻的据点。

刘备推刘琦为荆州刺史，招抚了刘表的老部下，武陵、长沙、桂阳、零陵四郡的太守。次年，刘琦病死。刘备征得孙权同意之后，自领荆州牧，驻扎公安。其余四郡，南郡、江夏为孙权占领，南阳、章陵为曹操占领。后来，孙权又将妹妹嫁给刘备，在刘备的请求和鲁肃的建议之下，孙权考虑到将来曹操如从东线合肥进攻江东的心脏地带，西线的防御无暇顾及，让给刘备可以遏止曹操从上游东下，便把南郡委托给了刘备。

建安十五年(210)冬天，曹操在邺城筑铜雀台，这是一个属于皇宫建筑种类的高台，表明曹操营建新都的野心。

十二月，曹操下了一道《让县自明本志令》，叙述了自己一生从举孝廉到平定刘表的经历和功绩。这是一篇少有的说真话的宣言。他说：“身为宰相，人臣之贵已极，意望已过矣。设使国家无有孤，不知当几人称帝，几人称王。”他表示一定要掌握大权，不然既败了国家，又祸及子孙，江湖未静，不可让位。如果有人指责，可以让出一部分食邑。他说这篇表明心志的宣令，无有讳言，不仅对天下人这样讲，即使对妻妾子女，也如是说。最后，他对自己百年之后也作了两个交代：其一，自己生前不称帝，如果天命在曹氏，他也只能做周文王，由儿子完成改朝换代的仪式。其二，所有的小妾，在自己百年之后，任从改嫁。并且有义务对后夫传达曹孟德的心志，使他人皆知之。从这时起，曹操已认清了天下三分的形势，他对他这一生不能统一中国怅恨不已，下一步的战略全是为下一代着想了。他决定讨平关西、益州，稳固北方，再进而对孙权、刘备构成持久而占上风的军事态势。

平定凉州

建安十六年(211)，天子拜曹丕为五官中郎将，副丞相。

三月，曹操以经过关西讨伐汉中张鲁为名，出兵西进。关西诸将韩遂、马超、杨秋、张横、梁兴等人发觉不对，联兵十万屯据潼关。曹操讨伐荆州之前，马腾的部将与韩遂的部将发生内讧，钟繇让凉州刺史韦端出面调解。荆州战事进行之中，曹操命人劝说马腾散兵回朝，马腾同意。曹操拜马腾为卫尉，以其子马超为偏将军，留凉州统领其众。马腾及其家属全部迁居邺城。现在，马超也顾不上老父亲在曹操手上做着人质，毅然起兵，抵抗曹操对西北地区发动的统一战争。七月，曹操留曹丕守邺城，自击马超。八月，曹操坐镇潼关南岸，吸引关西军队，同时命徐晃等从黄河北岸的蒲阪西渡黄河，于西岸建立据点，然后将大军陆续北调。曹操本人最后渡河，这时马超率步骑万人攻击只有几百个卫士的曹操，许褚一手持马鞍挡住箭矢，一手撑船，丁斐放出牛马扰乱敌阵。渡过黄河，曹操笑着对部下说："今天差点被小贼困住。"

九月，曹军陆续渡过渭水，又从河西开了一条甬道，直通渭水北岸，粮草运输通畅无阻。马超等见此形势，要求和谈，曹操不许。但贾诩建议可以假假地同意，曹操问他计从何出，贾诩说："离之而已。"曹操马上回道："解！"

韩遂的父亲与曹操同时举孝廉，韩遂本人年轻时去过京师，与曹操有点交情。因此当曹操与他在阵上相见时，曹操放马上前，不和他谈军事，反而与他回忆起往事来了，什么过去京师哪家妓院的妓女长得好，哪家馆子的菜好吃，哪个地方的风景好；当初的朋友，现在哪个不在了，哪个在哪儿。谈着谈着，两个人忘了是在疆场的敌手，一会儿唏嘘，一会儿大笑。把阵后的马超看得糊里糊涂，过了些时，韩遂军中的羌、胡骑兵涌上前来，曹操大声说："你们是不是想看看曹孟德？我也是人，并没有四目两口，只是多些智谋罢了。"说罢大笑。羌胡兵交首而语，啧啧赞叹。

马超问韩遂曹操说些什么，韩遂说没有说什么。马超对他多了个心眼。他后来又看见曹操派人送信给韩遂，信上圈圈点点，不知写了些什么机密。终于，曹操发动了一次让他们意想不到的猛攻，杀敌无数，马、韩二人逃奔凉州。十月，曹操至安定，杨秋投降。十二月，曹操回师，留夏侯渊屯长安。由于曹操与韩遂的一席谈话，关西叛将们再也不可能齐心了。

次年，曹操诛杀马腾，夷灭三族。两年后，马超攻杀凉州刺史韦康，韦康部下杨阜、姜叙起兵讨伐，杀了马超的妻子，马超南奔张鲁，被委任为都讲祭酒这样一个宗教神职。不久，他见张鲁长不了，又投奔已经入蜀的刘备。四年后，在夏侯渊追击之中的韩遂，被部将袭杀，传首邺城。二十七年前发生的凉州羌汉叛乱，至此方算平息。

本年底，益州牧刘璋受到北部张鲁的威胁，又担心镇压不住益州地方豪强的反抗，在军议校尉张松的建议下，请刘备入蜀平定张鲁。张松实际上是益州地方势力的代表，他推荐同谋法正为使节，去荆州迎接刘备。法正向刘备进献了乘机夺取益州的计策。刘备以关羽、诸葛亮守荆州，带着庞统，点起步兵数万从水路入蜀。

至涪县，遇到前来迎接的刘璋。张松、法正和庞统示意刘备在宴会上袭杀刘璋，刘备说不可仓促。他与刘璋欢饮百余日后，刘璋推刘备为大司马、领司隶校尉。刘备推刘璋为镇西大将军、领益州牧。刘璋还成都，刘备北进葭萌关，作出进攻张鲁的态势。

天下三分

建安十七年(212)正月，曹操回到邺城。天子诏曹操入朝之时，可以享受“赞拜不名，入朝不趋，剑履上殿”的待遇。

九月，孙权在张纮的建议下，将治所迁至秣陵，改名建康，筑石头城。此后中国凡有建于江南的王朝，大多以此为都。吕蒙又建议孙权在合肥以南的巢湖濡须水口构筑军事要塞濡须坞。这是一个军港，当时东吴诸将认为光着脚就可以上船，干吗要建船坞。吕蒙说:“当敌人的骑兵冲来时,你们连水都来不及下,还能入船?”

十月,曹操为遏制孙权北上,率军进攻濡须坞。

建安十八年(213)正月,曹军击破孙权的江西大营。孙权自率七万人前来抗击。曹操见孙权舟船器仗军伍整肃,长叹一声:“生子当如孙仲谋,像刘景升(刘表字)的儿子,猪狗罢了!”这时,他接到孙权送来的书信,上面写着:“春水方生,公宜速去。”曹操发现囊中还有一块帛,打开一看,还是孙权的手书,写着:“足下不死,孤不得安。”曹操对部将们说:“孙权不欺孤。”

四月,曹操回军邺城。

孙、曹交兵之际,孙权请刘备出兵援助。刘备向刘璋提出回荆州。刘璋看出刘备在葭萌驻兵一年,毫无动静,此次以回军为借口,图谋益州。于是刘璋斩杀张松,下令各关守军,阻击刘备。刘备撕破了脸,一路攻下涪县、绵竹。庞统在攻打雒城之役中中箭身亡。荆州的诸葛亮率张飞、赵云由水路入蜀,攻下江州,与刘备会师成都。

本年五月,天子以冀州十郡割增邺城所属的魏郡,改为魏国。使御史大夫郗虑持节至邺城,策封曹操为魏公,以丞相领冀州牧如故,赐九锡,这是一套仅次于天子的仪仗。这一封赏在去年打孙权之前就已定下了。当时由董昭建议曹操:“自古以来,人臣匡世,未有今日之功;有今日之功,未有久处人臣之势者。”可荀彧不同意,搞得曹操很恼火。出师以后,荀彧生病留住寿春。一天,他接到曹操送来的食品,打开食盒,什么都没有。他一下子明白了。

当晚，服毒自尽，时年五十。

七月，诏魏公在封地之内建立社稷、宗庙。从此，在大汉的公文和国史之中，不称曹操的姓名而称爵号。同月，魏公（曹操的新称呼）纳三女给天子，册封为贵人；魏公其他未成年的女儿，皆在所封国内等待成年后再入宫廷。这样，大汉天子成了魏公永远的女婿。

九月，魏公在邺城作金虎台。十月，魏公分魏国为东西两部，设置都尉。十一月，魏国设置尚书、侍中、六卿。

建安十九年(214)三月，诏魏公位在诸侯王之上，授金玺、赤绂、远游冠。

七月，魏公再征孙权。途中，尚书令荀攸病故，时年五十八。

本年夏天，刘备攻占成都，自领益州牧，以诸葛亮为股肱，法正为谋主，关羽、张飞、马超、赵云等为爪牙。诸葛亮一上台便推行法治，法正劝道："当初高祖入关，与父老约法三章，秦民感念其德。如今您凭借威力，跨有一州，初有其国。却不加安抚；再说我们以客入主，更应该顺从民愿，请缓弛禁，以慰民心。"诸葛亮却说："您只知其一，不知其二。秦国虽是因苛政酷刑而导致天下反叛，但刘璋却暗弱无能，德政不修，威刑不肃。滥赏官位，导致官位变贱；妄施恩泽，一旦施尽则生怠慢。久生积弊，根源在此。我现在先以法治推行威信，法治通行民众便知道何为恩泽；限制官爵的赐予，官爵不滥百姓才知道何为荣耀。恩荣并济，上下有节，是治国的关键啊！"法正听了，心服口服，从此，刘备上下，皆能笼络和控制益州本地豪强。

刘备占有荆州之后，孙权遣使至益州索要荆州。刘备不让，回道："我正在图谋凉州，等得了凉州，再还荆州。"孙权便自行派官吏去长沙、桂阳、零陵接收，被留守荆州的大将关羽打得狼狈而回。次年，孙权派吕蒙攻占三郡。由于考虑到曹操谋攻汉中，刘备无法两顾，便与孙权商议，以湘水为界，中分荆州。

至此，魏、蜀、吴三国鼎立之势已成，大汉帝国已名存实亡了。

皇帝与编年史

许都的天子，是天下最寂寞最痛苦最尴尬的皇帝。他唯一的消遣就是与臣下们读书聊天，他的生活不可能像他父亲那样奢侈了。尽管魏公喜欢声色享乐，但却提倡节俭。魏公的妻妾都穿布衣，魏公的表面文章做得很好。所以，自己能够保持大汉天子的仪仗与生活标准，就算魏公的恩德了。他的自由也受到限制，周围没有宦官，侍中、侍郎都是魏公的人，特别是御史大夫郗虑，此人才是许都真正的主人。

能和他谈论历史的，是荀彧的侄儿荀悦，此人是个《春秋》学家，当年与荀彧及孔融同时被委任为天子的侍讲。荀悦发现天子和刘氏皇室最后几个年轻的天子一样，都很懦弱但是聪明过人，天子喜欢史学和文学，常常和他谈得通宵达旦。后来，荀悦迁升为秘书监、侍中，成了天子的秘书长。一天，天子说起本朝的国史《汉书》部帙过大，读了不知要领，请荀侍中给编一个简本。荀悦依照《春秋左传》的编年体式，编成《汉纪》呈上御览。他还把自己的著作《申鉴》呈给天子看。在这部著作里，他总结了大汉政治衰败的四大原因是：虚伪乱俗、营私坏法、放纵越轨、奢侈败制。拯救衰败的对策有五：兴农桑以养民生；审好恶以正风俗；宣文教以彰德化；立武备以秉军威；明赏罚以统国法。

天子觉得，他不可能代表大汉来实行这五大对策了，倒是曹孟德正在逐步推进这些措施。曹孟德和董卓不同，董卓扮演的是一个野蛮的破坏者，曹孟德则是一个挽救者和建设者，尽管他不是为了大汉。大汉的成功和失败是联系在一起的，这个有着四百多年寿命的大帝国，其衰亡的一切原因，全部来自她的自身和内部，因为她没有外在的对手。所以，大汉帝国只是将一个统一帝国的骨架固定了下来，将一个统一大帝国的理想种植了下来，但是她没有完善这一制度。比如：如何防止土地兼并；如何防止文官选拔大权被少数集团操纵；如何处理道德和法治的关系；如何处理君权与官僚集团的关系，等等。

在许都的这些年，一直有大臣出于各种各样的目的，劝说天子让位于曹孟德。并且他们都根据谶纬及祥瑞，为曹孟德寻找了代替大汉的证据。一个最大的证据发生在孝灵皇帝朝熹平五年(176)，那年在曹孟德的故乡谯县出现了一条黄龙，地方官吏上报朝廷。朝廷每年都收到大量的祥瑞和灾异的报告，一会儿甘露，一会儿灵芝草，一会儿麒麟。不过，最多的是凤凰，因为凤凰是五行之中火的象征，是大汉国运昌盛的象征。而黄龙却是土德的象征。当时的光禄大夫桥玄问太史令单飏这是什么征兆，太史令说:“此地当有王者兴,不到五十年,还会再次出现的。”

天子不相信这些话,黄巾教徒把“苍天已死”喊得震天响,袁本初、袁公路刻了玉玺,甚至取了帝号,也无济于事。但他相信曹氏将是大汉唯一合理也是唯一能够成功的继承者,因为曹氏正在大汉的国土上建立一个符合大汉帝国理想的新帝国。

天子的痛苦在于曹孟德的虚伪使得他不得不坐在空旷的大殿上焦熬岁月,董贵人被处死之后,他对曹孟德讲的那番话正是这种心态的宣泄。

终于,曹操又对天子进行了最后一次示威。

建安十九年(214)十一月,伏皇后在董贵人被杀后写给父亲伏完的书信泄露,此时伏完已死。一天,御史大夫郗虑入宫,说明原委之后,请天子下诏废后,并由郗虑持节没收皇后的印绶。天子引郗虑入坐,又让一位侍中起草诏书。说话间,尚书令华歆率甲兵闯入宫内拘捕皇后。皇后关上房门,躲入夹壁。华歆麾兵大索,抓着皇后的头发从壁内拖出来。经过天子的客厅时,光着脚的皇后哭着叫天子:“陛下,不能救我一命吗?”

“我的命还不知能保几天呢!”天子悲痛得有些愤怒了。他回头对郗虑说:“郗公,天下有这样的事吗?”

郗虑低下了头。

皇后几天后就被处死了,两个儿子以及兄弟宗亲死者达百余人。

建安二十年(215)正月,天子立魏公的次女为皇后。

三月,魏公亲征张鲁。张鲁一听,便欲投降。只是弟弟张卫不听，率众数万，把守关隘。曹操斩杀张卫，攻下阳平。张鲁做好了投降的准备，其部下阎圃说："现在急着投降，让曹操小看了您。不如先逃往巴中，以观形势。"七月，曹操攻入汉中的治所南郑。他发现城中井井有条，完好如初。张鲁走时，将国库清点封藏，未加焚毁。曹操对此大加赞赏，立刻派人安慰张鲁。张鲁遂降，被拜为镇南将军，封阆中侯，邑万户。其子五人及阎圃皆封列侯。汉中这个建立了三十来年的道教政权终于解体。

文姬归汉

建安二十一年(216)正月己丑，封魏公之子六人为列侯。二月，曹操回到邺城。

四月甲午，天子进魏公为魏王。五月己亥，发生了日蚀。

七月，南匈奴呼厨泉单于来朝，留魏居住。以右贤王去卑回匈奴监国。匈奴的使团应曹操的要求，送回了蔡邕之女文姬。曹操让她嫁给屯田校尉董祀。蔡文姬将她流落匈奴的生活经历，写成一首长长的《悲愤诗》献给曹操。

建安二十二年(217)，魏公征孙权。四月，天子诏命魏公用天子仪仗。十月，诏曹丕为魏太子。

本年冬天，刘备进攻汉中。

本年，发生了大瘟疫，曹操的文人集团之中，王粲、徐干、陈琳、应场、刘桢全部病故。此五人，连同阮瑀、孔融被后世称为"建安七子”。

建安二十三年(218),刘备亲自攻打汉中。

建安二十四年(219),刘备攻杀魏将夏侯渊,魏王亲临汉中,拔出陷于其中的大军,汉中失守。司马懿劝曹操一举攻下汉中,进图益州,可曹操不愿陷入汉中的泥潭。打益州的重任就落到了司马懿的肩上。司马懿借此渐渐在曹氏的政权中充当了权臣。

七月,以曹丕之母卞夫人为王后。卞夫人出身娼家,二十岁在谯县嫁给曹操为妾。曹操立出身卑贱的卞氏为后,意在不再重蹈大汉外戚专政的覆辙。

本月,刘备命关羽向驻守在荆州、襄阳、樊城的曹军进击。曹军大将于禁投降,庞德被斩,曹仁坚守待援。司马懿、蒋济建议利用孙、刘两家的矛盾。

建安二十五年(220)正月,魏王至洛阳。吕蒙擒杀关羽,传首洛阳。魏王拜孙权为骠骑将军,领荆州牧。事后孙权才后悔,因为孙、刘合击曹魏的形势化为泡影。

正月二十三日庚子,魏王崩于洛阳,年六十六,遗令简葬。他带着遗憾,留下一个军人政府走了。他实行屯田,但没有能改变世族大庄园主的庄园经济,把土地分给农民;任人唯才,但没有制定出从平民中选拔官吏的考核制度。自此以后,中国分裂三百九十二年,至隋、唐帝国,才以均田制恢复了自耕农经济,以科举制实现了平民参政,一个比大汉规模更大的统一帝国才得以形成。

同月,魏太子曹丕即魏王位。二月,以贾诩为太尉,华歆为相国,王朗为御史大夫。

三月，谯县地方官吏在魏国的示意下，报称出现了黄龙。

禅　让

又是一个冬天，黄昏时分，天子伫立殿外，他望着夕阳西下，群鸦乱噪，宫殿的飞檐投下沉重的影子，这个影子正随着太阳的下落而渐渐消失。天子自言自语地说："明天早上升起的，就不是这轮太阳了。"

禅让政权，是中国人对远古政治状态的传说，它标志着和平的和道德的政权交替方式。尧传给舜，舜又传给禹，禹再也不传给别的贤明的人了，而是传给自己的儿子。此后的时代就被称作"家天下"，从这个时代起，有了犯罪和刑法，有了军队和战争。现在，一个即将消灭大汉帝国的新帝国，为了表明她空前的道德与伟大，决心重现禅让的场景。天子这些天，已将仪式演习熟练。

十月的一天，天子告祭高皇帝庙，使御史大夫张音持节，奉玺绶诏册传位于魏王曹丕。十八天后，新天子升坛受玺，即皇帝位，燎祭天地山川，改元黄初，大赦天下。仪式完毕，新天子对臣下们说："我今天终于懂得舜和禹之间，是怎么回事了。"值得注意的是，曹丕没有说尧和舜，而是说舜与禹。他希望禅让的场景到此为止。

十一月，封汉天子为山阳公，在其封地内仍用大汉历法、天子仪仗。

追尊曹操为武皇帝，庙号太祖。

第十章

遗响

愁多知夜长，仰观众星列。

三五明月满，四五蟾兔缺。

——汉末无名氏

天下大势

从黄初元年(220)起：

一年后，刘备称帝，国号汉，年号“章武”。

七年后，魏文帝曹丕崩，子曹睿即位，史称魏明帝。

九年后，孙权称帝，国号吴，年号“黄龙”。

十四年后，山阳公薨，年五十四。魏明帝以天子礼葬之，谥孝献皇帝，意为聪明睿哲。史称汉献帝，译成白话就是“识相知趣”。

四十三年后，魏灭蜀汉。

四十五年后，司马懿之孙、魏国的丞相、晋王司马炎与魏国第五代天子曹奂之间，又演了一出禅让仪式，新的政权国号为晋，史称西晋。看来，曹丕登基时应该说尧传舜而不是舜传禹。

六十年后，晋灭吴。中国再次统一。

司马氏的政权，经过了司马懿以来的三代经营，标志着汉末地方大世族的势力，在他们的代表人物袁绍被消灭之后，与曹氏政权斗争的胜利。因此这一腐朽的政治集团，提不出一个公正合理的施政纲领，没有能够让中国重新走向长久的统一。很快，全国发生了内乱。西晋统一中国的三十一年以后，匈奴于扶罗单于的后裔刘曜趁乱攻下洛阳，俘虏了西晋的第三代天子，晋迁都长安。五年之后，刘曜再陷长安，俘虏了第四代天子。同时，那些与大汉争斗了几个世纪的周边民族：匈奴、鲜卑、羯、氐、羌，如潮水般涌入中原，递相成为中原的主人。西晋王室的一支流亡江南，定都建康，史称“东晋”。自此以后的中国，南北对峙分裂并且各自动乱不已。二百六十四年之后，统一的盛运才再一次降临中国。

墓穴诅咒

20 世纪 60 年代，一群考古学家不满意于历史学家们在书本上讨论一千七百多年前的大汉帝国是如何灭亡的，发誓一定要找到真凭实据。他们挖掘了汉代洛阳城的遗址，那些南宫、北宫的残砖断瓦，在重见天日之时，仍是默默无语。

又过了十年，这些考古学家打开了谯县曹操家族的墓葬群，发现在一块墓砖上，烧制着赫然醒目的四个大字：

苍天乃死！

附录　东汉帝王列表

（凡十三君，一百九十六年）

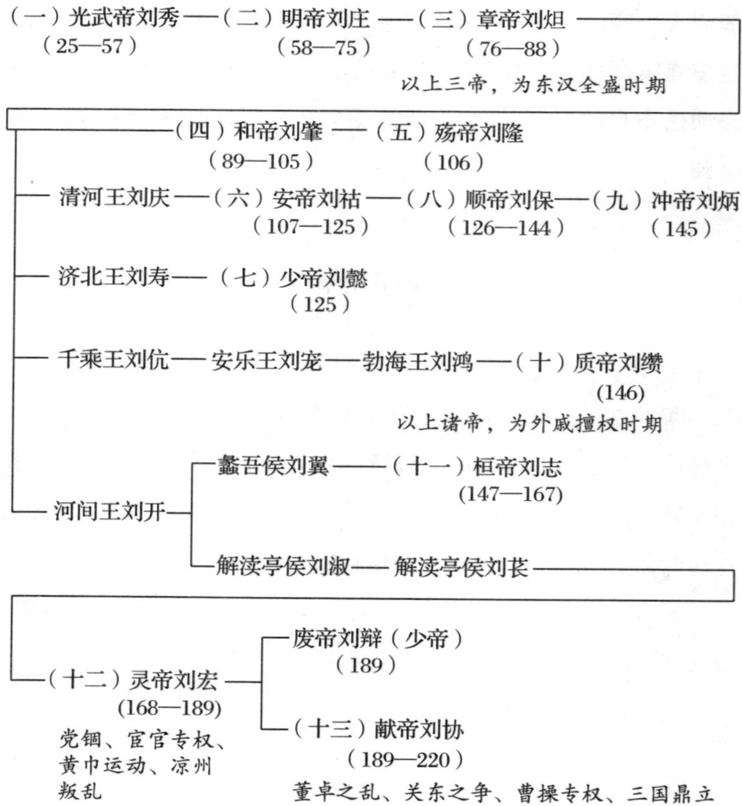

初版后记

在一个酷暑天的深夜，在我那间地板吱吱响的斗室，我停下了敲击键盘的双手，电脑屏幕的关闭并没有平息我的兴奋，窗外一棵大树，在月光下摇曳着，它的名字叫作“喜树”，这个名字，和我此时的心境是如此的吻合。

可是，担心接踵而来。我担心每一个怀着阅读历史小说心态的人们，在这本书里只读到了失望。因此，我不得不作一个辩解：这本书不是历史小说，如果一定要从文学的角度来定义她的话，勉强可以算作历史纪实文学这一类吧。

所谓纪实，更是一个相对的概念。因为没有绝对意义上的历史真实，如果有的话，历史就成了超越时空的永恒不变的抽象。所以，任何对历史事件的记载，哪怕是当时的记录，都是时间的长河冲击到岸边的泥沙，都是世纪的尘土叠压在深层的化石，是骨骼，是牙齿。而那个生命的血肉、气息、神采，则一去不返，逝者如斯。

于是，那些用理性来研究分析这些泥沙、化石、骨骼和牙齿的人们就成了历史学家，而那些用感性来想象编造这些东西的血肉、气息、神采的人们就成了小说家。我的尝试，可以算是一种调和，即吸取了历史学的观点和成果，但没有采用它的叙述方式；借鉴了文学的叙述方式，但没有虚构情节，并加入了必要的分析。也可能这样的尝试非驴非马、画虎不成，但我相信：历史既不完全属于历史学家的冷静解剖，也不完全属于小说家的浪漫虚构，它还属于生活在真实之中的现实的人们，他们之所以需要历史，需要真切地了解历史的方式，是因为他们每天都在创造着历史。

大汉帝国是中国历史上寿命最长的帝国。她和在她之前的试验性的秦帝国一道，开创并发展了一种崭新的政治制度和社会文化。将夏、商、周三代根据宗法血缘秩序建立起来的分封制的氏族王国，转变为根据宇宙自然秩序建立起来的中央集权制的平民帝国，并使之深入人心，延续至近代。由于在汉代，佛教等外来思想还没有在中国流行，所以，汉代是中华本土文化孕育出来的第一个强盛的时代。这样一个大帝国的衰亡，就更加具备思考的价值。我在这本书中肤浅地归纳出几个方面，我发现：大汉帝国之后的每一个帝国的灭亡，都在以不同的形式重蹈大汉帝国的覆辙，因为这个帝国不仅赋予了我们这个民族的姓名，而且铸造了我们这个民族的本性。

本书的后半部分，和我国伟大的古典小说《三国演义》的前半部分，在时间上相一致。我不敢奢望超过她，但由于写作宗旨的不同，呈现出不同的角度和面貌，即便在情节上也是如此。比如在这本书里：董卓并没有抢走吕布的貂蝉，曹操倒是夺去了关羽的杜氏。

书中很多地方，吸收了前辈大师和学者如陈寅恪、冯友兰、钱穆、唐长孺、王仲荦、余英时以及当前海内外学界对汉代历史文化的研究成果。其中对曹操性格的描写，禀承了我的导师周勋初先生的观点。

最后，感谢我的另一位导师莫砺锋先生，是他使得我和这本书发生了因缘，并促使我完成了这本书。

作者

1995 年 8 月写毕于

南京大学南园十七舍